Seit dem achten Lebensjahr erhielt Hanns-Josef Ortheil von seinen Eltern Schreib- und Sprachunterricht. Sie hatten Angst, dass er Sprechen und Schreiben – nach Jahren des Stummseins – nicht mehr richtig lernen würde. Die »Schreibschule« der Eltern folgte keinen Lehrbüchern oder sonstigen Vorlagen. Sie entstand Tag für Tag spontan aus dem Bild- und Sprachmaterial, das die nahen Umgebungen anboten. Mit den Jahren übernahm der Junge selbst die Regie, schon bald erschienen seine ersten Kindertexte in Zeitungen und Zeitschriften. Ein sehr ungewöhnlicher Autor war geboren: »Das Kind, das schreibt.«

In »Der Stift und das Papier« erzählt Hanns-Josef Ortheil den Roman dieser Passion. Dazu taucht er tief in das große Archiv der frühesten Texte ein, das sein Vater von den ersten Schreibversuchen an aufbaute und das heute das wohl umfangreichste Manuskript-Archiv eines derzeit lebenden Autors darstellt.

HANNS-JOSEF ORTHEIL wurde 1951 in Köln geboren. Er ist Schriftsteller, Pianist und Professor für Kreatives Schreiben und Kulturjournalismus an der Universität Hildesheim. Seit vielen Jahren gehört er zu den bedeutendsten deutschen Autoren der Gegenwart. Sein Werk ist mit vielen Preisen ausgezeichnet worden, darunter dem Thomas-Mann-Preis der Hansestadt Lübeck und zuletzt dem Hannelore-Greve-Literaturpreis. Seine Romane wurden in über zwanzig Sprachen übersetzt.

www.hanns-josef-ortheil.de
www.ortheil-blog.de

Hanns-Josef Ortheil

Der Stift
und das Papier

Roman einer Passion

btb

Der Verlag weist ausdrücklich darauf hin, dass im Text
enthaltene externe Links vom Verlag nur bis zum Zeitpunkt
der Buchveröffentlichung eingesehen werden konnten.
Auf spätere Veränderungen hat der Verlag keinerlei Einfluss.
Eine Haftung des Verlags ist daher ausgeschlossen.

Verlagsgruppe Random House FSC® N001967

1. Auflage
Genehmigte Taschenbuchausgabe September 2017,
btb Verlag in der Verlagsgruppe Random House GmbH,
Neumarkter Straße 28, 81673 München
Copyright © der Originalausgabe 2015 by
Luchterhand Literaturverlag
in der Verlagsgruppe Random House GmbH, München
Umschlaggestaltung: semper smile, München,
nach einem Entwurf von buxdesign, München
Covermotiv: © plainpicture/Didier Gaillard
Druck und Einband: GGP Media GmbH, Pößneck
cb· Herstellung: sc
Printed in Germany
ISBN 978-3-442-71529-9

www.btb-verlag.de
www.facebook.com/btbverlag
Besuchen Sie auch unseren LiteraturBlog www.transatlantik.de

I

Anfänge

Die Hütte meines Vaters

ICH SITZE in der Jagdhütte meines Vaters auf dem elterlichen Grundstück im Westerwald. Ich sitze auf einem einfachen, harten Stuhl ohne Seitenlehnen, vor mir ein kleiner, rechteckiger Tisch. Durch das schmale Fenster schaue ich in die ausgebreitete Weite der Landschaft, bis zu den Hügelformationen des Rothaargebirges. Auf meinem Tisch liegen sehr viele Stifte und Papier unterschiedlicher Formate. Ich muss mich entscheiden, welchen Stift und welches Papier ich jetzt zum Schreiben nehme. Es ist früh am Abend. Kurz schließe ich die Augen, dann entscheide ich mich: Ich beginne zu schreiben ..., plötzlich, von einem Moment auf den andern ... – bin ich wieder: *Das Kind, das schreibt ...*

Die Jagdhütte steht am Rand des großen Waldgrundstücks, auf dem sich meine Eltern etwa ein Jahrzehnt nach Kriegsende ein Haus gebaut haben. Lange Zeit hat sich nur mein Vater in dieser Hütte aufgehalten. Es gibt dort einige Regale, einen bequemen Sessel, ein Radio, viele Schallplatten und einen Plattenspieler. Für Vater war diese Hütte ein Rückzugsort, in dem er sich gern allein aufhielt. In den Regalen hatte er Zeitschriften zur Vermessungskunde und Bücher zu den Themen Natur,

Wald, Jagd untergebracht. Beide Themengebiete gehörten für ihn eng zusammen. Sein Beruf als Geodät (Landvermesser) war, so gesehen, nur eine passende Umsetzung seines großen Interesses für alles, was sich in der Natur ereignete. Die einsamen Landschaften des Westerwaldes waren für solche Beobachtungen und Studien ein geradezu ideales Terrain. Er konnte dort tagelang unterwegs sein, ohne einem einzigen Menschen zu begegnen. Stattdessen traf er jedoch, wenn er geschickt, vorsichtig und möglichst geräuschlos durch die Wälder streifte, immer wieder auf einzelne Tiere oder Tiergruppen, die oft keinerlei Scheu zeigten. Seit seinen Kindertagen auf einem westerwäldischen Bauern- und Gasthof war mein Vater beobachtend und forschend in der Natur unterwegs. Am liebsten hätte er sich wohl ein Leben lang von frühmorgens bis in den Abend im Freien aufgehalten.

Ich selbst durfte die Jagdhütte betreten und mich dort aufhalten, als mein Vater begann, mich im Schreiben zu unterrichten. Etwa seit meinem dritten Lebensjahr hatte ich kein Wort gesprochen, so wie auch meine Mutter in diesen frühen Kinderjahren nicht gesprochen hatte. Nach dem Verlust von vier Söhnen hatte sie immer weniger und dann gar nichts mehr gesagt, und ich selbst hatte mich diesem Verhalten angepasst und ebenfalls aufgehört, noch irgendetwas zu sagen. Ich hatte geschwiegen und mich an meiner stillen Mutter orientiert, die alle notwendigen Mitteilungen auf kleinen Zetteln vermerkte. Die vielen Zettel (manchmal zwanzig, dreißig am Tag) waren das einzige Mittel der Kommunikation in unserer Familie gewesen, ich habe meine Mutter als eine lesende, schreibende, aber lange Zeit nicht sprechende Person erlebt.

Andere Menschen dagegen konnte ich natürlich zu den verschiedensten Gelegenheiten beim Sprechen beobachten. Ich hörte, wie unterschiedlich sie sprachen: hell, dunkel, langsam, holprig, mit vielen oder wenigen Pausen, lebhaft, stockend. Manches konnte ich auch verstehen, und zwar vor allem dann, wenn sich das Gesprochene auf etwas bezog, das in der Umgebung anwesend war. Stand ich mit meiner Mutter in einem Käseladen (wo wir einen Zettel mit unseren Bestellungen abgaben und später wiederkamen, um die Bestellungen abzuholen), so konnte ich sehen, dass eine Frau auf ein Stück Käse deutete und zum Beispiel sagte: »Ein Stück von dem Emmentaler, bitte!« Das Stück Käse, das die Verkäuferin dann aus der Vitrine fischte, hieß anscheinend »Emmentaler«, ohne dass mir klar geworden wäre, wieso man gerade solch einem Käse diesen merkwürdigen Namen gegeben hatte. »Emmentaler« – das war zunächst nur ein bestimmter Klang, den ich eine Weile im Kopf behielt, rasch aber wieder vergaß, wenn ich ihn nicht in bestimmten Abständen wieder zu hören bekam. Nannte man aber nur diesen Käse »Emmentaler«? Oder gab es noch andere Dinge oder vielleicht sogar Menschen, die »Emmentaler« genannt wurden?

Die Sprache und das Gesprochene bestanden für mich aus unzähligen Rätseln, auf die ich meist nur mit bloßen Vermutungen reagieren konnte. Die Klänge, Laute und Worte waren nämlich etwas sehr Schwieriges, kaum zu Durchschauendes, und anscheinend ging jeder einzelne Mensch auch noch unterschiedlich damit um. Einige Sprecher redeten so schnell und fließend und ununterbrochen, als wäre das Sprechen ein einziges Vergnügen. Und andere fuhren sich verlegen durchs Haar, sagten laufend »ähm« oder »tja« und verloren beim Sprechen immer wieder den Faden. Gar nicht selten hatte ich daher den Verdacht, dass das Sprechen auch den Sprechern um mich herum nicht leicht fiel. Und manchmal konnte ich auch Menschen beobachten, die nur sehr wenig oder fast gar nichts sagten, sondern nur nickten und sich mit wenigen, seltsamen Zeichen verständigten.

Nicht zu sprechen und stumm zu sein, bedeutete in meinem Fall jedoch viel mehr als ein bloßes Unvermögen, Laute zu artikulieren. Indem ich nicht sprach und mich nur selten unter Gleichaltrigen aufhielt, erwarb ich keine eigene Sprache. Stattdessen bekam ich ununterbrochen viele Worte zu hören, die mir »nichts sagten«. Diese Überfülle an »nichtssagenden« Wörtern war anstrengend und führte immer mehr zu einem Widerwillen, mich auf das Zuhören und Mithören überhaupt einzulassen. Manchmal spürte ich, wie es in meinem Kopf richtiggehend warm oder sogar heiß wurde, so sehr hatte mein Gehirn damit zu tun, die Fülle der fremden Wörter zu sortieren und zu ertragen. Wurde die Überforderung schlimmer, verließ ich den Raum, in dem gesprochen wurde, am besten gleich und fluchtartig. Oder ich schaltete ab, hörte nicht mehr hin und dachte fest an etwas anderes.

Genau so hatte ich es auch in den ersten Schulwochen in der Volksschule gemacht. Ich hatte mich in die letzte Reihe der Klasse zurückgezogen und zumindest versucht, all das zu verstehen, was gesagt wurde. Das aber wurde von Tag zu Tag schwieriger. Während die Mitschüler einer nach dem andern angesprochen und befragt wurden, wurde ich übergangen und nicht weiter angeredet. Der Lehrer hatte allen erklärt, ich könne nicht sprechen und brauche noch einige Zeit, um es zu lernen. Das führte dazu, dass man mich nicht weiter beachtete, mich überhaupt nicht mehr ansprach und so tat, als wäre ich Luft. Meine Mitschüler aber sagten einer nach dem andern jeden Tag die neu gelernten Worte laut auf, diese Worte gingen reihum und wanderten durch die Bänke, bis sie auch zu mir gelangten und dort ihre flotte Wanderung unterbrachen. Eine kurze Pause lang war es ganz still, alle blickten sich um und schauten mich an, und dann ergriff der Lehrer wieder das Wort und machte weiter mit seinen Übungen.

Schließlich verstand ich gerade noch, dass das weiße Stück, das der Lehrer oft in der Hand führte und mit dem er einige Linien, Rundungen oder auch Kreise an die Tafel malte, »Kreide« hieß, und dass der weiche, rechteckige Stein mit den vielen Löchern wohl »Schwamm« genannt wurde. Sonst aber verstand ich kaum etwas von dem, worüber der Lehrer mit den anderen Schülern sprach. Sie redeten auch einfach zu viel und oft sogar gleichzeitig, jede Schulstunde war ein einziger Schwall von laut und meist erregt ausgestoßenen Wörtern, die so schnell aufeinanderfolgten, dass ich sie nicht mehr ordnen oder unterscheiden konnte.

Was mir fehlte und was mich so weit zurückwarf, dass ich schließlich aufgab und nicht mehr hinhörte, war ein noch so kleiner, aber doch jederzeit vorhandener, fester kindlicher Wortschatz. In meinem Kopf waren die Wörter weder geordnet noch sortiert, sondern ununterbrochen in Bewegung. Sie verbanden sich manchmal mit Gegenständen, manchmal mit Menschen, die sie benutzten, manchmal aber auch einfach mit gar nichts Greifbarem, so dass sie nichts weiter waren als angenehme oder abschreckende Klänge. »Schisser« zum Beispiel war so ein abschreckendes, hartes Wort, ich bekam es manchmal von den Klassenkameraden zu hören. Meinten sie mich? War ich »ein Schisser«? Aber wer war alles »ein Schisser«? Und was genau war das? Später hörte ich durch Zufall einmal in einem Brauhaus jemanden leise sagen, der Wirt sei »ein dummer Schisser«. Da glaubte ich zu begreifen, dass ein »Schisser« ein dummer Mensch ist, also hatten meine Klassenkameraden wohl sagen wollen, dass ich »dumm« sei. Das aber hätten sie doch auch direkt sagen können, schließlich sagten sie es ja fast jeden Tag: Ich sei »dumm«, »blöd«, ein »Idiot«. Warum aber war ich dann auch noch »ein Schisser«?

Ich sitze in der alten Jagdhütte meines Vaters und erinnere mich an all das, obwohl es Jahrzehnte her ist. Vielleicht kommt es daher, dass ich die Menschen um mich herum genauer beobachtet habe, als Kinder es in diesem Alter gewöhnlich tun, ja, vielleicht habe ich mir aus der Not heraus vieles genau »gemerkt«. Ich habe jedenfalls sehr viele Bilder, Szenen und Ereignisse aus diesen Kinderjahren im Kopf, ich könnte einen eigenen Film über diese

Zeit drehen, einen Film darüber, wie ein Kind, das nicht spricht und heute (damals aber noch nicht) ein »mutistisches Kind« genannt wird, die Welt wahrnimmt und zu begreifen versucht. Jedes Kind, das nicht spricht, tut dies aus anderen, von den Sprechenden meist nicht herauszubekommenden Gründen, jedes dieser Kinder bewahrt also ein großes Geheimnis, dessen Hintergründe es selbst meist nicht kennt und versteht. Die meisten haben ihren jeweils eigenen Stolz und Trotz, mit deren Hilfe sie sich den oft aufdringlichen, fordernden oder auch nur ungeduldigen Erwachsenen entziehen. Fängt ein Kind erst einmal an, weniger und schließlich gar nicht mehr zu sprechen, wandert es insgeheim hinüber in eine andere, stille Welt, in der es ganz andere Regeln und Verhaltensformen als in den Welten der Sprechenden gibt. Es schließt sich ein, es zieht sich immer mehr zurück, es wählt aus, womit es sich noch beschäftigt und womit überhaupt nicht mehr.

Das heißt nicht, dass es sich mit kaum etwas beschäftigt, und erst recht heißt es nicht, dass ein solches Kind faul oder gar dumm wäre. In seinem Kopf bilden sich mit der Zeit nur eine ganz neue, andere Welt und ganz neue, andere Wirklichkeiten. Je länger das Stummsein dauert, umso weniger bekommen die Erwachsenen von diesen neuen, anderen Welten noch etwas zu fassen. Es kann sein, dass sie das stumme Kind überhaupt nicht mehr erreichen, und es kann dazu kommen, dass das stumme Kind sich so sehr verschließt, dass es am Ende nur noch in seiner eigenen Welt denkt, fühlt und lebt.

So weit ist es in meinem Fall nie gekommen. Von außen betrachtet, habe ich mit meinen Eltern wie ein »normales«, sprechendes Kind zusammengelebt. Tagsüber habe ich mich an der Seite meiner Mutter und an den Abenden mehr an der Seite des Vaters aufgehalten. Ich habe sie bei ihren Einkäufen begleitet, oder ich habe zusammen mit meiner Mutter (die eine gute Klavierspielerin war) Klavier geübt und gespielt. So habe ich auf fast alles, was meine Eltern mit mir anstellten, durchaus aufmerksam und genau reagiert. Daneben aber habe ich auch in meinen eigenen Welten gelebt. In ihnen hatten die Dinge und Menschen andere Namen als die, die ich zu hören bekam, und in ihnen verlief vieles nicht nach den Regeln der bekannten Wirklichkeit, sondern eher nach denen der Phantasie oder der Träumereien. Wie aber verlief es genau? Was passierte in meinem Hirn, während ich stumm umherlief, scheinbar »an nichts« dachte und doch dieses oder jenes zu hören bekam?

Genau diese Fragen beschäftigen mich unaufhörlich, ein Großteil meines Schreibens besteht darin, darauf einige Antworten zu finden. Ich habe nämlich den Verdacht, dass vieles von diesen stummen Tagen noch in mir steckt und dort ein eigenes Leben führt. Die frühere Stummheit hat, das weiß ich, noch immer einige Macht über mich. Wie aber wirkt sich das aus? Wann spüre ich das? Und was tue ich dann – dafür oder dagegen?

Die Jahre, in denen ich nicht sprach, erscheinen mir gerade deshalb, weil solche Fragen überhaupt noch nicht genau beantwortet sind, wie eine auch unheimliche Zeit.

Als hätte ich unter einer gefährlichen Krankheit gelitten, die jederzeit wieder ausbrechen kann, ohne dass irgendjemand ein Medikament dagegen weiß.

Jahrzehnte ist das alles jetzt her, und es sitzt doch noch so in mir, dass es mir noch immer wie ein lebendiger Teil meiner Gegenwart heute vorkommt. Dass die Vergangenheit kein abgeschlossener oder verblasster Teil meines Lebens geworden ist, liegt wohl daran, dass sich diese kindliche Vergangenheit nicht wie bei den meisten anderen Menschen irgendwann aufgelöst und von meinem späteren Leben getrennt hat. Ich habe keine »Kindheit gehabt«, ich stecke noch immer in ihr. In gewissem Sinn bin ich noch immer *das Kind, das schreibt* ...- so auch jetzt, gerade, in diesem Moment, in dem ich in der alten Jagdhütte sitze und mit diesem Buch beginne.

Indem ich damit beginne, schrumpfe ich. Ich bin ein erwachsener Mann, und ich schrumpfe zurück zu den Wahrnehmungsformen und Erlebnisweisen eines Kindes. Schon höre ich die ersten Geräusche, die ruhige Stimme meines Vaters, einen Eichelhäher, der in der Nähe der Jagdhütte krächzt und flattert, die leise Musik, die den Raum mit Hintergrundklängen imprägniert. Was aber geschieht genau mit mir? Und wie lässt sich verstehen, was ich alles so tue, hochgradig aufmerksam und gespannt – und danach doch wieder vollkommen versponnen und weltabgewandt?

Nichts um mich herum hat sich seit den frühen Tagen verändert. Es gibt noch die alten Regale, und es gibt noch die Bücher und Zeitschriften meines Vaters, zu denen sich nur einige meiner eigenen Kinder- und Jugendbücher hinzugesellt haben. Auch das Radio, der Plattenspieler und die Schallplatten sind noch vorhanden. Manchmal glaube ich sogar den Duft der Zigarren zu riechen, die mein Vater manchmal in dieser Hütte geraucht hat. Oder ist es vielleicht der Duft jener Zigarrillos, die ich selbst später hier rauchte, damals, in den Zeiten, in denen ich in dieser Hütte an meinen Romanen und Erzählungen gearbeitet habe?

Einer der wenigen Unterschiede zu all diesen früheren Zeiten besteht darin, dass ich schon lange nicht mehr rauche. Nicht, weil mir eine Zigarre nicht mehr schmecken würde, sondern weil mich das Rauchen (und vor allem der Rauch) vom Nachdenken und Schreiben ablenken würde. Die Jagdhütte meines Vaters ist dagegen ein Raum großer Konzentration. Ich habe in ihr immer nur gelesen, geschrieben und (meist immer dieselbe) Musik gehört. Schon wenn ich sie betrete, spüre ich die Kraft, die ein so beständiger, über lange Zeiten aufgesuchter, unveränderter Raum ausübt.

Kaum habe ich mich gesetzt, werden die Erinnerungen mächtiger. Und dann ist es wieder so weit: Ich verwandle mich, und mit den ersten Buchstaben, die ich mit der Hand notiere, strömt etwas von der Ausdauer, der Geduld und dem Fleiß in mich zurück, die ich mir als Kind angeeignet habe. Das Schreiben erscheint mir plötzlich nicht mehr als eine Qual oder eine Überforderung, es ist vielmehr für mich die einzige Art und Weise, endlich in einen intensiveren Kontakt mit der Welt zu treten und sie zu verstehen.

Es ist früher Abend, ich habe eine Kerze entzündet, obwohl das Licht der kleinen Lampe auf dem Tisch vor mir doch durchaus ausreichen würde. Was will ich? Warum schreibe ich jetzt? Ich will davon erzählen, wie ich das Schreiben in meinen Kinderjahren lernte, ich will von dem merkwürdigen, wohl mit nichts zu vergleichenden Unterricht berichten, den meine Eltern mir im Schreiben erteilten. Dafür gab es damals weder Vorbilder noch Bücher noch »Schulen«. Meine Eltern (und hier vor allem mein Vater) entwickelten vielmehr eigene Ideen. Als Junge von sechs, sieben Jahren bin ich, kurz nachdem ich die ersten Worte richtig aufgeschrieben hatte, in eine sich dann jahrelang fortsetzende »Schreibschule« meiner Eltern gegangen. Die Dokumente dieser Schule hat mein Vater gesammelt, einiges davon habe ich in diese Jagdhütte getragen, es liegt jetzt auch in den Regalen hinter mir.

Sollte ich wieder Musik hören? Nein, noch nicht. Ich sollte einfach anfangen, mit den ersten Strichen, die ich damals auf Papier gemacht habe. Ich saß dicht neben meinem Vater, mein Vater sagte mir, was ich zu tun habe. Ich hörte hin, und ich sah, was er mir zeigte und zu erklären versuchte. Wie ich mit meiner Mutter »ein Duo« beim Üben am Klavier bildete, bildete ich hier in der Jagdhütte »ein Duo« mit meinem Vater. Nichts Trennendes, kein Unmut, keine Aufdringlichkeit, kein Drängen – und niemals auch nur eine Spur von Ungeduld. Schau, wir nehmen jetzt dieses Papier und diesen Stift, schau mal, wie ich das mache ... – ich höre meinem Vater zu, ich bin sehr geduldig. Und doch muss noch etwas anderes in mir rumort haben. Dem will ich nachgehen, ich will erforschen, was dieses Andere war und woraus es bestand.

Erste Linien

PAPA UND ich hören eine leise Musik. Es sind Klavierstücke von Johann Sebastian Bach, kleine Präludien, von denen ich einige schon selbst auf dem Klavier spielen kann. Die kleinen Präludien sind nicht schwer, und sie dauern nur wenige Minuten. Meist spiele ich sie zwei- oder dreimal hintereinander, dann ergeben sie ein richtiges Stück. Ich höre auf die Klänge, aber Papa bemerkt, dass ich das tue, deshalb dreht er die Lautstärke noch etwas herunter. Dann höre ich fast nichts mehr, nur noch ein ganz leises Flüstern. Die Präludien von Bach flüstern jetzt bis in die letzten Ritzen der Hütte, daher sind Papa und ich nicht mehr ganz allein und trotzdem ungestört.

In der Jagdhütte steht ein langer Tisch. Eigentlich ist es kein richtiger Tisch, sondern nur eine Holzplatte, die auf zwei Holzböcken liegt. Die Platte ist schwer und stößt an ihrem hinteren Ende gegen die Wand mit dem Fenster. Sie ist ganz glatt, und man kann sie mit einem feuchten Tuch leicht abwischen. Dann glänzt sie für ein paar Momente, während die Flüssigkeit verdunstet.

Papa hat eine merkwürdige Rolle dabei. Er legt sie auf die schwere Platte und entrollt sie langsam. So ein Papier habe ich noch nie gesehen. Es ist nicht das übliche weiße Papier, sondern ein durchsichtiges, dünnes. Man kann es so lange ausrollen, bis es die ganze Platte von links nach rechts bedeckt. Genau das tut Papa auch: Er befestigt das Papier an der linken Seite und entrollt es nach rechts, wo er es wieder befestigt. Die Platte ist in ihrer Mitte jetzt von dem milchigen, schimmernden Papierstreifen bedeckt. Ein wenig sieht es aus wie ein Tischschmuck, aber für einen Tischschmuck ist das Papier vielleicht doch zu farblos und langweilig.

Papa streicht mit der Hand über das milchige, dünne Papier. Er prüft, ob es auch wirklich fest und straff sitzt. Ich sitze neben ihm und streiche jetzt auch über das merkwürdige, fremde Papier. Es bedeckt den Tisch wie eine Haut. Die Haut ist sehr dünn und eben und vor allem sehr weich, sie ist aber keine richtige Haut, sondern eher ein dünner Überzug. Jedenfalls fühlt sich dieses Papier sehr gut an, und es sieht auch nicht so abweisend und streng aus wie normales weißes Papier.

Papa dreht sich um und holt die Kiste mit seinen Schreibutensilien aus dem Regal. Es ist eine einfache, ziemlich große Zigarrenkiste, in die er seine Stifte und die anderen Schreibgeräte hineinlegt. In dieser Kiste liegt alles durch-, über- und untereinander, aber Papa findet immer sofort, was er sucht. Er scharrt ein paar Sekunden in der Kiste herum, dann holt er einige Bleistifte heraus. Er legt sie nebeneinander auf das Papier, und dann legt er neben die Stifte einen Bleistiftspitzer. In meinem Schulmäppchen habe ich auch so einen Spitzer, aber ich benutze ihn nur selten, und die Benutzung klappt auch meistens nicht, weil die Spitze des Stifts, den ich spitzen möchte, laufend abbricht und immer wieder neu gespitzt werden muss, bis ich sie nur halb spitze und dann mit diesem halb gespitzten Stift zu schreiben versuche.

Ich sehe, dass Papa beginnt, die Bleistifte zu spitzen, einen nach dem andern. Nach dem dritten hört er auf und schiebt mir die Stifte und den Spitzer hin. Ich will auch mit dem Spitzen anfangen, aber ich mache das anscheinend zu schnell, jedenfalls nimmt Papa mir den Stift und den Spitzer gleich wieder aus der Hand und zeigt mir, dass ich ganz langsam spitzen und den Bleistift ruhig und fest halten muss. Kein Zittern, kein Wackeln! Man dreht den Bleistift langsam auf der Stelle und schaut, wie die abgeschabten Holzkringel wie kleine, von einem Friseur abgeschnittene Locken auf die Platte fallen. Und man spitzt nicht zu lange, sondern so, dass der Stift vorn keine zu scharfe Spitze hat, die dann gleich wieder abbrechen könnte.

Es dauert eine Weile, bis ich alle Stifte gut gespitzt habe. Sie liegen jetzt dicht nebeneinander, wie eine Mannschaft, die zu einem Spiel antreten soll. Papa nimmt einen Stift nach dem andern in die rechte Hand und zieht mit jedem eine gerade Linie. Die Linien verlaufen genau untereinander und sind etwa gleich lang. Dann legt er die Stifte wieder hin und lässt mich ebenfalls lauter Linien untereinanderziehen. Plötzlich bemerke ich, dass die

Stifte nicht gleich, sondern sehr verschieden sind. Einige sind hart und kratzen über das Papier, andere sind aber zu weich und dick, so dass keine dünnen, feinen, sondern breite und verschmierte Linien entstehen. Papa zeigt mir, dass auf jedem Stift einige Buchstaben und Zahlen stehen: HB, 2B, 3B ... Dann zieht er noch einmal mit jedem Stift eine Linie und schreibt die Buchstaben und Zahlen, die zu dem Stift gehören, neben die Linie. Er sagt, ich solle so wie er noch einmal alle Stifte benutzen und Linien ziehen, aber ganz vorsichtig, »hauchdünn«. Als er »hauchdünn« sagt, zieht er die Schultern etwas hoch. Er will also, dass ich kaum sichtbare Linien zeichne, und er will, dass sich die Linien gut unterscheiden.

Ich ziehe dünne und feine Linien. Ich schaue nach, wie jeder Stift heißt, und schreibe seine Buchstaben und Zahlen neben die Linie, die er gezogen hat. Ganz wie Papa habe ich die Schultern etwas hochgezogen. Mein Mund steht offen vor Anstrengung und wegen der großen Aufmerksamkeit, die meine Arbeit erfordert. Ich atme gut hörbar aus und ein, ich schwitze etwas. Ich ziehe so oft Linien untereinander, bis die Rolle in einem schmalen Streifen von oben bis unten mit Linien bedeckt ist. Es sieht aus, als hätte ich eine Leiter oder eine Treppe oder einen Weg gezeichnet. Oben an der Wand sind die Linien noch etwas wacklig und grob, ganz unten aber sind sie richtig gerade und dünn, »hauchdünn«, »hingehaucht«.

Papa deutet auf meine Treppe oder auf meinen Weg und sagt: »Der Weg von dick nach dünn ... Der Weg von laut nach leise ... Der Weg von stark nach schwach ...«

Dann zeichnet er mit einem Bleistift einen großen Kreis und in diesen großen Kreis immer kleinere Kreise. In den kleinsten Kreis schreibt er den Namen des Stiftes. Das macht er diesmal nur ein einziges Mal, weil ich ja längst verstanden habe, dass ich seine Arbeit fortsetzen soll. Und so versuche ich, mit den verschiedenen Stiften Kreise zu zeichnen. Das ist viel schwieriger als das Zeichnen von Linien. Immer wieder verrutscht ein Kreis, oder er gelingt nicht richtig rund, oder er passt nicht genau in den etwas größeren, so dass sich die Linien der Kreise überschneiden. Wenn das passiert, beginne ich wieder von vorn, aber ich schaffe es einfach nicht, die Kreise so fein und voneinander getrennt zu zeichnen, wie Papa das gemacht hat.

Als Papa sieht, dass ich mich abmühe, holt er aus der Zigarrenkiste einen gelben Buntstift. Er spitzt ihn und zeichnet damit einen riesigen Kreis auf das Papier. »Das ist die Sonne«, sagt Papa und steht jetzt vor der Tischplatte, weil man einen so großen Kreis im Sitzen nicht zeichnen kann. Er gibt mir den gelben Buntstift, und ich zeichne in den riesigen Kreis immer kleinere Kreise. Die Linien der Kreise sind sehr wacklig und zittrig, aber sie überschneiden sich diesmal nicht. Als ich fertig bin, sagt Papa: »Die Sonne mit ihren Strahlen …«

Danach zeichnen wir mit verschiedenen, frisch gespitzten Buntstiften noch weitere Formen: ein Viereck, ein Dreieck. Und als wir damit fertig sind, ist die Schreibstunde zu Ende. Rechts von meinem Bleistiftweg schweben jetzt viele bunte Formen, und ich zeichne noch etwas weiter, mit den verschiedensten Stiften, von den oberen Partien der Rolle nach unten (und nicht umgekehrt, weil sonst alles verschmiert).

Ich muss sehr darauf achten, dass die Linien nicht verschmieren, es ist beinahe so, als wäre ich ein richtiger Zeichner und Maler, der sich keinen Fehler erlauben darf. Linien auszuradieren geht nämlich nicht, denn Papa mag das Radieren überhaupt nicht. »Wenn etwas nicht klappt, streicht man es durch oder lässt es so, wie es ist, und fängt dann neu an. Radieren aber ist eklig, Radieren ist: alles noch schlimmer machen und herumschmieren. Pfui Deibel!«

Als ich fertig gezeichnet habe, gehe ich ein bisschen nach draußen, in den dichten Wald rings um die Jagdhütte. Ich höre, wie Papa die Musik in der Hütte wieder etwas lauter dreht. Was macht er jetzt mit der Rolle? Nimmt er sie von der Platte und legt sie beiseite? Ich vermute, dass er sie vorsichtig einrollt und ein rotes Schnipsgummi drumherum macht. In unserem Haushalt gibt es rote Schnipsgummis in allen Größen. Mama benutzt sie für die Zettel, die sie beschreibt, sie hält die Zettel jedes Tages mit einem dünnen Gummi zusammen. Und Papa nimmt etwas dickere Schnipsgummis, um zusammengefaltete, halb leere Tüten (wie zum Beispiel Tüten mit Kaffee) zu kleinen, kompakten Päckchen zu formen.

Oft habe ich von den vielen Schnipsgummis auch welche dabei. Einfach so, in der rechten Hosentasche. Ich hole sie heraus und schieße sie nacheinander in die Luft. Und dann sehe ich, welcher am weitesten geflogen ist. Der bekommt einen Preis und einen Namen und braucht kein zweites Mal zu fliegen. Ich stecke ihn in die linke Hosentasche und gönne ihm etwas Ruhe. Wenn alle Schnipsgummis in die linke Hosentasche gewandert sind, höre ich auf. Der letzte, übrig gebliebene Schnipsgummi bekommt keinen richtigen Namen. Er wird nur »dummer Schisser« genannt, aber natürlich nicht für immer, sondern nur für die Dauer dieses *einen* Spiels.

Abzeichnen

IN DEN folgenden Tagen habe ich den ganzen auf der Tischplatte montierten Teil der Papierrolle mit lauter Linien, Kreisen und Vielecken in vielerlei Farben gefüllt. Ich habe all diese kleinen Bilder nicht mehr genau untereinander, in einer Reihe, gezeichnet, sondern einfach dahin, wo es mir gefiel. Jedes Mal, wenn ich die Jagdhütte betrete, schaue ich zuerst auf die Rolle mit ihren vielen Zeichnungen: wie sie sich füllt, so dass alles ausschaut wie ein Himmel mit bunten Luftballons, Sternen, Sonnen und Monden. Es ist sehr schön, das zu sehen, ich freue mich über dieses Himmelsgewölbe, und ich sehe, dass man kleine Fehler oder Schmierereien auf den ersten Blick gar nicht erkennt, weil der Himmel einfach zu groß ist.

Was ich neben dem Zeichnen lerne, ist, wie sich die Bleistifte unterscheiden. Jeder ist anders, liegt anders in der

Hand und bewegt sich auf dem Papier (das übrigens »Pauspapier« heißt) langsam, schwungvoll, kratzend, schabend oder auch stochernd. Mit der Zeit entdecke ich, dass ich Lieblingsbleistifte habe und andere nicht gerne benutze. Papa hat mir darüber hinaus ein viereckiges Stück Probepauspapier gegeben, damit ich auch das Zeichnen mit ganz anderen Stiften versuche. Aber ich habe schnell bemerkt, dass man mit einem Kuli nicht auf Pauspapier zeichnen kann. Der Stift rutscht seitlich ab, die Kulifarbe verschmiert und bildet kleine Flecken. Auch mit dem Füllfederhalter lässt sich auf dem Pauspapier nicht schreiben. Die Tinte kleckst und verläuft in dünnen Rinnsalen über das glatte Papier. Es sieht aus, als blutete der Füller leicht, und wenn man mit ihm einen Kreis zeichnen will, eiert der Kreis und wirft Tintenschuppen nach allen Seiten.

Für das Pauspapier taugen nur Blei- und Buntstifte. Am besten sind die ganz dünnen, feinen, nicht zu harten. Sie nehmen mit ihrer Spitze Kontakt zu der weichen Oberfläche des Papiers auf und verbinden sich mit seinen Fasern. Der Strich des Stiftes wird von diesen Fasern aufgenommen und erwidert, Stift und Papier wachsen zusammen. Ich spüre es richtig, es ist ein gutes Gefühl, so, als wären Stift und Papier genau füreinander gemacht.

Als das Papier auf dem Tisch voller Zeichnungen ist, macht Papa etwas Merkwürdiges. Er schreibt in die untere rechte Ecke der Rolle die Daten der Tage, an denen ich an dieser Himmelszeichnung gearbeitet habe: »Von … bis …«. Dann fotografiert er sie. Schließlich schneidet er den von mir bearbeiteten Teil der Rolle rechts und links ab. Darauf ist ein Schnipsgummi dran, das meine eingerollte Himmelszeichnung zusammenhält. Das Ganze kommt nach hinten, ins Regal, wo es für eine Weile abgelegt wird. »Das legen wir jetzt mal ab«, sagt Papa, und es hört sich an, als hätten wir angefangen, an einem großen Werk zu arbeiten, an dem wir weiterarbeiten werden. So weit ist es aber noch nicht, die Himmelszeichnung soll erst einmal etwas Ruhe bekommen. »Wir wollen sie jetzt für eine Weile vergessen«, sagt Papa, »dann freuen wir uns umso mehr, wenn wir sie wieder entrollen.«

Damit uns das Vergessen gelingt, beschäftigen wir uns mit etwas anderem. Papa hat wieder ein kleines quadratisches Stück Pauspapier (Papa mag Quadrate mehr als Rechtecke) ausgeschnitten und auf die jetzt leere Tischplatte gelegt. Das Pauspapier durchschneidet oder trennt er nicht mit einer gewöhnlichen Schere, sondern mit einer Rasierklinge. Er knickt das Pauspapier und fährt mit dem Zeigefinger mehrmals fest an der gefalteten Linie entlang. Dann nimmt er die Rasierklinge und durchtrennt mit ihr in langsamen, kurzen Schnitten das gefaltete Stück Papier. Das Papier seufzt bei diesem Schnitt leise, und die Rasierklinge taucht nach dem Schnitt aus der Falte auf wie ein eleganter Sieger, dem kein Papier etwas entgegensetzen kann.

Gut. Nun liegt das quadratische Stück Pauspapier vor mir. Was aber soll ich damit? Papa greift nach einem dicken dunkelbraunen Buch, das sich hinter ihm im Regal befindet. Er blättert etwas darin herum und schlägt es

dann an einer bestimmten Stelle, die er gesucht hat, so
auf, dass die beiden Seiten aufgeklappt vor mir liegen. Ich
schaue hin, so etwas habe ich noch nie gesehen. Auf der
rechten Seite befinden sich lauter kleine Zeichnungen
von Gemüsepflanzen. Papa sagt, dass es vierundzwan-
zig seien und dass jede Zeichnung die Zeichnung eines
essbaren, »schmackhaften« Gemüses sei. (»Schmackhaft«
ist eines von Papas Lieblingswörtern. Ich habe erst nicht
verstanden, was damit gemeint ist. Erst als Papa aufzähl-
te, was alles »schmackhaft« sei, wusste ich, was dieses
Wort bedeutet. Es bedeutet: gut essbar, häufig essbar,
täglich essbar …) Ich schaue genauer hin und erkenne
eine dünne, leicht gekrümmte Gurke, eine spitz zulau-
fende Möhre, zwei dicke Zwiebeln (wie ein Paar Glocken
miteinander verbunden), einen ausgebreitet daliegenden
Kopfsalat und viele Gemüsesorten, die ich noch nicht genau kenne.

Was machen wir nun damit? Papa befestigt das ausgeschnittene Stück Pauspapier auf der Seite mit den
Zeichnungen. Man kann die Zeichnungen jetzt nicht
mehr scharf, wohl aber noch in ihren Umrissen erkennen. Es reicht aber völlig aus, sie zu erkennen, ihre Um-
risse lassen sich nun mit einem Bleistift so nachfahren,
dass ich die Gemüsepflanzen abzeichnen kann. Ich soll sie
abzeichnen, richtig, ich soll sie ganz langsam, gründlich
und ohne etwas hinzuzutun: abzeichnen.

Als ich anfange, denke ich, dass ich rasch damit fertig
werde und es eine einfache, leicht zu lösende Aufgabe ist.
Doch als ich weiter- und weitermache, sehe ich, dass die-

se Aufgabe viel schwieriger ist als die vorige (die große Zeichnung einer Himmelslandschaft). Ich muss den Stift immer wieder spitzen und ganz vorsichtig die Linien entlangfahren. Ich muss sehr genau hinschauen und darf nicht von den vorgegebenen Linien abweichen. Gemüsepflanzen bestehen aus dem eigentlichen, essbaren Gemüse, aus oft runden, knolligen, leicht schrumpligen Körpern und aus all dem Zottelkram drumherum. Kleine Blättchen, Fasern, Fäden oder Stengel schauen aus den essbaren Körpern heraus und sind so etwas wie eine lästige Zutat. Kann man dieses Beiwerk auch essen, schmeckt es überhaupt, oder wofür ist es da?

Solche Fragen stelle ich aber nicht, obwohl sie mir so durch den Kopf gehen. Ich darf mich von dem Beiwerk nicht ablenken lassen, und erst recht darf ich nicht ans Essen denken. Wenn ich daran denke, werde ich ungeduldig und bekomme sofort etwas Hunger. Zum Glück ist das Gemüse farblos, schwarz-weiß und besteht nur aus Linien. Wäre es bunt, würde sich dieser Hunger sicher sofort einstellen.

Zu Beginn des Abzeichnens habe ich gedacht, dass ich es in kurzer Zeit hinbekomme. Nach einer Weile muss ich abbrechen, es ist sehr anstrengend, und ich werde am nächsten Tag weitermachen. Papa fragt, welches Gemüse ich noch nie gesehen habe. Ich zeige auf einen großen, runden Ball mit lauter Rillen. Dieses schwere Gemüse heißt »Kürbis«, und Papa sagt, es sei »wenig schmackhaft«. »Sehr schmackhaft« aber sind Radieschen, Spargel, Rettich und vor allem »Meerrettichwurzeln«. Papa bekommt anscheinend auch plötzlich Hunger. Er sagt, er würde jetzt am liebsten Radieschen und Rettich essen und dazu ein sehr kühles Bier trinken. So mache man das in Bayern, in sogenannten »Biergärten«. Da setze man sich stundenlang unter eine dicke Kastanie in den Schatten, trinke kühles Bier und esse dazu Radieschen und Rettich.

Ich muss lachen, weil Papa vormacht, wie er ein Glas Bier hebt und einen großen Schluck nimmt und in die kleinen Radieschen beißt, dass sie knacken. Dann schlagen wir das dicke Buch mit den wunderbaren Zeichnungen zu und lassen das Stück Pauspapier drinnen. Papa schaltet die Musik aus und verlässt mit mir die Jagdhütte, wir gehen hinüber ins Wohnhaus. Ich weiß genau, wohin Papa jetzt geht, er geht in die Küche und öffnet den Eisschrank. Im Eisschrank findet er nicht das, was er sucht. Dann geht er hinunter in den Keller, gleich links gibt es eine kleine Speisekammer, wo frisches Gemüse, Konserven und Getränke aufbewahrt werden. »Kommst Du mit?«, fragt er mich, und ich gehe hinter ihm her.

In der Speisekammer liegt viel frisches Gemüse auf einem Holzregal direkt unterhalb des Kellerfensters. Papa nimmt eine rohe, noch ungeputzte Möhre und beißt hinein. Und dann beißt er genauso herzhaft und rasch in eine Petersilienwurzel. Er macht »ah« und nochmal »ah«, und dann bietet er mir auch von den Möhren, Wurzeln und anderen Strünken etwas an. Eigentlich mag ich das nicht essen, aber ich will ihn nicht enttäuschen. Und so esse ich zum Abschluss unserer Schreibstunde zwei kleine Radieschen. Sie sehen verhungert aus, wie vertrocknete rot-weiße Marsmenschen, die sehr durstig sind. Aber sie schmecken nicht schlecht, erdig und scharf.

Papa setzt sich danach auf einen kleinen Hocker und öffnet mit seinem Taschenmesser eine Flasche Bier. Und dann isst er wirklich lauter Radieschen und etwas Rettich, einfach so, unten im Keller, und er trinkt in kurzen Schlucken aus der Flasche und sagt jedes Mal »ah«, bis ich ihm glaube, dass ihm das alles furchtbar gut schmeckt, und wieder hinauf ins Erdgeschoss gehe, während Papa noch eine Weile im Keller isst und trinkt.

Im Erdgeschoss stehe ich eine Weile vor dem Wohnzimmerfenster und schaue hinaus. Ich wäre gerne ein Jäger, der durch die Wälder da draußen streift und genau weiß, wo sich welche Tiere befinden. Vielleicht würde es mir sogar gelingen, einen Rehbock zu erlegen. Ich würde das Fleisch des erlegten Rehbocks braten und essen, und es würde mir so gut schmecken wie nichts sonst auf der Welt.

Die Gestalt einer Seite

WÄHREND EINER Schreibstunde hören Papa und ich jedes Mal leise Musik. Wir hören Klavierstücke von Bach (*Das Wohltemperierte Klavier*) oder Händel (*Suiten*), und manchmal hören wir auch Orgelstücke. Papa sagt, dass Bach und Händel am besten für eine Schreibstunde taugen und dass wir ausschließlich Klaviermusik hören wollen. Nicht das schreckliche Cembalo, das sich, wie Papa sagt, anhört »wie ein verunglücktes, unter die Räder gekommenes Klapperklavier«. Und erst recht kein Orchester mit vielen Instrumenten, die uns nur ablenken und ein großes Spektakel aufführen würden. Gesang gibt es natürlich erst recht nicht zu hören, Gesang findet Papa »in den meisten Fällen ganz furchtbar«, und das komme daher, dass entweder der Text zum Gesang albern sei oder die Sänger nicht singen könnten. Bleibt also nur das leise Klavier und eine, wie Papa sagt, »strenge Musik«, die der Konzentration dient.

Einmal habe ich etwas zu essen mit in die Jagdhütte gebracht (ein Butterbrot mit Käse), da hat Papa gesagt, dass wir in der Jagdhütte weder essen noch trinken wollen. Die Hütte sei dafür nicht geeignet, und man solle das Essen und Trinken nicht überall und an jedem nur denkbaren Ort betreiben, sondern nur da, wo es hingehöre, also in der Küche oder im Esszimmer. Ich habe gesagt, dass er neulich doch auch nicht in der Küche oder im Esszimmer, sondern im Keller gegessen habe, da hat Papa gesagt, die Speisekammer im Keller sei »die Urküche« und »das Urlager«, wie eine »Höhle der Steinzeit«, deshalb dürfe man dort essen und trinken. Wenn ich beides aber während einer Schreibstunde tun wolle, solle ich kurz ins Haus gehen und es dort tun, nicht aber hier in der Jagdhütte, die nur für das Musikhören, das Lesen und Schreiben gedacht sei.

Nach der Seite mit den vielen Gemüsepflanzen habe ich mir in dem dicken, dunkelbraunen Buch (das *Bildwörterbuch Duden* heißt) weitere Seiten zum langsamen Abzeichnen aussuchen dürfen. Ich habe eine Seite mit Wildtieren (Hirsch, Hase, Reh, Keiler) ausgesucht, weil ich solche Tiere manchmal von unserem großen Wohnzimmerfenster aus beobachten kann. In den frühen Morgenstunden tauchen zum Beispiel oft ein paar Rehe auf der großen grünen Wiese unterhalb unseres Hauses auf, äsen eine Weile, horchen manchmal in die Luft und verschwinden dann wieder im Wald. Ich habe ein Fernglas, mit dem ich sie ganz aus der Nähe betrachten kann, und ich habe mir immer gewünscht, sie einmal zeichnen zu können. Ich kann aber nicht zeichnen, nein, das kann ich wirklich nicht gut. Abpausen aber kann ich ein Reh natürlich, also habe ich seine großen, spitz nach oben zulaufenden Ohren (Papa nennt sie »Lauscher«) gezeichnet und auch seine aufmerksamen, wachen Augen. Wieder habe ich eine ganze Quadratseite Pauspapier mit Abzeichnen gefüllt, und am Ende hat Papa unten rechts auf die Seite das Datum dieser Arbeit geschrieben.

Eine Zeit lang habe ich Tag für Tag immer eine ganze Seite gefüllt, und Papa hat die Seiten aufeinander im Regal gestapelt, und dort lagen sie neben der Rolle mit meinem Himmelsgewölbe. Dann aber hat Papa sich etwas Neues ausgedacht. Er hat zunächst wieder eine frische Quadratseite Pauspapier zurechtgeschnitten und am oberen Rand der Seite den Wochentag und das Datum hingeschrieben. Darunter hat er einen Strich gemacht. Und dann hat er gesagt, dass wir die Seite nun mit lauter

Zeichnungen und Beobachtungen füllen würden – und zwar mit Beobachtungen, die wir an genau diesem, heutigen Tag machen würden.

Ich habe gefragt, welche Beobachtungen er denn meine, da hat er gesagt, dass wir an jedem Tag Tausende, nein, Zigtausende von Beobachtungen machten, ohne dass wir das wüssten. Im Normalfall würden wir diese Beobachtungen nur kurz im Kopf behalten, ganz wenige würden wir länger speichern. Und so vergehe die Zeit damit, dass wir Tag für Tag viele Beobachtungen machen und sie sofort wieder vergessen würden. »Und so weiter und so weiter«, hat Papa gesagt und mich angeschaut, als hätte er mir gerade etwas sehr Trauriges mitgeteilt.

Ich fand das mit den Beobachtungen nicht ganz so traurig wie Papa, aber er hatte auf jeden Fall recht damit, dass es schade um die vielen Beobachtungen war, die wir machen und dann einfach vergessen. Ich fragte Papa, mit welcher Beobachtung wir nun beginnen würden, und da zeigte er mir das Thermometer, das draußen am Fenster der Jagdhütte angebracht war. Ich konnte ablesen, wie warm es draußen im Freien war, und dann schrieb ich diese Angabe als erste unter den Wochentag und das Datum.

Als Nächstes kam das Wetter dran. Papa und ich verließen also die Jagdhütte und machten ein paar Schritte hinaus. Ich schaute in den Himmel und beobachtete, wie viele Wolken es gab, wie groß sie waren und ob der Himmel blau war. Dann gingen wir wieder zurück in die Hütte, und Papa fragte nach, was ich gesehen hätte. Und ich sagte, dass ich drei lang gestreckte, schnell ziehende Wolken entdeckt habe und dahinter ein helles Blau, fast ein Weißblau. Papa zögerte einen Moment, und dann blätterte er in dem dicken, dunkelbraunen Buch und stieß auf eine Seite mit den verschiedensten Formen von Wolken. Er fragte, welche Wolken ich denn gerade gesehen habe, und ich konnte ihm zeigen, dass ich sogenannte »Zirruswolken« gesehen hatte. Unter die Angabe der Tagestemperatur schrieb ich also: *Drei Zirruswolken*, aber Papa sagte, das genüge nicht, ich solle noch hinschreiben, wie diese »Zirruswolken« aussehen. Ich sagte, dass sie wie weiße, flache, etwas verkrumpelte Betttücher aussehen, und Papa antwortete, das sei sehr genau und gut beobachtet und ich solle es nun in Klammern neben die Angabe »Drei Zirruswolken« schreiben.

Unter den Wochentag und das Datum haben wir also Angaben über das Wetter geschrieben, und dann überlegte Papa, und ich sah, dass er darüber nachdachte, was wir noch alles an diesem Tag beobachtet hatten. »Was haben wir denn noch beobachtet?«, fragte er, und ich sagte, wir könnten doch hinschreiben, was wir gefrühstückt hatten. Papa fand den Einfall gut, und so schrieb ich unter die Angaben über das Wetter, was ich gefrühstückt hatte: *Ein Brötchen mit Erdbeermarmelade, eine Scheibe Schwarzbrot mit dünner Butter, Zitronentee.* Papa fand das »perfekt« (»perfekt« ist besser als »gut« und sogar besser als »sehr gut«). Und dann wussten wir erst mal nicht weiter, und Papa sagte, ich solle den freien Platz jetzt mit kleinen Bildern füllen, die ich aus dem *Bildwörterbuch Duden* abgezeichnet habe. Ich fragte, welche Bilder ich denn abzeichnen solle,

und da antwortete er, das sei egal, ich solle mir einfach
Dinge, Tiere oder Menschen auswählen, die mich interessierten, und zwar solche von ganz verschiedenen Seiten.

Ich blätterte dann in dem *Bildwörterbuch Duden*, der mir
mit all seinen vielen Zeichnungen sehr gefiel, und dann
zeichnete ich einen Brustschwimmer im Wasser, eine Mu-
mie mit Totenmaske und einen Höhlenbär ab. Die drei
Bilder passten genau unter die bereits hingeschriebenen
Angaben, und dann war die Seite gefüllt, und Papa sagte,
die Seite habe nun »eine Gestalt«, und eigentlich könnten wir so etwas häufiger machen. Wir haben das dann
auch häufiger gemacht, und wir haben uns immer mehr
und Neues zum Füllen einer Seite ausgedacht. Die Seiten
hat Papa wieder zu einem eigenen Stapel aufeinander ins
Regal gelegt, und so lagen im Regal jetzt eine Rolle und
mehrere Stapel, und Papa sagte, wir seien dabei, »ein Archiv« einzurichten.

Ich fragte, was genau »ein Archiv« sei, da deutete Papa
auf die Rolle und die Stapel mit den quadratischen Seiten und antwortete, die Rolle und die Stapel seien ein
Archiv. Und dann fragte er: »Was ist also ein Archiv? Du
kannst es doch sehen. Beschreib es einmal.« Ich schaute
hin und sagte, dass die Rolle und die Blätter ein Archiv
seien. Und Papa fragte, was denn auf der Rolle und den
Seiten draufstehe. Und ich antwortete, da stehe drauf,
was ich beobachtet, gesammelt und gezeichnet habe.
Papa zögerte kurz und blickte gegen die Decke, und
dann kniff er die Augen merkwürdig zusammen und sagte ganz langsam: »Unser Archiv ... ist also ... eine Samm-

lung von Daten, Namen, Beobachtungen und Zeichnungen ... Stimmt's?« Ich nickte, und Papa nickte auch, und dann sagte er, dass ich das jetzt aufschreiben solle, denn wir würden eine so genaue Formulierung wahrscheinlich rasch wieder vergessen.

Papa gab mir wieder ein quadratisches Pauspapierblatt, und dann sollte ich an den oberen Rand schreiben *Das Archiv* – und darunter: *Unser Archiv ist eine Sammlung von Daten, Namen, Beobachtungen und Zeichnungen.* Den Platz auf der unteren Hälfte des Blattes aber sollte ich frei lassen. Und in die rechte Ecke ganz unten sollte ich noch das Datum schreiben. Mehr aber gehöre nicht auf diese Seite, denn diese Seite bestehe nur aus einer einzigen Überlegung oder »Reflexion«. Ich fragte wieder nach, was eine »Reflexion« sei, und Papa antwortete, eine »Reflexion« sei eine anspruchsvolle Überlegung oder auch eine Überlegung, für die man sich angestrengt und für die man deshalb eine Weile gebraucht habe. Auch das schrieb ich, damit ich es nicht vergaß, wieder auf eine Seite. Oben stand *Die Reflexion* und darunter: *Die Reflexion ist eine anspruchsvolle Überlegung oder eine Überlegung, für die man sich angestrengt und eine Weile gebraucht hat.*

Dann war die Schreibstunde wieder vorbei. Papa sagte aber noch, diese »Schreibstunde« habe ihn sehr »beflügelt«, denn wir hätten zusammen richtig gute Ideen gehabt. Und dann ging er (anders als sonst) mit mir nach draußen und begann, etwas vor sich hin zu pfeifen. Ich konnte also sehen, wie vergnügt und »beflügelt« er war, ich selbst fühlte mich aber noch nicht so (an späteren Ta-

gen dann schon). Ich war vielmehr etwas erschöpft, und
so ging ich ins Haus, um kalten Tee zu trinken, und als
ich den Tee getrunken hatte, war der Kopf wieder hellwach und klar.

Das Spiel der Kräfte

SELTSAM. ICH kann nicht in der Vergangenheitsform
davon erzählen, wie die Schreibschule meiner Eltern entstand, also nicht so, als holte ich all das Erzählte von weit
her, aus längst vergangenen oder mühsam erinnerten Tagen. Ich erinnere mich nämlich überhaupt nicht mühsam,
sondern so, dass die Bilder von früher in rascher Folge
vor mir aufsteigen. Am frühen Morgen setze ich mich in
die alte Jagdhütte, greife nach einem Stift und einem weißen relativ dicken (90 mg) Blatt Papier, und dann schreibe ich einige Zeit fast ohne eine Unterbrechung. Wie früher esse und trinke ich währenddessen nichts, und wie
früher höre ich dazu eine leise Musik. Noch immer ist es
ausschließlich Klaviermusik, jetzt von Bach, Händel und
sehr viel von Domenico Scarlatti.

Das Archiv, das vor vielen Jahrzehnten zunächst in dieser Jagdhütte entstand, ist bis zum heutigen Tag auf eine
nicht mehr überschaubare Menge von Blättern, Heften
und Kladden angewachsen. Wenn ich einige davon auswähle und in die Hand nehme (und genau das habe ich ja
in den letzten Tagen getan), sehe und höre ich mich, wie

ich dicht neben meinem Vater in der Jagdhütte sitze. Ich brauche die Augen gar nicht einmal zu schließen, nein, ich sehe meinen Vater und mich wirklich, und ich könnte sogar sagen, welche Farbe die Wollweste meines Vaters damals, an einem bestimmten Tag, hatte (sie war dunkelgrün). Sehe ich die Wollweste und denke ich an sie, sehe ich auch den Hut meines Vaters, den immer gleichen Hut, den er jahrelang trug, wenn er durch unseren Wald ging, niemals aber, wenn er dann unser Grundstück verließ. Und ich sehe seine Hose und sehe, wie er durch den Wald geht, und ich sehe genau, wo er stehen bleibt und etwas genauer beobachtet.

Ich habe all diese Bilder so gegenwärtig im Kopf, als würden sich diese Szenen gerade ereignen. Anders gesagt: Ich sehe mir zu, wie ich wieder zum Kind werde, wie ich als Kind meinen Vater beobachte und mit ihm arbeite und wie ich als Kind nachfrage und schreibe. Die Verbindung zu diesem Kind ist so stark, dass ich in meiner Erzählung auch rasch in den Ton und das Sprechen des Kindes hinübergleite. Ich kann mich dagegen nicht wehren, denn ich kann über dieses Kind nicht so schreiben, als wäre es mir fern oder fremd. Es kommt mir vielmehr so vor, als würde ich dieses Kind mit all seinen Reaktionen, Überlegungen und Gefühlen aus der geheimnisvoll frühen Welt seiner Zurückgezogenheit herauszulocken versuchen. Ja, ich will dieses Kind ganz genau kennenlernen und zugleich mit ihm will ich seine ganze Umgebung, das Haus, den Wald, die Landschaft und seine Eltern genau in den Blick nehmen.

Was aber erkenne ich schon vorläufig, nach diesen ersten Erzählungen von den Anfängen meiner Schreibschule? Ich sehe, dass das Kind durch diese Schule aufzuleben beginnt. Es mag die Schreibstunde, weil es sich im Raum der Jagdhütte (anders als in der Schule) sicher und von niemandem bedroht fühlt. Es darf fragen, Fehler machen, und es darf auch still sein. Aber es will ja nicht mehr still sein und (wie früher oft) von etwas träumen. Es will genau zuhören und möglichst viel verstehen. Und wahrhaftig macht dieses Verstehen in der Schreibschule rasche Fortschritte.

Das Kind zeichnet etwas ab und weiß, wie man den Namen des Abgezeichneten schreibt und ausspricht. Zeichnung, Wort und Laut bilden einen festen, leicht abrufbaren Zusammenhang. Solche klaren Zusammenhänge führen dazu, dass das Kind die Worte nicht mehr verwechselt. Es nennt ein Reh nicht mehr »Küken«, und es glaubt nicht mehr, dass »Küken« etwas mit der Farbe »grün« zu tun haben (weil in beiden Worten dieser seltsame Ü-Laut vorkommt). Mit einem Mal sieht es so aus, als klebten an den Dingen, Tieren, Pflanzen und Menschen kleine Schildchen mit den Worten, die sie bezeichnen. Man muss sich an genau diese (und keine anderen, ähnlich klingenden oder wie Freiwild daherkommenden) Worte halten, man muss sie beherrschen. Beherrscht man sie, findet man sich in der Welt so zurecht, wie sich die anderen Menschen auch zurechtfinden. Man gehört dann zu diesen Menschen, man kann sich leicht mit ihnen verständigen, sie nicken, wenn man etwas sagt, sie antworten, freuen sich oder beginnen, mit einem zu streiten.

Will das Kind aber wirklich ganz und gar und »aus voller Seele« zu den anderen Menschen gehören? Ich bin mir da gar nicht so sicher. Einerseits erinnere ich mich an all das, was in der Jagdhütte geschah, sehr genau. Ich sehe und höre meinen Vater fragen und sprechen, und ich sehe und höre, was ich frage und antworte. Auf den ersten Blick scheint es sich um ein ruhiges Wechselspiel zu handeln, das mir Vergnügen macht. Ist die Schreibstunde aber vorbei und gehe ich nach draußen, schaltet mein Hirn noch häufig um. Allmählich wird es in mir ganz still, und ich scheine alles gerade Gelernte und Geschriebene sofort zu vergessen. Die Welt besteht nicht mehr aus Worten und Sprache, sie besteht nur noch aus Luft, Erde, Himmel und den niemals sprechenden Pflanzen und Tieren. In dieser Welt benötigt man keine Worte, man begreift sie auch so, und man ist ihren Lebewesen und dem Lebendigen in ihr vielleicht sogar näher als jenen Dingen und Lebewesen, die von der Sprache umkreist und eingefangen werden.

Das stiller werdende, sich beruhigende und zurückziehende Gehirn — es ist, als forderte es meine frühere Stummheit zurück, indem es mir zeigt, wie angenehm und frei es sich damit lebt. Keine Sprache, keine Erwiderungen und Antworten, kein Streit, nichts davon! Wie wäre es, wenn die Menschen aufhörten zu sprechen? Wäre es nicht die pure Erlösung? Und wie wäre es, wenn sie lernten, manchmal auch allein zu sein, anstatt sich ununterbrochen umeinanderzuscharen, Gruppen zu bilden, gemeinsam »etwas zu unternehmen«? Kann man nicht auch allein »etwas unternehmen«?

Ich erinnere mich. Manchmal habe ich nach den Schreibstunden in der Jagdhütte unser Grundstück verlassen und bin hinunter zu der großen, grünen Wiese gelaufen, wo am frühen Morgen häufig die Rehe erscheinen. Ich habe mich auf den Rücken in das hohe Gras gelegt und versucht, den Flug einiger Vögel über mir genauer zu verfolgen. Ein Falke? Ein Sperber? Ein Habicht? Nichts davon – da oben flogen »Vögel«, nichts weiter. »Vögel« brauchte man nicht zu benennen und zu beschreiben, »Vögel« waren frei. Sie machten mir vor, wie man ohne Worte auskam, fliegend, einfach so, ohne Ordnung und ohne Belehrung.

Ich schaute und versuchte, »an nichts« zu denken. Es gab keine Worte und Sätze mehr, es gab nur »die Freiheit«. Sie hatte etwas Verführerisches, und dieses verführerische Empfinden riet mir, nicht weiterzulernen und mitzumachen. Ich sollte das alles lassen oder losgehen, weit weg, ich sollte mich von allem Gelernten sofort wieder lösen.

So spürte ich noch einen starken Rest der stummen Zeit. Sie war nicht verschwunden und ließ sich nicht rasch beseitigen, sondern mischte sich weiter ein und meldete sich. Wo aber noch, wo genau? Und was konnte ihre Einmischung alles bewirken? Einerseits war ich nun ein zupackender, willig und oft sogar begeistert lernender und mitmachender »Schüler«, andererseits aber auch ein Junge, der eine starke Hinwendung und Sehnsucht nach den stummen Zeiten spürte, in denen alles viel einfacher gewesen war. Diese beiden Kräfte und Pole waren noch gleich stark, und sie stellten mich Tag für Tag vor die Alternative: weitermachen oder aufgeben?

Die Erfindung der Chronik

VORERST MACHE ich weiter. Ich sitze wieder neben Papa, und wir überlegen, was wir noch so alles auf die quadratischen Papiere mit dem Wochentag und dem Datum schreiben könnten. Ich schlage vor, dass ich etwas aus der Zeitung vom Tage abschreibe, aber das findet Papa nicht so gut. Stattdessen soll ich aus der Zeitung vom Tage kleine Fotos oder Bilder ausschneiden, die ich dann auch auf die Seite klebe. Papa meint, dass so meine eigene Zeitung entstünde, eine Zeitung mit vielen Meldungen aus meinem Leben und mit Fotos und Bildern aus dem Leben anderer Menschen. Unter jedes ausgeschnittene Foto oder Bild solle ich aber einen eigenen Text schreiben und nicht den verwenden, den die Zeitungsleute hingeschrieben hätten. Ich solle mir etwas anderes dazu ausdenken, etwas, das mir einfällt, wenn ich mir das Foto oder Bild anschaue. Die Fotos oder Bilder sollten aber nicht allzu groß sein, am besten wie Briefmarken oder höchstens ein klein wenig größer. Sie sollten die Seite also keineswegs beherrschen oder auftrumpfen, sondern sich zu den Meldungen aus meinem Leben hinzugesellen, wie ein Schmuck oder eine Beigabe von außen.

Ich hole die Tageszeitung aus unserem Wohnhaus und nehme mir etwas Zeit, sie durchzublättern. Schließlich schneide ich einen Fußballer aus, den ich kenne. Es ist ein Brustbild, und darunter steht, dass dieser Fußballer (des 1. FC Köln) wohl bald nicht mehr in Köln, sondern in Duisburg spielen wird. Ich klebe das Foto auf meine Tagesseite und schreibe unter das Foto: *Wie viele Einwohner* hat *eigentlich Duisburg?* Papa muss lachen, als er das liest, und er findet es gut. Ich frage ihn, ob wir irgendwo nachschauen sollten, wie viele Einwohner Duisburg hat, aber er meint »nein, wozu? Wollen wir das jetzt wirklich wissen?«. Ich muss auch lachen und sage »nein, eigentlich nicht«. Papa meint, dass die Frage, wie viele Einwohner Duisburg habe, eine »Blitzidee« gewesen sei und dass man eine »Blitzidee« in Ruhe lassen und nicht abtöten dürfe. »Blitzideen wollen für sich stehen«, sagt Papa, und ich merke mir das sofort und denke später immer wieder über diesen Satz nach.

Was aber kommt noch auf meine Tagesseite? Papa sagt, er wolle mir keine Vorschriften machen, ich solle mir das selbst ausdenken, schließlich sei es ja meine und nicht seine Zeitung. Ich muss etwas überlegen und nachdenken, deshalb verlasse ich die Jagdhütte und gehe kurz ins Wohnhaus, um etwas zu trinken. Mama fragt, was Papa und ich die ganze Zeit in der Jagdhütte machen, und ich erkläre ihr die Sache mit meiner Tageszeitung. Ich frage Mama, was sie noch alles auf so eine Seite schreiben würde, da antwortet sie, dass ich unbedingt die Titel der Klavierstücke aufschreiben solle, die ich an einem bestimmten Tag übe. Was ich täglich übe, sei schließlich

sehr wichtig, aber es würde reichen, bloß die Titel zu notieren, das sei genug, ich solle mir nicht zu viel Arbeit
machen.

Mama sagt das fast jeden Tag, sie sagt es zu Papa und zu
mir, sie sagt, ich solle mir auf keinen Fall zu viel Arbeit
machen. Die Schreibstunden, die ich mit Papa verbringe,
verfolgt sie mit etwas Misstrauen. Sie findet diese Stunden »schön und gut«, aber sie findet auch, dass ich mehr
draußen im Freien spielen solle. Ich soll im Wald spielen,
ich soll auf den weiten Wiesen spielen, ich soll irgendwo
spielen und mir Spiele ausdenken (sie weiß, dass ich mir
die meisten Spiele selbst ausdenke).

Unser Haus mit dem großen Waldgrundstück drumherum liegt ganz einsam auf einer Anhöhe mit weitem
Ausblick. Es gibt keine Nachbarn, und so gibt es auch
keine Kinder, mit denen ich spielen könnte. Von den Kindern im etwas entfernt liegenden Dorf kenne ich kein
einziges, sie gehen ja nicht mit mir in die Schule, weil
ich nämlich in Köln in die Schule gehe, wo wir eigentlich
wohnen. Jetzt, in den großen Ferien, wohnen wir aber
nicht in unserer Kölner Mietwohnung, sondern in dem
Haus, das sich meine Eltern in der Nähe ihres westerwäldischen Heimatdorfes gebaut haben. Wenn ich hier spielen will, muss ich mir Spiele ausdenken, die ich allein mit
mir selbst spiele und in denen doch andere Kinder vorkommen, mit denen ich spielen könnte. Ich schieße also
zum Beispiel mit einem Fußball auf ein Fußballtor und
schieße beim ersten Mal selbst, danach aber als ein anderes Kind mit anderem Namen und danach wieder als ein

anderes Kind mit noch einmal anderem Namen. So spiele ich gegen die anderen Kinder, es ist ein Wettbewerb, wer trifft wohin, und wer trifft am genausten, und am Ende eines solchen Spiels kann es durchaus vorkommen, dass ein anderes Kind gegen mich gewonnen hat (Schummeln gilt nicht).

Mama also möchte vor allem, dass ich Klavier übe und in der restlichen Zeit spiele und daneben ein bisschen lese und mich in meine Schulbücher vertiefe. Papa jedoch findet es nicht gut, sich mitten in den Ferien die öden Schulbücher anzuschauen. Lesen soll ich etwas ganz anderes als Schulbücher, und was ich lese, möchte er nicht bestimmen, sondern erst mit mir zusammen herausbekommen. Und wie? Indem wir in eine Buchhandlung gehen und ein Buch aussuchen, das mir gefällt.

Das aber tun wir vorerst nicht, weil ich noch mit meiner Tagesseite zu tun habe. Ich komme aus dem Wohnhaus in die Jagdhütte zurück und sage Papa, dass ich auf die Seite noch die Titel der Klavierstücke aufschreiben möchte, die ich heute geübt habe. »War das Mamas Idee?«, fragt Papa, und ich sage, dass er recht hat und dass es Mamas Idee gewesen sei. »Na, macht nichts«, antwortet Papa, »es ist ja eine gute Idee.« Ich überlege kurz, und dann schreibe ich die Namen der Komponisten und die Titel von zwei Stücken hin, die ich heute geübt habe: *Johann Sebastian Bach: Kleines Präludium in F-Dur* und *Felix Mendelssohn-Bartholdy: Venezianisches Gondellied.*

Oben die Angabe von Wochentag und Datum. Und darunter kommt all das: Die Tagestemperatur. Das Wetter (Wolken? Der Himmel hat welche Farbe? Regnet es? Etwas Wind?). Die Namen der Komponisten und die Titel der Klavierstücke. Was ich am Tag alles gegessen habe. Was ich am Tag im Wald oder auf den Wiesen gespielt habe. Und dazu noch ein Foto oder ein Bild aus der Tageszeitung – und unter Foto und Bild mein eigener Kommentar. So sieht meine Tagesseite vorerst aus. Jeden Tag schreibe ich eine neue, und jeden Tag schaut Papa sie genau an und legt sie nach Fertigstellung in das Regal. Der Stapel mit den Tagesseiten wächst und wächst, und vor diesem Stapel hat Papa an der Regalleiste ein Schildchen angebracht. Auf dem Schildchen steht: »Chronik«. Meine Tagesseiten ergeben nämlich, hintereinander gelesen, eine Chronik.

Ich notiere: *Die Chronik*. Und darunter: *Die Chronik ist das Nacheinander der von mir selbst beschriebenen, beklebten und gefüllten Tagesseiten.* Diese Notiz kommt auf einen anderen Stapel. Auch vor diesem Stapel gibt es ein Schildchen. Darauf steht: *Reflexionen*. Immer mehr Stapel von quadratischen Pauspapierseiten lassen unser »Archiv« wachsen. Wenn ich die Jagdhütte betrete, schaue ich immer zuerst zu diesen Stapeln. Sie machen mir Mut, sie spornen mich an, sie flüstern mir zu: weitermachen, nicht aufgeben. Ich bin jetzt der Schreiber, Gestalter und Erfinder eines Archivs. Papa sagt, ich werde bald richtig staunen. Ich frage, worüber. Da sagt Papa: »Über dich selbst.«

Was die anderen reden

MANCHMAL GEHE ich mit Mama in das entfernt liegende Dorf zum Einkaufen. Dort wohnen auch meine Großeltern, es sind die Eltern von Mama. Mein Großpapa sitzt in dem Büro seiner Firma, die Baustoffe, Heizöl und vielerlei Sachen für die Bauern der Umgebung verkauft. Und meine Großmama führt den Haushalt in dem alten Wohnhaus gleich nebenan und empfängt Mama und mich. Sie setzen sich in die Küche, und dann unterhalten sich Großmama und Mama und erzählen sich etwas. Ich aber sitze nebenan, im Wohnzimmer, meist in Großpapas Sessel, und blättere in den Büchern, die auf dem kleinen Regal hinter dem Sessel liegen. Es sind Bücher aus der katholischen Leihbücherei, die Mama früher einmal geleitet hat und aus der sie jetzt noch immer Bücher für Großpapa ausleiht. Großpapa liest keine erfundenen Sachen, also keine Romane, Erzählungen oder Gedichte, sondern ausschließlich geschichtliche Bücher oder dicke Biografien.

Während ich in den Büchern blättere, bekomme ich manchmal ein paar Sätze von nebenan mit. Und dann höre ich Großmama nach mir rufen und zu mir sagen: »Hol uns doch in dem Schüsselchen ein paar Kugeln Eis mit Sahne.« Sie steht auf und holt das Schüsselchen aus dem Küchenschrank und gibt es mir. Ich bekomme noch etwas Geld und gehe los. Der Laden des Eismanns ist nicht weit entfernt, er befindet sich im Bahnhof, ganz vorne am Eingang. Ich gehe hinein und überreiche das

Schüsselchen und sage: »Ich möchte ein paar Kugeln Eis, Schokolade und Vanille.« Der Eismann schaut sich an, wie viel Geld ich dabeihabe, und dann rechnet er im Kopf aus, wie viele Kugeln ich dafür bekomme. Auf die Kugeln kommt noch ein kleiner Kranz Sahne, frisch aus der Spritztüte. Und dann verabschiede ich mich und trage das gefüllte Schüsselchen zurück in die Küche meiner Großmama, wo wir den Inhalt auf drei Teller verteilen und sofort essen.

Wir bleiben nicht ganz eine Stunde bei Großmama. Meistens gehe ich auch noch ins Esszimmer mit dem kleinen Erker und schaue hinab auf die Straße, wo sich manchmal ein paar Marktstände befinden. Im Esszimmer steht auch ein Klavier, und ich klappe es auf und spiele ein wenig darauf. Ich mag dieses Klavier aber nicht, es klingt nicht gut, sondern schepprig, und außerdem wackelt es, wenn ich die Tasten einmal etwas fester anschlage. Wenn ich ein wenig darauf gespielt habe, kommen meine Großmama und Mama hinzu, und jedes Mal sagt meine Großmama: »Wir müssen das Klavier unbedingt stimmen lassen.« Mama sagt auch, dass man das Klavier stimmen müsse, und dann sagt sie, ich solle dieses oder jenes Stück spielen.

Dass ich dieses oder jenes Stück spielen soll, höre ich überhaupt nicht gern, es reizt mich richtig, ich mag nicht auf Abruf dieses oder jenes Stück spielen, ich mag das wirklich überhaupt nicht. Ich will zwar nicht dieses oder jenes Stück spielen, wohl aber Mama einen Gefallen tun. Und so spiele ich eben ein Stück, das ich selbst auswähle, und wenn ich es gespielt habe, fragt Mama, warum ich denn nicht dieses oder jenes Stück gespielt habe, das sie eben genannt habe. »Lass ihn doch, es war doch sehr schön«, sagt meine Großmama, und dann klappe ich den Deckel des Klaviers zu und stehe auf.

Mein Aufstehen wirkt wie ein Zeichen zum Aufbruch, und wirklich gehen Mama und ich danach dann einkaufen. Wir gehen in den Käseladen nebenan, wir gehen in eine Bäckerei, wir gehen in den Laden mit Zeitschriften und Zeitungen, wir gehen in einen Obst- und Gemüseladen, und wir gehen in eine Metzgerei, wo wir zusammen das Fleisch aussuchen, das in den nächsten Tagen gegessen werden soll.

Später ist wieder Schreibstunde, und Papa und ich überlegen weiter, was ich noch auf meine Tagesseite schreiben könnte. Davor aber fragt Papa, wie es im Dorf gewesen sei und wo wir uns überall aufgehalten hätten. Ich beginne mit unserem Aufenthalt bei der Großmama, da fragt Papa, was die Großmama denn so gesagt habe. Ich antworte, sie habe gesagt: »Hol uns doch in dem Schüsselchen ein paar Kugeln Eis mit Sahne.« Papa schaut mich an und sagt dazu nichts. »Und was hat sie noch gesagt?«, fragt er nach einer Pause. Ich antworte, sie habe gesagt: »Wir müssen das Klavier unbedingt stimmen lassen.« Und wieder schaut Papa mich an und sagt zunächst nichts. Dann aber reckt er sich plötzlich auf, grinst und sagt: »Das schreibst Du jetzt auf Deine Tagesseite.«

Ich verstehe ihn nicht, aber er erklärt mir, wie ich es machen soll. Und so schreibe ich auf meine Tagesseite: *Im Dorf 1. Großmama sagt: Hol uns doch in dem Schüsselchen ein paar Kugeln Eis mit Sahne.* Und: *Im Dorf 2. Großmama sagt: Wir müssen das Klavier unbedingt stimmen lassen.* Natürlich gibt es weitere Sätze, die ich behalten und aus dem Dorf mitgebracht habe. Ich frage Papa, ob ich sie auch auf die Seite schreiben soll. Und er antwortet: »Lass mal hören.« Und ich sage: »Die Frau im Bäckerladen hat gesagt: Heute haben wir auch frischen Puffert. Und der Metzger hat gefragt: Fleischwurst mit oder ohne Knoblauch? Und im Zeitschriftenladen hat die Frau hinter der Theke gesagt: Die Modezeitschriften werden auch immer dümmer.« Papa schaut mich wieder an, er schüttelt den Kopf, er wundert sich darüber, was ich alles an Sätzen behalten habe. Und dann sagt er, dass ich diese Sätze unbedingt auch auf die Tagesseite schreiben solle.

Weil die Tagesseite aber schon recht voll ist, legen wir eine »Seite 2« an. »Das machen wir jetzt aber nicht immer«, sagt Papa, »sondern nur manchmal, wenn Du viele Sätze gesammelt oder gehört hast.« Und dann schlägt er vor, dass ich neben die gesammelten und gehörten Sätze jeweils eine Zeichnung machen soll: ein Brot (die Bäckerei), eine Fleischwurst (die Metzgerei), eine Zeitschrift (der Zeitschriftenladen). Weil er aber weiß, dass ich so etwas nicht zeichnen kann, durchsucht er den *Bildwörterbuch Duden* und legt zwischen die Seiten, wo sich ein Brot, eine Fleischwurst und eine Zeitschrift befinden, ein kleines Stück Papier. Und dann schreibe ich die gesammelten und gehörten Sätze untereinander und schlage später den

Bildwörterbuch Duden da auf, wo die kleinen Papiere stecken, und zeichne sorgfältig ab.

Die Schreibstunde dauert diesmal länger als sonst. Plötzlich erscheint die Mama in der Tür und sagt, dass es nun aber wirklich genug sei. »Was macht Ihr denn die ganze Zeit?« Papa zeigt ihr, dass ich Sätze aus dem Dorf gesammelt und aufgeschrieben habe, aber Mama ist davon nicht besonders angetan. Sie sagt nichts dagegen, aber eben auch nichts dafür, sie schaut nur auf die Uhr und sagt, ich solle jetzt nach draußen, zum Spielen, gehen. Papa aber antwortet: »Spielen kann er noch lange genug. Erst machen wir das hier fertig.« Und dann dreht sich die Mama wortlos um und geht ins Wohnhaus zurück. Ich frage Papa, warum ich die Sätze aus dem Dorf eigentlich aufschreiben solle, da antwortet er, dass er mir in den nächsten Tagen zeigen und erklären werde, warum. Heute sei es dafür zu spät, ich solle nur noch rasch zu Ende schreiben, denn wir wollten die Mama nicht verärgern.

Ich schreibe dann noch zu Ende, und ich sehe, dass Papa danach sofort ins Wohnhaus geht, um mit Mama zu sprechen. Sicher erklärt er ihr, warum ich die gesammelten Sätze aufschreiben soll, er weiß so etwas ja ganz genau, während Mama das alles vielleicht gar nicht wissen will. Sie will eben, dass ich viel draußen bin (draußen, nicht drinnen). Auch das sagt sie immer wieder, ich kann es schon kaum noch hören. Wenn ich die Jagdhütte verlasse und nach draußen in den Wald gehe, höre ich sie wieder sagen: »Spiel doch draußen, nicht drinnen.«

Als mir das einfällt, ist es wie während des Klavierspielens in Großmamas Haus. Ich will dort nicht das spielen, was Mama vorgeschlagen hat, und ich will hier nicht »draußen spielen«, sondern eigentlich lieber drinnen. Am liebsten würde ich aber nichts spielen, überhaupt gar nichts. Und so lege ich mich in den Wald, unter eine der dicken Buchen, und dann schaue ich an ihrem mächtigen Stamm entlang nach oben, wo sich die Äste verzweigen und die fetten Buchenblätter lange Kolonien und Trupps bilden.

Was würden die Buchen reden, wenn sie reden könnten? Was der Stamm und was die vielen fetten Blätter? Und reden die unteren Blätter etwas anderes als die oberen? Und was reden die ganz ganz oben, die den Himmel sehen können, während die meisten anderen ja immerzu im Dunkeln herumhängen und sich vielleicht furchtbar langweilen in diesem ewigen Dunkel? Da fallen mir ein paar Sätze ein (oder zu), und ich höre sie: »Ich bin ein Buchenblatt aus der Mitte des Buchenbaums. In der Mitte ist das ewige Dunkel. Neben mir räkeln sich die anderen Buchenblätter aus der Mitte herum, es werden immer mehr, und wir haben hier kaum noch Platz. Den Blättern ganz oben geht es viel besser. Sie sehen den Himmel und haben immer etwas Neues zu sehen. Wir aber, die Blätter in der Mitte, bekommen keinen einzigen Sonnenstrahl ab und sehen immer dasselbe. Wir langweilen uns, aber es interessiert niemanden, dass wir uns langweilen. Die Buchenblätter aus der Mitte hört niemand, sie sind allen egal, und so hängen wir ein Leben lang herum und fallen dann ab, ohne jemals etwas von der Welt gesehen oder auf ihr erlebt zu haben.«

Ich öffne die Augen und schaue weiter den mächtigen Stamm entlang in die Höhe. Was habe ich da gerade gehört? Waren das nun meine Sätze? Oder können die Buchenblätter sprechen? Natürlich nicht, Blätter sprechen doch nicht. Andererseits: Woher kamen die Sätze, die ich doch gerade gehört (oder gelesen?) habe? Ich habe sie mir doch nicht ausgedacht, nein, sie kamen ja von selbst, ich brauchte nicht einmal nachzudenken. Ein Satz kam nach dem andern, als würde ich die Sätze nachsprechen oder ablesen, aber das war ja nicht so. Entstehen die Sätze in meinem Kopf? Aber woher kommen sie? Entstehen sie einfach von selbst? Aber wie? Und warum?

All diese Fragen machen mich unruhig. Ich stehe auf und halte mir die Ohren zu. Da höre ich die Sätze wieder von vorn: »Ich bin ein Buchenblatt aus der Mitte des Buchenbaums ...« Ich schüttle den Kopf schnell nach beiden Seiten, als könnte ich die Sätze so anhalten oder loswerden – und wirklich kann ich sie anhalten. Plötzlich sind aber ganz andere Sätze da, Sätze, die ich im Dorf gehört habe: »Die Himbeeren sind jetzt besonders gut. Wollen Sie den Emmentaler am Stück oder geschnitten? Hier, die Scheibe Wurst ist für den Jungen. Guten Appetit!«

Es wird immer schlimmer. Mir ist kalt, ich mag nicht mehr draußen bleiben. Ich laufe zurück ins Wohnhaus. Papa sitzt im Wohnzimmer und liest eine Zeitung, und Mama spielt Klavier. Ich gehe hinüber in das Klavierzimmer und lege mich auf das Sofa. Wenn Mama Klavier spielt, hören die fremden Stimmen auf mit dem Erzählen und Reden. Ich höre nur noch die Musik, jeden Ton, jeden Klang. Mama spielt etwas von Robert Schumann, Mama spielt das Stück *Von fremden Ländern und Menschen.*

Wochengedichte

VIELE DER Tagesseiten auf quadratischem Pauspapier liegen jetzt vor mir. Es ist erstaunlich, wie ordentlich sie aussehen. Die Angaben des Wochentags und des Datums erscheinen in Druckbuchstaben, und meist habe ich die Trennlinie darunter mit einem Lineal gezogen. An jedem Tag haben die Angaben eine andere Farbe, und es ist deutlich zu sehen, dass ich die Buntstifte jedes Mal fein gespitzt habe, so dünn, klar und deutlich wirken die Buchstaben und Zahlen. Die kleinen Texte sind immer mit Bleistift geschrieben, während die Zeichnungen aus dem *Bildwörterbuch Duden* wiederum in ganz unterschiedlichen Farben angefertigt wurden. Die Ausschnitte aus den Tageszeitungen schließlich sind längst etwas vergilbt, aber die Fotos und Bilder sind noch gut zu erkennen, obwohl sie Jahrzehnte alt sind.

Die Idee, jeden Tag eine Tagesseite und damit eine fortlaufende Chronik herzustellen, empfinde ich heute als genial. Sie ist eine der wichtigsten Ideen meiner kindlichen Schreibschule, durch die ich ein deutlicheres Empfinden von Zeit erhielt. Die Tage vergingen nicht einfach oder verliefen ins Leere, sondern sie wurden bewusster erlebt. Jede Seite sammelte unverwechselbare und einzigartige Momente, und dadurch wurde auch jeder Tag zu einem unverwechselbaren und einzigartigen Erlebnis. Mochte ich auch häufig nur banale oder auf den ersten Blick nicht weiter erwähnenswerte Dinge notiert haben, so erscheinen diese Notizen aus dem Rückblick doch wie interessante und seltene Besonderheiten mit einem starken Zeitkolorit.

Damit ich dieses Besondere spürte, mussten die beschriebenen, bemalten und beklebten Tagesseiten freilich in regelmäßigen Abständen noch einmal vorgenommen und durchgesehen werden. Es genügte also nicht, sie einfach nur herzustellen und dann, fein geordnet, in die Regale zu legen, nein, ich musste dann und wann einige dieser Seiten wieder aus dem Regal holen und sie dann nacheinander anschauen.

Anfangs machten Papa und ich das einmal in der Woche (und meistens an einem Samstag oder Sonntag). Wir nahmen uns, wie Papa sagte, »die Woche vor« und gingen die letzten sechs oder sieben Tagesseiten durch. Und jedes Mal erstaunte ich, wie viel von all den Notizen und Bildern ich schon wieder vergessen hatte. Jetzt aber, als ich sie erneut anschaute und betrachtete, stellte sich die Erinnerung an den vergangenen Tag wieder her. Und sie stellte sich so genau her, dass ich manchmal sogar die Klänge und Gerüche eines vergangenen Tages zu hören und zu riechen glaubte.

Papa schaut mir zu, während ich die Tagesseiten durchgehe, und dann hat er schon wieder einen fabelhaften Gedanken. Er sagt nämlich, dass ich jetzt (am Samstag oder Sonntag) ein »Wochengedicht« schreiben solle. Natürlich weiß ich nicht, was er meint und wie das geht, aber Papa zeigt und sagt es mir, und es ist ganz einfach. Ich soll nämlich nur einige meiner Sätze und Texte aus der Woche auswählen und sie untereinander, auf Zeilen verteilt, schreiben.

Nun gut: Wir fangen also damit an, dass ich die Sätze auswähle und hinschreibe. Das geht zunächst so:

Die Zirruswolken sehen aus wie weiße, verkrumpelte Betttücher.
Großmama sagt: Hol uns doch in dem Schüsselchen ein paar Kugeln Eis mit Sahne.
Wie viele Einwohner hat eigentlich Duisburg?
Das Präludium in F-Dur ist von Johann Sebastian Bach.

Papa sagt, das sei nun bereits ein Gedicht – und zwar eines mit vier Zeilen. Die Zeilen seien aber sehr lang, und solche langen Zeilen seien schwer zu lesen. Deshalb sollten wir die Sätze jeweils auf zwei kürzere Zeilen verteilen, damit man sie besser lesen könne und damit sie aussähen wie ein richtiges Gedicht. Etwa so:

Die Zirruswolken sehen aus
Wie weiße, verkrumpelte Betttücher.
Großmama sagt: Hol uns doch in dem Schüsselchen
Ein paar Kugeln Eis mit Sahne.
Wie viele Einwohner
Hat eigentlich Duisburg?

– 56 –

Das Präludium in F-Dur
Ist von Johann Sebastian Bach.

Ich finde, dass diese Zeilen jetzt wirklich ein sehr schönes und gutes Gedicht sind. Alles in diesem Gedicht ist von mir, nichts ist einfach nur so aus dem Kopf gedichtet oder erfunden. Nach diesem Muster kann ich leicht noch weitere »Wochengedichte« schreiben. Zum Beispiel:

25,4 Grad
Ist es am 26. Juli.
Ich spiele das Stück
»Träumerei« von Herrn Robert Schumann.
Ich esse
Ein kleines Stück Fleischwurst mit Kartoffelsalat.
Ich spiele
Das Tor unten links treffen – und verliere.

Ich schreibe fünf Wochengedichte, eins nach dem andern, ohne lange zu zögern. Die quadratischen Pauspapiere mit diesen Gedichten (nur ein einziges Gedicht kommt auf eine Seite!) legen wir wieder ins Regal, und vor dem kleinen Stapel wird wieder ein Schildchen angebracht: *Wochengedichte*.

Ihre Erfindung bedeutete: den Rückblick auf die Tagesseiten ebenfalls in einem Text zu gestalten. Durch diesen Rückblick wurde das Erinnern angeregt, und ich konnte das Erinnerte bei einer späteren Lektüre der *Wochengedichte* erneut abrufen. So erhielt die sonst nur blass oder beinahe leblos vergehende Zeit eine weitere Gestalt und eine Formung. Ich übersah längere Zeitstrecken, ich konnte beobachten, was ich alles gesehen und getan hatte, ich hörte die Stimmen um mich herum, als meldeten sie sich wieder aus dem Dunkel des Vergangenen. Und ich konnte begreifen, dass alles, was ich erlebte, letztlich auch Material für das Schreiben war. Schreiben – das war also nichts, was man im Kopf erfand, Schreiben war vielmehr ein Aufschreiben, mit dem man in weiteren Schritten arbeitete.

Die »Gestaltung« gelang zunächst durch die Form eines simplen Gedichts. Auf den zweiten Blick waren diese »Wochengedichte« aber keineswegs simpel. Ihre Form hielt mich an, die einzelnen Sätze zu zerlegen und zu zerschneiden. So erkannte ich (zu Beginn natürlich nur unklar und unbewusst), dass diese Sätze aus einzelnen Gliedern unterschiedlicher Länge bestanden. Ich musste also Sätze in Glieder umformen, und ich musste mir überlegen, welche Sätze und welche Satzglieder ich in welcher Reihenfolge untereinander schrieb.

Nur scheinbar war das alles eine bloß formale, handwerkliche Arbeit. Die »Formung« eines Gedichts führte untergründig auch dazu, dass sich mein Empfinden für das, was ich getan hatte und tat, intensivierte. Instinktiv spürte ich »die Schönheit« oder »das Gelingen« bestimmter Zeilen (und eben damit auch Zeiten!) und erinnerte mich dann »liebend gern«. Wie »schön« und »gelungen« war etwa das hier:

Sonnig, 26 Grad.
Der Wind weht nur am Abend.
Die Buchenblätter in der Mitte des Baums
Zittern ein wenig.
Mama hat einen Eintopf
Aus Bohnen, Kartoffeln und Speck gekocht.
Ich höre zu,
Wie sie ein Präludium in D-Dur aus dem »Wohltemperier-
ten Klavier« (von Johann Sebastian Bach ... — wurde durch-
gestrichen) spielt.

Die scheinbar rasch verrinnende und nicht aufzuhaltende
Zeit umfasste also Momente oder Zeiten, die man durchaus anhalten und wieder erleben konnte. Diese Momente waren besonders schöne oder gelungene oder einfach
auch nur erinnernswerte. Während sich von Tag zu Tag
alles veränderte und kein Tag wie der andere war, blieben
in diesem Veränderungsstrom doch kleine Zeitinseln zurück, die wie stehen gebliebene Zeit wirkten. Indem man
sich an sie erinnerte, glaubte man die Zeit nicht nur besser zu überschauen, sondern auch nachzuerleben und zu
verstehen.

Die Wirkung der *Tagesseiten* und der *Wochengedichte* war
so stark, dass ich nicht mehr aufhörte, solche Seiten und
Texte zu schreiben. Zögerte sich dieses Schreiben während eines Tages hinaus und kam ich zunächst nicht dazu,
empfand ich das als störend und unangenehm. Die Zeit
verging und verging — und ich hatte sie noch nicht zu
packen und zu fassen bekommen! Also ging ich von nun
an manchmal auch spätabends noch in die Jagdhütte, um

ohne meinen Vater zumindest noch »ein wenig vom Tag« zu notieren. Danach war ich fühlbar »erleichtert«, »zufrieden«, »wieder ruhiger«. Ich konnte mir das Vergehen der Tage ohne solche »Tagesnotizen« nicht mehr vorstellen, sie gehörten nun zu meinem Leben. Ich brauchte sie, wie ich etwas zu essen und zu trinken benötigte. Solange sie nicht entstanden waren, fühlte ich mich nicht vollständig, sondern schreibhungrig. (Was dazu geführt hat, dass ich diese Art Chronik – mit der Ausnahme der *Wochengedichte* – bis zum heutigen Tag ohne jede Unterbrechung weitergeschrieben habe.)

Die *Tagesseiten* und *Wochengedichte* bewirkten aber noch etwas anderes. Sie machten das Schreiben leichter zugänglich. Setzte ich mich an die lange Holzplatte, brauchte ich nicht an jedem Tag von neuem zu überlegen, was ich als Erstes schreiben würde. Ich hatte ja »etwas zu schreiben«, das Material war vorrätig, ich brauchte es bloß abzurufen und dann zu gestalten.

Auf diese Art öffnete sich das Schreiben. Ich quälte mich nicht damit herum, sondern freute mich, damit zu beginnen. Schließlich war das, was vor meinen Augen entstand, nichts Fremdes, sondern etwas, das ganz und gar zu mir gehörte (dass es niemanden sonst interessieren mochte, war vorerst egal). Ich schrieb mein Leben auf, ich wurde aufmerksam auf jede Kleinigkeit, ja, ich hatte manchmal sogar das Gefühl, doppelt zu leben (im »richtigen Leben« und im »aufgeschriebenen Leben«).

Nach all diesen ersten Anfängen der Schreibschule sitzt Papa neben mir und fragt: »Macht Dir das Schreiben jetzt eigentlich Spaß?« Und ich sage: »Ja, großen Spaß.« Und Papa fragt nach: »Und bist Du nicht manchmal erstaunt?« Und ich antworte: »Ja, aber nicht über mich selbst, wie Du gemeint hast, sondern über das, was ich alles so schreibe.« Da schaut Papa mich an, lacht und sagt: »Aha! So ist das also! Donnerwetter!«

Dialoge und Szenen

DIE CHRONIK mit den Tagesseiten haben wir um die Wochengedichte erweitert, wir haben sie also ausgebaut: Es gibt jeweils eine Seite für jeden Tag und dazwischen Rückblicke auf die letzten sechs oder sieben Tage in Form der Wochengedichte. Man kann auch noch mehr und andere Rückblicke einbauen, sagt Papa, aber wir wollen das vorerst bleiben lassen, da wir ja viel mit den Tagesseiten und Wochengedichten zu tun haben. Und außerdem zeichnen wir dann und wann auch noch Seiten aus dem *Bildwörterbuch Duden* ab, damit ich, wie Papa sagt, genau weiß, welches Wort zu welchem Ding gehört, und damit ich (was anscheinend besonders wichtig ist) meinen »Wortschatz« erweitere.

»Je größer der Wortschatz umso besser«, sagt Papa, und dann sagt er noch, dass die Vergrößerung des Wortschatzes eine unserer wichtigsten Aufgaben sei und er sich noch viele Gedanken darüber machen werde, wie wir das hinbekommen. »Eigentlich habe ich noch gar keine Ahnung«, meint er, aber ich glaube ihm das nicht, schließlich hat er seit dem Beginn unserer Schreibschule ununterbrochen gute Gedanken dazu gehabt, was man als Nächstes tun könnte.

Ich erinnere ihn daran, dass wir in eine Buchhandlung gehen wollen, und er antwortet, er habe das nicht vergessen, wir würden das aber erst in Köln machen, nach unserer Rückkehr. »Wir wollen beim ersten Mal in eine große Buchhandlung gehen und in keine Dorfbuchhandlung. Bei unserem nächsten Westerwald-Aufenthalt gehen wir aber auch in eine Dorfbuchhandlung. Nicht dass Du denkst, ich hätte etwas gegen eine Dorfbuchhandlung, aber bei unserem ersten gemeinsamen Gang in eine Buchhandlung sollte es eine große Buchhandlung sein.«

Ich frage ihn, warum wir nicht einfach in die Leihbücherei im Dorf gehen und uns dort etwas zu lesen holen, da sagt er: »Wir brauchen zunächst mal Bücher, die uns auch gehören. Damit wir darin rumkritzeln und hineinschreiben können. Später leihen wir natürlich auch Bücher aus der Leihbücherei aus, jetzt aber noch nicht. Ich habe da so meine Ideen.« Ich bin sehr neugierig auf Papas Ideen und frage, welche er habe, aber er will sie noch nicht verraten. »Ich muss mir noch einiges dazu überlegen, ich bin noch nicht so weit.«

Vorerst arbeiten wir also noch nicht mit weiteren Büchern, sondern nur mit dem *Bildwörterbuch Duden*. Papa spricht von der Methode des »Ausbauens«, denn er findet es gut, wenn wir die Tagesseiten der Chronik durch immer mehr Wochengedichte ausbauen. Anscheinend will er das immer weiter und weiter tun, aber wie? Wir sitzen nebeneinander in der Jagdhütte und denken nach, und plötzlich schlägt Papa mit den fünf Fingern der rechten Hand flach auf die Holzplatte und sagt: »Eigentlich kann man alles ausbauen, einfach alles.«

Ich verstehe nicht, was er meint, aber ich sehe, dass er glaubt, etwas Großes entdeckt zu haben: Man kann eigentlich alles ausbauen. »Und womit fangen wir an?«, frage ich. Papa erklärt, dass wir mit den Sätzen anfangen, die ich im Dorf gesammelt habe. Während meiner nächsten Aufenthalte im Dorf soll ich nicht nur einzelne Sätze, die dieser oder jener gesagt hat, sammeln, sondern auch, was ein anderer darauf geantwortet hat. »Wir sammeln jetzt Dialoge«, sagt Papa, »oder, besser gesagt, wir sammeln Szenen.«

Ich weiß wieder nicht genau, was er meint, aber ich ahne es doch zumindest. Papa zeigt mir aber sofort, was er meint, indem er mit meiner Hilfe einen, wie er sagt, »Modelldialog« als »Modellszene« gestaltet.

Das geht so: Wir schreiben zunächst hin, wo sich der Dialog ereignet und wo er spielt. Zum Beispiel: *In Großmamas Küche. 11.30 Uhr. Großmama und Mama unterhalten sich.* Und dann schreiben wir hin, was Großmama und Mama sagen. Etwa so:

Großmama: Gestern habe ich mal wieder saure Nierchen ge-
kocht.
Mama: Kochst Du auch mal wieder etwas für mich?
Großmama: Natürlich. Aber Du kommst ja so selten vorbei.
Mama: Ich komme dreimal in der Woche, das ist doch nicht
selten.
Großmama: Je älter ich werde, desto lieber habe ich meine Kin-
der um mich.
Mama: Ich komme so oft wie irgend möglich.

So etwas haben Großmama und Mama natürlich nicht
wirklich gesagt, Papa und ich – wir haben uns diesen
Dialog ausgedacht, damit ich leichter verstehe, wie man
einen Dialog aufschreibt. Papa sagt, es gebe bei den Dialogen ein kleines Problem, Dialoge seien nämlich oft
»haarsträubend oder beleidigend uninteressant«. Zum
Beispiel:

Bäcker S.: Haben Sie noch einen Wunsch?
Mama: Ja, drei Mohnbrötchen.
Bäcker S.: Gern. Die Mohnbrötchen sind noch warm.
Mama: Sehr gut, die warmen schmecken einfach besser.
Bäcker S.: Das sage ich auch immer.

Ich verstehe nicht recht. Warum ist dieser Dialog uninteressant? »Weil er nicht vorankommt, und weil er nichts
von den Menschen erzählt, nichts Besonderes, was sie
auszeichnet oder womit sie zu tun haben«, antwortet
Papa. Solche Dialoge nenne man Allerweltsdialoge, weil
sie nicht von etwas Besonderem handelten, sondern weil
»alle Welt« (also jedermann) einen solchen Dialog dann

und wann spreche. Um die Zeit totzuschlagen. Damit es in einem Raum nicht so still ist. Oder auch, um freundlich zu sein.

Aha. Allerweltsdialoge sind in Papas Augen also nichts Schlimmes, sondern nur etwas, das man nicht unbedingt aufschreiben muss. In richtigen Dialogen dagegen erzählen oder sagen die Menschen etwas Besonderes, Seltenes und meist auch etwas über sich selbst, das sie eben nicht dauernd oder jeden zweiten Tag sagen. Ich frage, ob wir noch ein zweites Beispiel für einen Nicht-Allerweltsdialog aufschreiben könnten, da meint Papa, es sei nun genug mit den erfundenen Beispielen, ich solle beim nächsten Besuch im Dorf einfach genau hinhören und mir Dialoge merken, und dann würden wir gemeinsam besprechen, welche wir aufschreiben und welche nicht.

Erst sehr viel später habe ich begriffen, wie wiederum genial die Idee vom Ausbau der gesammelten Sätze hin zu einem Dialog war. Wollte ich nämlich einen gelungenen oder guten Dialog finden, so konnte ich nicht mehr weghören, wenn sich die anderen Menschen um mich herum unterhielten. Früher hatte ich nur kurz hingehört – und meistens nur auf Klänge, Laute oder einzelne Worte geachtet. Danach hatte ich aufgegeben und weggehört oder an etwas ganz anderes gedacht, ich war »abgetaucht«. Jetzt aber zwang mich die Aufgabe, gute Dialoge zu schreiben, zum genauen Hinhören. Und wahrhaftig, so war es dann auch. Wenn ich meine Mutter nun in das Dorf begleitete, war ich schon vorher gespannt, ob ich gelungene Dialoge oder Allerweltsdialoge zu hören be-

– 65 –

kommen würde. Und so versuchte ich mir viele Dialog-
partien zu merken und brachte sie im Kopf zurück in die
Jagdhütte, wo ich sie meinem Vater erzählte.

Dialog 1. Beim Metzger im Dorf.
Die Mutter des großen Metzgers: Die Kinder machen Ferien
im Süden.
Mama: Dann sind Sie jetzt ganz allein?
Die Mutter des großen Metzgers: Ja, ich schmeiße den Laden
allein.
Mama: Das ist allerhand.
Die Mutter des großen Metzgers: Na, es sind ja nur zwei
Wochen.
Mama: Noch ein Stück von der groben Leberwurst, bitte.

Papa meint, das sei nicht ganz uninteressant, aber doch
»hart an der Kante«. Es sei zum Beispiel schade, dass
Mama nicht danach gefragt habe, wo die Kinder der
Metzgermutter denn Ferien machten und warum ausgerechnet dort. »Vielleicht machen sie am Meer Ferien,
und dann gäbe es etwas zu erzählen. Vom Hotel. Vom
Meer überhaupt. Irgendetwas Interessantes.« Mama,
sagt Papa, habe den Dialog auch zu früh beendet und zu
rasch um das Stück Leberwurst gebeten. Das zeige ganz
deutlich, dass Mama den Dialog auch für uninteressant
gehalten habe.

Dialog 2. Im Zeitschriftenladen des Dorfes.
Die Zeitschriftenhändlerin: Wir haben neue Micky-Maus-
Sonderhefte.
Mama: Nein, danke.

Die Zeitschriftenhändlerin: Liest der Junge keine Micky-Maus-Hefte?

Mama: Nein, er mag sie nicht.

Die Zeitschriftenhändlerin: Und wieso nicht? Ich kenne keinen einzigen Jungen, der Micky-Maus-Hefte nicht mag.

Mama: Ich aber, ich kenne einen.

Papa findet diesen Dialog »großartig«. Er ist zwar kein gelungener Dialog in dem Sinn, dass die Menschen etwas Besonderes von sich erzählen. Aber er gehört zu einer dritten Sorte von Dialog, nämlich der, in der »es knistert«, es ist also ein Knisterdialog. In Knisterdialogen stehen sich zwei Menschen gegenüber, die einander herausfordern, so dass es zwischen ihnen zu knistern beginnt. Sie mögen sich nicht, oder sie bekommen Streit, ein kleines Feuer entsteht und muss dann wieder gelöscht werden.

Die Zeitschriftenhändlerin will ein gutes Angebot machen, und Mama ist sehr schroff und lehnt es gleich ab. (Mama mag keine Comics, sie mag sie ganz und gar nicht, sie hält sie von mir fern, als wäre es eine unanständige oder gefährliche oder krank machende Lektüre.) Natürlich wittert die Zeitschriftenhändlerin, dass Mama die Micky-Maus-Hefte nicht mag, und natürlich vermutet sie, dass ich diese Hefte durchaus mögen würde, wenn ich nur mal eines zu lesen bekäme. Und so fragt sie scharf (und auch etwas gekränkt) noch einmal nach, worauf Mama scharf und ebenfalls etwas gekränkt antwortet.

Ich staune: Wie viele unterschiedliche Dialoge es doch gibt! Gelungene Dialoge, Allerweltsdialoge, Knisterdialoge. Ich möchte noch weitere Sorten kennenlernen und frage Papa, welche anderen es noch gibt. Papa sagt: »Du wirst Dich wundern: Ich habe keine Ahnung.« Und ich antworte: »Und wie bekommen wir raus, welche weiteren Sorten es gibt?« Da lacht Papa wieder und sagt: »Indem Du uns immer neue servierst, und indem wir sie Stück für Stück genau untersuchen.« »Wie man einen Obstsalat untersucht und nachschaut, aus was er besteht«, sage ich. »Genau so«, antwortet Papa.

Und dann nehme ich einen Bleistift und schreibe meinen ersten Dialog auf eine neue Tagesseite. Und über dem Dialog steht: *Knisterdialog. Im Zeitschriftenladen des Dorfes.*

Etwas anders sagen

PAPA IST von der Idee des »Ausbauens« meines Wortschatzes und meines Sprachvermögens jetzt regelrecht besessen. Und auch ich bin sehr gespannt und neugierig, was uns beiden noch alles einfallen wird. Mama erzählen wir vorerst nichts von unseren Ideen, denn sie könnte etwas dagegen haben, dass wir so intensiv nachdenken und forschen. »Der Junge sollte lieber mehr draußen im Freien spielen«, würde sie wieder mal sagen. Ich bemerke jedoch, dass ich immer weniger Lust zum Spielen im Freien habe. So ein Spielen ist viel langweiliger als das

Schreiben in der Jagdhütte, und außerdem ist Spielen doch eigentlich nur interessant, wenn man auch mit anderen Kindern spielt. Nach unserer Rückkehr nach Köln werde ich das tun, und dann werde ich sehen, wie und ob dieses Spielen wirklich interessant ist.

Wie aber bauen Papa und ich mein Sprechen und Schreiben nun weiter aus? Papa hat in seinem Bücherregal im Wohnzimmer noch weitere *Duden*-Bücher entdeckt. Es gibt einen *Duden* mit den wichtigsten Wörtern der deutschen Sprache, und es gibt einen *Duden* mit Wörtern der deutschen Sprache, neben denen steht, wie man diese Wörter verwendet oder welche anderen Wörter man für bestimmte Wörter auch verwenden könnte. Das klingt schwierig, ist aber, wenn man Beispiele sammelt, ganz einfach.

Papa und ich gehen den *Duden* mit den wichtigsten Wörtern der deutschen Sprache nicht von A bis Z durch, sondern so, dass ich die Augen schließe und mit dem rechten Zeigefinger in das geschlossene *Duden*-Buch hineintippe. Dort schlagen wir das Buch auf und schauen, welche interessanten Wörter wir auf diesen Seiten finden. Am besten sind Wörter, die ich noch nicht genau kenne oder von denen ich überhaupt nicht weiß, was sie bedeuten.

Beispiel 1. Wir haben die Seiten 212 und 213 aufgeschlagen. Buchstabe H. Von »Hanseat« bis »Haus«. Papa fragt, ob ich weiß, was »hantieren« bedeutet? Nein, weiß ich nicht genau. Etwas mit der Hand machen? So in etwa. »Hantieren« meint: sich zu schaffen machen, dabei aber

— 69 —

nicht richtig vorankommen. Man »hantiert herum«, ziemlich lange, nicht zielstrebig. Verstanden? Ja, verstanden. Wer »hantiert«? Ich hantiere herum, wenn ich die Bleistifte spitze. Ich komme nicht richtig voran, es dauert zu lange. Stimmt, sehr gut.

Das nächste Wort. Was bedeutet »harsch«? Vielleicht: »hart«, »schroff«? Ja, in etwa. »Harsch reden« ist »rau, knapp, ungeduldig, abweisend« reden, und wenn der Schnee »harsch« ist, ist er wie der Mensch, der so redet, nämlich »hartgefroren«. Verstanden? Ja, verstanden. Wer redet so »harsch«? Der Mann im Gemüseladen. Wenn Mama ihn fragt, warum die Kirschen so teuer sind, antwortet er: »Wenn ich sie scheißen könnte, wären sie billiger, da haben Sie recht.«

Und weiter. Was bedeutet »haschieren«? Ich weiß es nicht, ich habe das Wort noch nie gehört. Papa sagt, in Mamas Küche gebe es ein Messer, das Mama manchmal auf einem Küchenbrett hin und her wiegt, um zum Beispiel ein Bund Petersilie zu zerkleinern. Das Messer heiße Wiegemesser, und das, was Mama tut, heißt: »haschieren«. Verstanden? Oh ja, ganz genau. Wer »haschiert« also? Mama haschiert mit dem Wiegemesser allerhand Grünzeug. »Grünzeug« ist sehr gut, bravo!

Und noch ein Wort. Was ist ein »Haudegen«? Dieses Wort kenne ich auch nicht. Ein Mann, der mit einem Degen um sich haut? Ja, in etwa. Ein bereits etwas älterer Mann oder auch Krieger, der noch um sich haut und bereits viel und häufig um sich gehauen hat. So ein Mann muss aber nicht unbedingt ein Krieger sein, es könnte auch ein älterer Mann sein, der »sturmerprobt« ist, der schon viel mitgemacht und sich dabei bewährt hat. Du verstehst? Ja, ich habe verstanden. Wer also ist ein »Haudegen«? Kurzes Nachdenken. Vielleicht war Petrus ein »Haudegen«? In der Bibel steht doch, dass er einem Knecht das rechte Ohr mit dem Schwert abgehauen hat. Brillant. Petrus war »ein Haudegen«.

Und so weiter. Die Wörter, die wir, wie Papa gesagt hat, »bestimmt« haben (so, wie man Bäume, Pflanzen und Tiere »bestimmt«), schreibe ich nicht auf meine Tagesseite, sondern auf besondere Seiten. Zum ersten Mal nehmen wir kein Pauspapier, sondern ganz normales, weißes Papier im Format DIN A 4. Papa faltet die Seite zweimal und trennt sie durch, so haben wir ein weißes Papier, das etwa so groß wie eine Postkarte ist. Auf dieses Papier (ohne Linien, ohne Rechtecke, ohne alles!) schreiben wir untereinander die Wörter, die wir bestimmt und über die wir nachgedacht haben. Wir schreiben nur die Wörter hin, keine weiteren Erklärungen. Die Erklärungen soll ich im Kopf behalten, und ich soll mir die kleinen Papiere (Papa nennt sie »Karten«) dann und wann vornehmen und »memorieren«, was wir zu jedem einzelnen Wort gesagt haben. »Das ist wie Vokabeln lernen«, sagt Papa, und ich verstehe.

Man kann Wörter aber noch auf andere Weise ausbauen, nämlich so, dass man darüber nachdenkt, wie und in welchen Zusammenhängen sie verwendet werden. Erstes Beispiel: »Handgelenk«. Was dieses Wort bedeutet, weiß ich. Ich zeige auf mein Handgelenk, und Papa ist einverstanden: Richtig, das ist ein Handgelenk. Ich kann mein Handgelenk anfassen, ich könnte aber auch »etwas aus dem Handgelenk machen«. Wenn ich das tue, mache ich nicht wirklich etwas mit meinem Handgelenk, sondern ich mache irgendetwas (zum Beispiel schreiben, Klavier spielen) ganz leicht und ohne jede Mühe.

Sicher habe ich schon etwas ganz leicht und »aus dem Handgelenk gemacht«, was zum Beispiel? Ich habe auf dem Klavier Stücke von Carl Czerny gespielt, das kann ich ganz leicht, »aus dem Handgelenk«. Vielleicht habe ich aber auch manchmal gedacht, ich könne etwas »aus dem Handgelenk machen«, und dann stellte sich heraus, dass es nicht ging und dass ich erst noch mehr üben und trainieren musste. Stimmt's? Ja, stimmt. Die kurzen *Kinderszenen* von Robert Schumann sehen ganz leicht aus, und man denkt, man könne so etwas »aus dem Handgelenk«. Übt man sie dann aber, bemerkt man rasch, dass man sie erst ganz langsam angehen und genau studieren (sich einprägen) muss.

Man verwendet das Wort »Handgelenk« also in mehreren Zusammenhängen. Man sagt: »Das ist mein Handgelenk«, oder man sagt: »Das mache ich aus dem Handgelenk.«

Zweites Beispiel: Das Wort »happig«. Ich kenne es nicht, ich kenne aber die Wendung »einen Happen essen« (Papa sagt das manchmal: »Essen wir doch einen Happen«, also etwas Kleines, so nebenher, nicht zu viel …). Hat »happig« mit »Happen« zu tun? Ja, wer gerade »happig« ist, isst einen Happen nach dem anderen, er stopft sich voll mit lauter Happen, er kann gar nicht mehr aufhören. Zu so jemandem sagt man: »Sei nicht so happig!« Man sagt aber auch: »Das ist happig«, und dann meint es: »Das ist zu viel, das ist eine Zumutung.« Wenn etwas sehr viel oder zu viel kostet, dann ist »das happig«. Ein Preis ist »happig« – das bedeutet, der Preis ist viel zu hoch.

Viele Verwendungen von Wörtern kennenzulernen, macht wirklich Spaß. Ich schreibe solche Wörter auf die kleinen Karten, und die Karten kommen dann in eine winzige, rechteckige Kiste, in die sie genau hineinpassen und in der sie dann aufrecht hintereinanderstehen. Ich nehme einige der beschriebenen Karten aus der Kiste, betrachte jede einzelne kurz, schaue Papa an und sage: »Ich hantiere mit den Karten herum.« Papa antwortet: »Das machst Du aus dem Handgelenk.« Und ich sage: »Ja, es ist kein bisschen happig.«

Wenn Papa und ich die gerade gelernten Wörter zusammen wieder verwenden und uns mit ihnen unterhalten, macht das erst so richtig Spaß. Oft wird aus solchen Unterhaltungen ein ziemlicher Blödsinn oder Unsinn, das ist aber nicht schlimm, sondern sehr lustig. Zum Beispiel: Ich gehe jetzt mal einen Happen essen. – Sei aber nicht zu happig. – Nein, ich haschiere nur ein paar Kräuter. – Das machst Du aus dem Handgelenk. – Mama wird mir etwas helfen. Sie ist gar nicht harsch. – Stimmt. Mama weiß, wie man in der Küche hantiert und haschiert.

Solche Dialoge und Übungen entwickeln sich jedoch, ohne dass Papa etwas ahnt, in meinem Kopf weiter. Ich höre ihnen zu, wenn sie in meinem Kopf wie »aus dem Handgelenk« entstehen. Es ist wie bei der Geschichte von den Buchenblättern in der Mitte der Buche. Meist geht es von selbst los, wenn ich die Jagdhütte nach einer Übungsstunde verlasse. Etwas sehr Seltsames passiert, kein Mensch außer mir weiß davon. Mein Kopf beginnt, eine kleine Geschichte nach der andern zu denken und auch zu schreiben. Das ist so etwas wie eine Revolution, aber eine im Stillen und damit eine verborgene.

Erste Geschichten

WAS ABER passiert eigentlich genau, wenn in meinem Kopf Geschichten entstehen? Ich denke manchmal darüber nach, aber ich komme mit dem Nachdenken nicht weiter. Also sammle ich das, was ich weiß, im Kopf, und ich sammle es »untereinander«.

Zunächst: Die meisten Geschichten entstehen, wenn ich die Jagdhütte verlassen habe und in den Wald gehe. Gehe ich ins Wohnhaus, melden sich die Geschichten viel seltener. Beginne ich aber auch noch, im Wohnhaus Klavier zu spielen, melden sich überhaupt keine Geschichten. Spreche ich im Wohnhaus mit der Mama, gerät manchmal alles durcheinander, und ein paar Reste von den Geschichten wandern hinüber in unser Gespräch.

Mama: Jetzt habt Ihr aber wirklich lange genug geschrieben.

Ich: Ach, das geht schon. Wenn wir die Worte haschieren, lernt man sie erst so richtig kapieren.

Mama: Wie bitte?

Ich: Haschierst Du heute wieder etwas Grünzeug?

Mama: Warum willst Du das wissen?

Ich: Das Grünzeug seufzt, wenn Du es haschierst. Noch lauter seufzt es, wenn Du es flambierst. Am besten, Du lässt beides bleiben und hantierst.

Mama: Was redest Du denn da?

Ich: Nichts. Es geht mir nur was durch den Kopf, und ich habe es noch nicht geordnet.

Mama: Ich sage es ja, aber keiner hört auf mich. Was Papa mit dir übt und macht, ist zu anstrengend. Du bist ganz durcheinander.

Ich: Ich bin überhaupt nicht durcheinander, ich bin nur nicht gut geordnet.

Nach solchen Knisterdialogen muss ich das Wohnhaus rasch wieder verlassen und so tun, als spielte ich draußen im Freien. Das beruhigt die Mama, es beruhigt aber auch mich. Der Wald ist die Zone der großen Beruhigung. Die meisten Menschen (vor allem die Erwachsenen) denken, der Wald sei langweilig. Nur ein paar Bäume, etwas meist feuchter, dunkler Boden, ein paar Grasbüschel, Vögel, die nicht genau wissen, wohin. Weil die Erwachsenen den Wald für etwas Langweiliges, Immergleiches halten, gehen sie auch nicht in ihn hinein. Sie gehen an ihm entlang, quer durch ihn hindurch, aber sie halten sich nicht lange in ihm auf.

Genau das tue ich. Ich kenne die verschiedenen Zonen, Plätze und kleinen Eckchen des Waldes. Kennt man sie genau, ist der Wald eine große Stadt. Mit Wegen, Pfaden, vielen Lebewesen, mit Häusern, Durchblicken, Plätzen. Der Wald ist aber keine laute, sondern eine ruhige Stadt. Eine Stadt in Zeitlupe, in der man sich nicht verläuft. Betrete ich diese ruhige Stadt, geht es in meinem Kopf los. Etwas entspannt und löst sich, manchmal muss ich lachen, ohne Grund, einfach so. Ein paar erste Wörter stellen sich ein, sie purzeln durcheinander und machen Unfug. Und meist haben diese ersten Wörter und Geschichten etwas mit den Dingen und Lebewesen im Wald zu tun.

Das geht etwa so: *Die Ameisen machen heute wieder großen Betrieb. Sie rasen im Zickzack (frisch gelerntes Wort!), wälzen etwas vor sich her, lassen es um keinen Preis los und verstecken es im tiefen Dunkel des Ameisenhaufens, so dass sie es nicht mehr wiederfinden. Dann rasen sie aus ihren Haufen gleich wieder ins Freie und beginnen von vorne. Irgendwo soll ihre Königin sein, aber niemand von ihnen hat sie je gesehen. Ich aber habe sie gesehen. Sie kam extra für mich und um sich mir zu zeigen, ins Freie, badete kurz in der Sonne, strahlte für ein paar Sekunden und ließ sich erschöpft von einigen Unterameisen zurück ins tiefe Dunkel tragen. Die Unterameisen bekamen dann eine Belohnung, mussten aber versprechen, verschwiegen zu sein und nichts vom Aufenthalt der Königin im Freien irgendwo zu erzählen.*

Eine Minute, höchstens zwei, drei Minuten dauert es, bis eine solche Geschichte fertig ist. Gerate ich ins Stocken oder ins Grübeln, stimmt etwas nicht, und die Geschichte bricht in sich zusammen. Dann höre ich sofort auf, weiter an sie zu denken, denn es gelingt mir danach nicht mehr, wieder in die Geschichte »einzusteigen«. Sie ist fort, weg, für immer. Es kann höchstens vorkommen, dass zwei, drei Tage später Teile von einer solchen abgebrochenen Geschichte in eine andere Geschichte hinüberwandern und dort einen Platz finden. So etwas geht schon, aber ich habe es nicht gern. Es wirkt nämlich wie »Pfusch« (neu gelerntes Wort!), das heißt: Es wirkt nicht echt, sondern »wie getrickst« (neu gelerntes Wort).

Noch ein Beispiel für eine solche Geschichte: *Die Eichelhäher sind die Trickser des Waldes. Sie tun so, als würden sie Eicheln oder etwas anderes sammeln, ich habe aber noch nie einen Eichelhäher etwas sammeln sehen. Außerdem tun sie auch so, als könnten sie singen oder sich besonders schlau melden. Sie singen oder melden sich aber nicht, sondern krächzen bloß laut und immer lauter, so dass die anderen Vögel ihnen zurufen: »Klappe halten (neu gelerntes Wort!), ihr Wichtigtuer!« Am schlimmsten tricksen die Eichelhäher aber mit ihrem Aussehen. Sie stellen sich vor, sie sähen wie Könige oder Königinnen des fliegenden Waldes aus. Dabei haben sie nur ein paar bunte Federn an beiden Seiten des Bauches, quer und übereinander. Andere Vögel haben ein sehr schönes und interessantes Gefieder: der Dompfaff, der Grünspecht, der Pirol. Eichelhäher aber sehen aus, als trügen sie Federn von C&A.*

Ich überlege, was ich mit all diesen Geschichten anstellen soll. Sie entstehen »aus dem Handgelenk«, es sind *meine* Geschichten, und ich möchte sie nicht sofort erzählen oder jemandem zeigen. Andererseits könnte ich mir vorstellen, dass diese Geschichten auch anderen Menschen gefallen. Mir nämlich gefallen sie sehr, sie gefallen mir sogar mehr als alles, was ich sonst in der Schreibschule schreibe. Die Schule besteht aus lauter Übungen, die Geschichten aber sind keine Übungen. Es sind Erzählungen, die mit Luft, Erde, Himmel und Wasser zu tun haben, sie gehören in solche Räume und entstehen in vollkommener Freiheit. Ich denke sie im Grunde nicht einmal aus, sie – wie soll ich denn sagen? – keimen in mir, wachsen ein kleines Stück und gehen durch mich hindurch wie ein Windstoß. Danach schüttle ich mich und schaue mich um. Was ist gerade mit mir passiert? Was war da?

Mit den Tagen begreife ich zwar ein bisschen besser und genauer, was mit den Geschichten los ist. Sie sind so etwas wie kleine Freiheitssprünge. In ihnen lasse ich die Wörter allein etwas tun, ohne Ziel, Zweck und Aufgabe. Die Wörter suchen irgendeine Nähe zueinander, gesellen sich zusammen, trennen sich wieder, tanzen ein wenig – und lösen sich in Luft auf. Immer wieder habe ich das Gefühl, dass die Geschichten sich am Ende in Luft auflösen. Tun sie es nicht, enden die Geschichten zu schwer. Mit Mord und Totschlag. Mit einem harschen (unbefriedigend groben) Ende. Lustlos. Knall auf Fall (neu gelernt). Solche Geschichten streiche ich später im Kopf. Sie sind falsch verlaufen, sie spielen den »Macker« (neu gelernt), sie tun, als wollten sie einem drohen.

All das weiß ich. Etwas anderes aber ahne ich nur. Ich ahne, dass all diese von mir geheim gehaltenen Geschichten mit meinen stummen Jahren zu tun haben. Irgendeine Verbindung zu diesen Jahren gibt es, ich weiß aber nicht genau welche. Sicher ist, dass sie wie diese Jahre etwas mit der Sehnsucht nach Freiheit zu tun haben. Sehnsucht danach, keinen Regeln folgen zu müssen. Anders denken und fühlen zu dürfen als die anderen. Weitab von allem Getöse in großer Stille etwas hervorzubringen. Könnte das sein? Setzen diese geheim gehaltenen Geschichten etwas fort, was in diesen jetzt hoffentlich endgültig überwundenen Jahren begonnen hat? Oder lassen sich diese Jahre vielleicht gar nicht endgültig überwinden?

Was tun? Ich trage die geheim gehaltenen Geschichten in ein Schulheft ein. Das Schulheft hat Linien, damit die Buchstaben und Wörter nicht zu sehr verrutschen. Papa mag solche Schulhefte gar nicht, deswegen schreiben wir nur auf lose Blätter. Lose Blätter sind, es stimmt, besser fürs Schreiben. Man kann sie ablegen und aufeinanderlegen, und man kann sie rasch und leicht wieder hervornehmen. Auf lose Blätter schreibe ich einzelne Wörter, kurze Wendungen, kleine Dialoge und meine Wochengedichte. Das geht. Kleine Geschichten aber kann und mag ich nicht auf lose Blätter schreiben.

Sie gehören in ein richtiges Heft, wobei ich darauf achten muss, dass sie gut lesbar sind. Meine geheim gehaltenen Geschichten bilden im Heft eine Kette oder Reihe. Man könnte sie für Geschichten halten, die ich aus einem Buch abgeschrieben habe. Das ist aber nicht so. Ich habe sie nur aus meinem Kopf abgeschrieben, von nirgends sonst. Im Grunde schreibe ich an meinem ersten eigenen

Buch. Es besteht aus lauter *Geschichten aus unserem Wald*. Will jemand so etwas lesen? Ich weiß es nicht, und es ist mir auch herzlich egal. Ich jedenfalls will so etwas lesen, ganz unbedingt, ich will lesen, was mein Kopf mit mir und all dem Gelernten und Geübten tut. Bisher bin ich mein einziger Leser. Aber das kann sich rasch ändern.

2

Werkstatt

Raum und Zeit 1

KURZ VOR Ende der Ferien fahre ich mit den Eltern nach Köln zurück, und wir beziehen wieder unsere dortige Wohnung. Sie besteht aus zwei Zimmern, die auf einen großen, ovalen Platz blicken, sowie aus einer Küche und einem dritten Zimmer, die auf den Innenhof schauen. Außerdem gibt es noch einen Flur, und an diesen Flur grenzen zwei kleine Kammern. In der einen stehen Haushaltsgeräte, und die andere ist eine Speisekammer.

Die beiden Zimmer zum großen Platz hin sind Wohn- und Arbeitszimmer, das Zimmer zum Hof hin ist das Schlafzimmer der Eltern. Ich selbst schlafe auf einer Couch im Wohnzimmer, die sich abends ausklappen lässt. Tagsüber aber ist sie eine richtige Couch, auf der oft die Mama sitzt, wenn sie Radio hört oder etwas liest (Fernsehen gibt es noch nicht). Das Arbeitszimmer wird sowohl von Mama als auch von Papa genutzt. An den Nachmittagen sitzt Mama an dem dunklen Schreibtisch und beschäftigt sich mit Büchern aus der Bibliothek, in der sie vormittags (wenn ich in der Schule bin) arbeitet. Und an den Abenden sitzt meist Papa an dem Schreibtisch, liest in seinen Fachzeitschriften oder schreibt etwas auf, was er für seine Tagesarbeit als Geodät braucht.

Bevor Papa mit der Schreibschule im Westerwald begonnen hat, hat niemand von uns über die Kölner Wohnung und ihre Einrichtung nachgedacht. Als wir aber in Köln zurück sind, fangen wir alle sofort an, das zu tun. Was ist los? Was ist denn inzwischen passiert?

Wir haben alle drei noch eine knappe Woche lang Ferien, in dieser Zeit wollen wir uns wieder in Köln einrichten. Papa sagt, dass er die Schreibschule natürlich mit mir fortsetzen möchte, und Mama sagt endlich einmal nichts dazu, weil sie in Köln nicht darauf besteht, dass ich draußen spielen soll. (In Köln ist ein solches Spielen nicht ungefährlich, deshalb hat sie nichts dagegen, wenn ich mich in der Wohnung aufhalte.) Auf den ersten Blick scheint es ganz einfach zu sein, die Schreibschule in der Kölner Wohnung fortzusetzen. Papa und ich – wir versuchen es im Arbeitszimmer. Und so setzen wir uns also nebeneinander hinter den dunklen Schreibtisch, räumen die Sachen darauf etwas beiseite und überlegen uns, wie wir weitermachen.

Ich aber spüre vom ersten Moment an, dass es nicht geht. Es geht nicht, weil ich an diesem Schreibtisch nicht arbeiten kann. Er ist viel zu groß und zu schwer und zu dunkel, und außerdem liegen auf ihm viele Sachen, mit denen Papa oder Mama beschäftigt sind. Platz für das Schreiben wäre höchstens in der Mitte, und zwar dort, wo der Tisch seine einzige freie Fläche hat. Diese Fläche ist aber klein, und rechts und links türmen sich die Berge der anderen Sachen. Sie stören und sie beengen mich, ich kann zwischen diesen Bergen nicht schreiben, es lenkt mich viel zu sehr ab, und außerdem ist die freie Fläche zu klein. Ich brauche eine breite, leere Fläche wie in der Jagdhütte, es muss eine Fläche sein, auf der es nichts anderes gibt, sie muss also leer und frei und breit sein, sonst kann ich nicht schreiben.

Ich erkläre Papa, warum ich auf diesem Schreibtisch nicht arbeiten kann, und Papa versteht es und nickt und denkt nach, was wir tun könnten. Sollen wir jedes Mal, wenn wir mit der Schreibschule beginnen, die ganze Schreibtischfläche leer räumen? Das wäre zu umständlich und »viel Theater«. Ich schlage vor, dass wir es trotzdem einmal versuchen und schauen, was dann geschieht, und so räumen wir die Fläche leer und nehmen uns vor, endlich mit der Schreibschule zu beginnen.

Es geht aber wieder nicht. Und warum nicht? Bisher haben Papa und ich während der Schreibschularbeiten immer leise Musik aus dem Radio oder von einer Schallplatte gehört. Das Radio und der Schallplattenspieler stehen aber nebenan im Wohnzimmer. Hier, im Arbeitszimmer, fehlen sie mir, denn ich begreife jetzt, dass ich die leise Musik (von Bach, Händel oder inzwischen auch anderen Komponisten) zum Arbeiten brauche. Der Raum, in dem ich mich konzentriere, darf nicht ganz still sein, erkläre ich Papa, denn wenn der Raum ganz still ist, dann ...

»Dann ist was?«, fragt Papa, und ich sage, dass ich dann die Stille höre. Und dass die Stille so laut ist, dass ich nicht arbeiten kann. Papa schaut mich an und sagt nichts, er überlegt anscheinend und sagt schließlich, es sei unmöglich, das Radio und den Schallplattenspieler aus dem Wohnzimmer hierher zu »bugsieren« (neues Wort!), denn wir bräuchten beide Geräte vor allem im Wohnzimmer und nicht hier, im Arbeitszimmer. Er selbst arbeite ohne Musik, und auch die Mama tue das, ja, es sei sogar so, dass weder er noch die Mama mit Musik gut arbeiten könnten. »Keiner von uns beiden kann das«, sagt Papa, und er sagt es so abschließend und deutlich, als hätte er gerade etwas sehr Bedeutendes und Endgültiges gesagt.

Es ist nun einen Moment still, und wir wissen beide nicht weiter. Dann aber sagt Papa, es wäre »die Überlegung wert«, ob wir nicht noch ein zweites Radio anschaffen sollten, und zwar ein tragbares Radio. Das könnten wir im Arbeitszimmer so aufstellen, dass es nicht weiter ins Auge falle oder störe. Außerdem aber könne ich dieses Radio mit mir herumtragen und genau da aufstellen, wo ich Musik hören wolle. »Also auch draußen, wo auch immer Du willst, auf der Straße oder auf einer Parkbank, einfach überall, sogar im Zoo, vor dem Affengehege.«

Ich muss lachen, als er das sagt, denn der Gedanke, ich hätte vor, ein tragbares Radio vor dem Affengehege im Zoo aufzustellen, um den Affen Bach oder Händel vorzuspielen, ist komisch. Die Idee, ein tragbares Radio zu kaufen, gefällt mir aber sofort, und ich stelle mir wirklich gleich vor, was ich mit ihm alles anstellen und wo ich damit Musik hören könnte. Das Radioproblem wäre also gelöst. Wenn es zu einem solchen Kauf käme, bliebe nur noch das Problem mit der freien Fläche auf dem dunklen Schreibtisch.

Als die Fläche frei ist und keinerlei andere Sachen mehr darauf liegen, stört mich nämlich noch etwas anderes als nur die fehlende Musik. Mich stört zunächst, dass es nicht meine eigene Fläche zum Arbeiten ist, sondern eine, an der auch Mama und Papa arbeiten. Zum Arbeiten brauche ich aber unbedingt eine eigene Fläche, eine Fläche, die nur mir gehört und auf der ich Sachen hinlegen und liegen lassen kann, wie ich es möchte.

Es gibt aber noch etwas weiteres Störendes. Von der freien Fläche des Schreibtischs im Arbeitszimmer schaue ich auf zu den Dingen ringsum im Raum. Es gibt einen dunklen Schrank (mit vielen Akten, Schriftstücken und Büchern), und es gibt einen runden Tisch mit zwei Sesseln. Vor den beiden Fenstern (mit ihren weißen, dünnen Gardinen) stehen Blumen, und es gibt im ganzen Raum mehrere Lampen. Eine Stehlampe, eine Schreibtischlampe, eine Deckenlampe.

All das ist zu viel, denn all diese Dinge lenken mich ab. Ich will sie nicht sehen, weder die Möbel noch die Lampen, noch sonst irgendetwas. Ich kann nicht schreiben, wenn ich von all diesen Dingen umgeben bin und all diese Dinge mich anstarren. Ich schaue zurück und denke über sie nach, ich schaue minutenlang auf ein einzelnes Teil und werde müde und schläfrig, denn während ich auf dieses Teil, das mich ablenkt, schaue, geschieht in meinem Kopf nichts. Er wird vielmehr leer, er trocknet aus, mein Gehirn legt sich schlafen, die Augen fallen mir zu. Wie aber soll ich dann schreiben? Zum Schreiben brauche ich ein vollkommen waches, nein, ein hellwaches Gehirn. Es sollte ein Gehirn sein, das an überhaupt nichts anderes mehr denkt, ein Gehirn, das nur auf das Schreiben aus ist. Genau dafür aber brauche ich ein leeres Zimmer, eine leere Schreibfläche, nur eine einzige Lampe (oder Kerze) und etwas leise Musik. Das sind die Voraussetzungen für das Schreiben, ohne sie kann ich nicht schreiben.

»Herrgott noch mal«, sagt Papa, als er das hört, und dann sagt er, wir sollten eine Insel im Meer kaufen, mit einer kleinen Hütte drauf und mit einer einzigen Palme. »Warum denn nur eine?«, frage ich. Und er antwortet: »Na, die zweite würde dich ablenken.« Und ich frage weiter: »Warum aber dann überhaupt eine Palme?« Und er antwortet: »Aus ihrem Holz machen wir die Schreibtischplatte.« Wir müssen beide lachen, wie vorhin, bei Papas Erwähnung des Affengeheges im Zoo. Unser Lachen kann aber nicht darüber hinwegtäuschen, dass wir das Raumproblem noch nicht gelöst haben. Papa sagt es sogar, und er hat recht: »Dann weiß ich nicht weiter, mir fällt nichts mehr ein.«

Vorerst machen wir also nicht mit der Schreibschule weiter, sondern räumen in der Wohnung auf, damit wir bald wieder alle darin gut arbeiten können. Wo aber soll ich das tun? Und wann? Plötzlich gibt es neben dem Raumproblem auch noch ein Zeitproblem. Vormittags bin ich in der Schule, da geht es nicht, nachmittags arbeitet die Mama im Arbeitszimmer und abends der Papa, da geht es also auch nicht (einmal angenommen, ich würde es doch irgendwie schaffen, in diesem Zimmer zu arbeiten).

Wo und wann und wie? Seit unserer Rückkehr nach Köln gibt es lauter große Probleme, die es zuvor nicht gab. Zuvor habe ich nämlich einfach in der Küche meine wenigen Hausaufgaben gemacht. Ich habe mich nach dem Mittagessen (wenn die Mama etwas geruht hat) an den Küchentisch gesetzt, die Schulhefte aufgeschlagen und »mehr schlecht als recht« (neue Wendung!) etwas hineingemalt. Meist war es nichts Richtiges, sondern, wie der Lehrer oft sagte, »nur Gekritzel«, höchstens einige Buchstaben habe ich bisher einigermaßen hinbekommen, die Buchstaben meines Namens, schräg und unbeholfen habe ich sie auf eine Seite gemalt ... — und darüber und darunter lauter verunglückte Hasen mit verwackelten Hasenohren, als hätten diese Hasen etwas mit meinem Namen zu tun.

Jetzt aber, nach den Feriensitzungen der Schreibschule, ist alles anders. Ich kann nicht nur ein paar Buchstaben, sondern auch viele Wörter, Sätze und sogar längere Texte schreiben. Wenn ich das für die Schule tun soll, kann ich das wieder am Küchentisch machen, das geht. Der Küchentisch ist für die Schularbeiten geeignet, er ist aber nicht der richtige Platz für die Schreibschule. Die vielen Dinge in der Küche lenken mich sogar noch mehr ab als die Dinge im Arbeitszimmer, nein, es wird nicht gehen, weder hier noch dort. Und was die Zeit für die Schreibschule betrifft, so kann es eigentlich nur der frühe Abend sein. Der frühe Abend ist die Zeit nach Papas Rückkehr von seiner Tagesarbeit und vor Papas eigener Arbeit an seinem Schreibtisch, am frühen Abend in der Schreibschule zu arbeiten ... — das würde gehen. Oder?!

Papa und ich – wir wissen einfach nicht weiter. Und Mama sagt dazu nur »Das haben wir nun davon«. Eigentlich ahnt oder weiß sie gar nicht genau, was Papa und ich alles in der Schreibschule getan und geleistet haben. Im Westerwald genügte es ihr, mit mir täglich Klavier zu üben, das Klavierüben war in ihren Augen meine eigentliche »Schule neben der Schule«, auf eine Schreibschule neben der Klavierstunde hätte sie vielleicht sogar ganz verzichten können. Sie sagt: »Das haben wir nun von Eurer Schreibschule, lauter Probleme. Die gibt es beim Klavierüben nicht. Klavierüben können wir im Westerwald, aber auch hier in Köln, da gibt es niemals Probleme.« Ich glaube, es ärgert Papa, dass sie mit diesen Bemerkungen recht hat, denn das Kölner Klavier steht im Wohnzimmer, und Mama und ich werden an diesem Klavier wie zuvor (und wie im Westerwald an unserem anderen, zweiten Klavier) üben. In dieser Hinsicht gibt es nicht das geringste Problem, während die Schreibschule in Köln sowohl ein Raum- wie auch ein Zeitproblem hat. »Herrgott nochmal«, sagt Papa.

Dann aber macht er wieder etwas Einfaches, Geniales. Papa kauft nämlich ein tragbares Radio und bringt es mit: »Damit mal ein Anfang gemacht ist.« Diesmal muss Mama lachen, denn sie findet diesen Kauf voreilig und »typisch«: »Wir kaufen ein zweites Radio, wissen aber leider nicht, wohin damit.« Papa gibt ihr recht, er weiß auch nicht, wohin damit. Und da er es nicht weiß, stellt er es einfach in den Flur, neben die Wohnungstür. Dort steht das tragbare Radio und schaut wie ein »abgestelltes, aber tragbares Radio« (Papa, lachend) aus.

Ich aber setze mich in den Flur neben das Radio und drücke einfach mal auf die verschiedenen Knöpfe oder drehe sie, wenn sie das erlauben. Wie schaltet man das tragbare Radio ein? Wie sucht man Musik? Wie regelt man die Lautstärke? Es ist nicht schwer, damit zurechtzukommen, denn es gibt nur wenige Knöpfe, und jeder Knopf hat nur eine einzige eindeutige Funktion. Schließlich höre ich wirklich Musik, es ist aber keine gute Musik, sondern »irgend so ein Gedudel« (Papa). Mama sagt, ich solle so etwas nicht hören, und Papa meint, ich sei dabei, das Radio auszuprobieren, deshalb müsse man verstehen, dass ich jetzt (aber nur kurz) auch einmal so etwas höre. Um die unterschiedlichen Sender kennenzulernen, um ein Gefühl für das tragbare Radio zu bekommen.

Da wird Mama etwas unwillig und beinahe zornig und sagt, sie könne diese Musik auf keinen Fall hören. Wenn ich sie aber dennoch hören wolle, dann müsse ich das »irgendwo anders« tun, und zwar da, wo sie (die Mama) die Musik nicht zu hören bekomme. Papa fragt die Mama, wo denn in unserer Wohnung so etwas möglich sei, doch diese Frage beantwortet die Mama nicht. Sie sagt nur noch ein zweites Mal: »Ich will diese Musik und auch das andere Gedudel aus diesem tragbaren Ding nicht hören.«

Ich überlege kurz, und dann nehme ich das tragbare Ding endlich auch in die Hand und trage es durch die Wohnung. Ich trage es in die Küche, ins Wohnzimmer und ins Arbeitszimmer. Von all diesen Räumen aus kann man es hören, denn die Türen zwischen den Zimmern und zwischen Zimmern und Flur stehen auf, so dass man in jedem Raum mitbekommt, was in den anderen Räumen gerade zu hören ist. »Das geht nicht«, sagt die Mama, »ich höre die Musik überall«, und Papa nickt und sagt: »Leider hört man dieses Gedudel wirklich überall.« Da gehe ich mit dem tragbaren Radio auf die Toilette und schließe mich ein. »Das geht«, ruft Papa, »wenn die Tür zur Toilette geschlossen ist, hört man es nicht mehr.« »Na toll«, sagt die Mama, »dann schreibt der Junge in Zukunft eben auf der Toilette.«

Dass Papa die Tür zur Toilette erwähnt hat, bringt mich aber auf eine Idee. Ich gehe mit dem tragbaren Radio in die Speisekammer und schließe die Tür. Nein, das geht nicht, in der Speisekammer riecht es zu stark, und außerdem ist sie sehr voll. Dann gehe ich in die Abstellkammer. Sie ist zwar ebenfalls voll, riecht aber nicht. Sie hat ein kleines Fenster zum Hof, und man kann nicht mehr als zwei Schritte in ihr gehen. Zwei Schritte nach vorn, zwei zur Seite. Das ist auch schon alles. Räumt man sie aber ganz leer, könnte ich in ihr arbeiten, Radio hören und vielleicht sogar einen kleinen Plattenspieler aufstellen.

Ich öffne die Tür wieder und schlage vor, die Schreibschule in der Abstellkammer unterzubringen. Ich brauche dazu einen Tisch, einen Stuhl, das Radio (und vielleicht einen Plattenspieler). An den Wänden würden wir noch kleine Regale anbringen, und auf dem Tisch müsste es eine Tischlampe geben. Das wäre alles.

Papa kommt hinzu, schaut in die Kammer und sagt sofort: »Du hast recht, das ist eine gute Idee.« Mama kommt auch hinzu und fragt, wo sie denn in Zukunft die Haushaltssachen abstellen solle. »Dafür werden wir eine andere Lösung finden«, sagt Papa, und dann sagt er noch, dass die Schreibschule wichtiger sei als alle Haushaltssachen zusammen. »Natürlich«, antwortet die Mama und geht ins Wohnzimmer zurück.

Papa ist aber gar nicht mehr zu bremsen. Er holt gleich alle Sachen aus der Abstellkammer und stellt sie in den Flur. Dann bringt er einige in den Keller und kommt von dort mit unserem leichten Gartentisch zurück. Der Gartentisch kommt vor das Fenster, und vor den Tisch kommt ein Stuhl aus der Küche. »Rechts und links jeweils noch ein Regal«, sagt Papa. Und dass wir das Radio links, auf der untersten Regalleiste, aufstellen würden, in der Nähe zum Stecker. »Das ist alles noch nicht endgültig«, sagt er, »aber es gibt die Richtung vor.«

Zwei Tage später sind die Regale angebracht. Der Gartentisch wurde gesäubert, und der Küchenstuhl neu lackiert. Es gibt einen kleinen Plattenspieler, er steht neben dem Radio auf der untersten Regalleiste links. An der Wand direkt daneben hängt eine Liste mit den Kanälen der Sender, die gute Musik bringen. Auf der Liste stehen die Namen der Sender, die Kanalangabe und die Zeiten, in denen es gute Musik gibt. Was gute Musik ist und was nicht, hat (ausnahmsweise einmal) Mama festgelegt. Papa sagt, er kenne sich darin nicht aus, und wenn es nach ihm ginge, bestünde die gute Musik nur aus der Musik von Johann Sebastian Bach. Und außerdem höchstens etwas von Händel und Mozart. Und von Beethoven nur die dritte und fünfte Symphonie sowie der Schluss-satz der neunten. Aus. Ende. Mehr gute Musik gebe es für seine Ohren nicht.

Mama ist da ganz anderer Ansicht. Sie hört Musik aus den verschiedensten Jahrhunderten, von gregorianischen Gesängen bis hin zu Brahms, Bruckner, Mahler. Schla-ger allerdings hört sie nicht, und sie hört auch keinen Jazz. Wohl aber französische Chansons, und zwar genau die, die von Frauen gesungen werden. Am liebsten hört Mama Juliette Greco, sie ist die beste Chansonsängerin, die Mama kennt.

Klassische Musik und französische Chansons stehen also auf meinem Radioprogamm. Kurz vor Ende der Ferien habe ich meinen Arbeitsplatz in der früheren Abstell-kammer bezogen. Ich werde jetzt dort für die Schreib-schule, aber auch für die Schule arbeiten (und den Ar-beitsplatz am Küchentisch endgültig aufgeben). Der neue Arbeitsplatz ist mein Büro für alle Zwecke. Wenn ich für die Schreibschule arbeite, kann ich mit Hilfe der Schallplatten Bach und Händel hören. Arbeite ich für die Schule, kann ich auch Radio hören. Was nur noch fehlt, sind gute Bücher. Auf dem linken Regal stehen zwar die Schulbücher, doch die zählen nicht (und stehen nur blöde rum, bis sie wieder verschwinden). Das rechte Regal aber ist leer, auf ihm sollen später die neuen Bücher stehen, die Papa und ich bald in einer großen Kölner Buchhand-lung kaufen. Auch die Bücher, die wir aus Mamas Biblio-thek ausleihen werden, sollen dorthin.

Papa, Mama und ich stehen vor der offenen Tür der früheren Abstellkammer und schauen hinein. »Der Junge hat jetzt seine eigene Werkstatt«, sagt Papa zu Mama. Mama ist ganz still, vielleicht denkt sie über diesen Satz nach. Ich aber denke ebenfalls nach, denn ich weiß inzwischen, was eine Werkstatt ist. Gute Handwerker (Schreiner, Tischler, Maler) arbeiten in einer Werkstatt, die sie nach ihren Wünschen nur für sich aufgebaut haben. In einer solchen Werkstatt werden sie mit der Zeit besser und besser. Zunächst sind sie Lehrlinge, dann Gesellen, dann Meister. In einer Werkstatt werden die guten und großen Meister ausgebildet. Dafür ist sie da.

Ich bin sehr stolz, ich habe jetzt wirklich eine eigene Werkstatt. In ihr befinden sich alle Handwerkssachen, die ich zum Arbeiten brauche. Jede ist da (Tisch, Stuhl, Lampe, Radio, Schallplattenspieler, Bücher), und es gibt keine einzige zu viel. Kein Bild an der Wand, kein Foto, und zum Hof hin nur das kleine Fenster, durch das ich den Hof, wenn ich sitze, gar nicht sehen kann. Das Fenster ist hoch oben, fast unter der Decke, und wenn ich im Sitzen hinaufschaue, sehe ich durch dieses Fenster ein Stück vom Dach des Hauses sowie den Himmel darüber.

Kurz bevor die Schule wieder beginnt, ist der Tisch vollkommen leer. Er ist so leer wie unsere Küche, wenn man sie am frühen Morgen betritt. Mama räumt die Küche jeden Abend oder jede Nacht auf. Betritt man die leere Küche am Morgen, kommt es einem so vor, als hätte dort am Tag zuvor niemand gekocht und gegessen. »Eine Küche muss am frühen Morgen ganz leer sein«, hat die Mama einmal gesagt. Meine Werkstatt soll in Zukunft der Küche am Morgen ähneln. Wenn ich sie betrete, soll sie ganz leer sein. Ist ein Raum derart leer, freut man sich, wenn man ihn betritt. Es ist, als hielte man irgendwo Einzug und als begrüßten einen die Dinge im Raum freundlich: »Komm rein, arbeite endlich mit uns!«

Umschreiben

DIE SCHULE könnte jetzt losgehen, sie geht aber für mich noch nicht los. Vor Schulbeginn und dem Eintritt in die nächste Klasse muss ich nämlich eine kleine Prüfung bestehen. In den Anfangsmonaten der letzten Klasse habe ich vom Unterricht nur sehr wenig verstanden, deshalb hätte man mich fast aus der Volksschule entfernt und in eine Sonderschule geschickt. Papa hat das gerade noch verhindert. Er nahm sich einige Zeit von seiner Arbeit frei, und wir beide haben dann zusammen im Westerwald, auf dem Gasthof von Papas Eltern und dem seiner vielen Geschwister, gelebt. Dort sind wir oft hinaus in die Landschaft gegangen, und während dieser Wanderungen hat Papa mir die Umgebung genau erklärt und lauter Dinge gezeichnet, deren Namen ich dann gelernt habe.

Im Westerwald habe ich erst richtig verstanden, was Wörter sind und zu welchem Ding ein Wort jeweils gehört. Ich habe noch immer kein Wort geredet, aber als ich die Sache mit den Wörtern verstanden hatte, habe ich wieder zu sprechen begonnen, und zwar von einer Minute auf die andere. Papa sagt, ich hätte so viele neue Wörter gelernt, dass mein Kopf voll davon gewesen sei. Er sei so voll gewesen, dass er schließlich übergelaufen sei, wie eine Speise in einem Kochtopf, in dem es heißer und heißer wird, bis die Speise über die Ränder läuft. Das Überlaufen der Wörter aus meinem Kopf habe dazu geführt, dass ich gesprochen hätte, ich hätte die Wörter, die aus meinem Kopf übergelaufen seien, aus mir herausgeschleudert, als wäre mein Kopf explodiert.

Danach bin ich wieder in die Volksschule gegangen. Ich habe besser verstanden, was im Unterricht los war, aber ich wurde von den anderen Schülern noch weiter gehänselt und als »Schisser« oder »Idiot« beschimpft. Früher hatten sie mich ausgelacht, weil ich nicht sprach und weil ich das Schreiben nicht lernte. Jetzt lachten sie mich aus, weil ich unbeholfen und langsam sprach und beim Schreiben keine raschen Fortschritte machte. Der Lehrer konnte mir auch nicht helfen, denn er behauptete, die Klasse habe zu viele Schüler, da könne er sich um einen einzelnen Schüler nicht kümmern. Papa und der Lehrer haben vereinbart, dass Papa mit mir in den großen Ferien das Lesen und Schreiben übt. Deshalb hat Papa mit mir zu schreiben begonnen, und wir haben im Westerwald wochenlang gelesen und geschrieben.

Wir haben aber nicht das gelesen oder geschrieben, was in den Schulbüchern steht. Bei unseren Schreibübungen haben wir die Schulbücher überhaupt nicht benutzt. Papa hat gesagt, die Schreibschule sei eine eigene Schule, und zwar eine, die Vergnügen und Spaß mache. Die andere Schule aber sei die Pflichtschule, die müsse ich »hinter mich bringen«, aber ich müsse in ihr nicht »glänzen«. Papas Vereinbarung mit dem Lehrer hatte zur Folge, dass ich vor Beginn des normalen Schulunterrichts eine kleine Prüfung ablegen musste. Ein Diktat, ein kleiner Aufsatz! Nur wenige Zeilen, die aber beweisen sollten, dass ich Fortschritte gemacht hatte. Hatte ich das bewiesen, durfte ich die nächste Klasse besuchen, sonst aber nicht.

Damit ich diese Prüfung bestehe, sitzen Papa und ich vor Beginn des normalen Schulunterrichts in meiner Werkstatt und schauen zum ersten Mal seit vielen Wochen wieder in ein Schulbuch. Papa schlägt es auf, es ist hellgrün, und es heißt *Mein Sprachbuch*. Daran, wie Papa das Gesicht verzieht, erkenne ich sofort, dass Papa dieses Buch nicht mag. Er blättert es durch, und dann blättert er wieder von vorn, aber er scheint das Richtige nicht zu finden.

Dann aber macht er mit dem Blättern Schluss, seufzt und liest eine Geschichte vor. Sie handelt von einem Küken, das sich verlaufen hat und deshalb ängstlich piept. Ein Junge findet dieses Küken und bringt es zu seiner Mutter zurück. Die Mutter des Kükens freut sich, und der Junge freut sich auch. »Die freuen sich ja tierisch!«, sagt Papa höhnisch, als er die kleine Geschichte vorgelesen hat. »Alles freut sich!«, sagt Papa und schaut mich an. Und dann sagt er: »Was für eine saublöde Geschichte! Aber eigentlich ist es nicht mal eine Geschichte! Es ist dürftiges Zeug, findest Du nicht?«

Ich finde auch, dass es dürftiges Zeug ist, und dann sagt Papa, ich solle mir eine andere Geschichte über ein Küken ausdenken und diese Geschichte aufschreiben. Ich denke kurz nach, ich schließe eine Weile die Augen, dann habe ich die Geschichte im Kopf. Sie handelt von einem Küken, das Grippe hat und deshalb einen warmen Ort sucht, um wieder gesund zu werden. So richtig warm ist es im Stall nicht, wohl aber im Haus des Bauern, hinter dem Ofen. Dort wärmt sich das Küken so lange, bis seine Federn braun sind vor lauter Wärme. Dann läuft es zu seiner Mutter zurück. Die erkennt es aber nicht wieder und will nichts mehr mit ihm zu tun haben. Alle nennen das Küken von nun an »das Stubenküken«. Es wohnt nicht mehr im Stall bei den anderen Küken, sondern im Haus des Bauern. Hier darf es so lange herumlaufen, bis es dunkelbraun und sehr dick ist. Dann wird es gebraten, und alle freuen sich über diesen leckeren Schmaus (neues Wort!).

Papa sagt, diese Geschichte sei von einem »ganz anderen Kaliber« (?) als die Geschichte im Schulbuch. Ich frage nicht, was er mit »Kaliber« meint, sondern freue mich. »Da freue ich mich«, sage ich, und Papa lacht plötzlich und sagt: »Freude, schöner Götterfunken!« Und dann liest er noch eine zweite saublöde Geschichte aus dem Schulbuch vor, und ich schreibe auch diese Geschichte um und erzähle sie anders. Sie handelt von einem kleinen Boot, das sich ein Junge gebaut hat. Er setzt es aufs Wasser, und das Boot fährt!

Das ist alles, nichts sonst. Ein Junge baut sich ein Boot – und es fährt! Papa sagt, er könne gar nicht fassen, dass man uns Kindern so eine »magere Kost« biete. Ich fasse es auch nicht, denke wieder kurz nach, schließe die Augen – und schreibe eine Geschichte von einem Jungen, der sich ein Boot baut, das gleich im Wasser versinkt. Der Junge denkt, das Boot sei zu schwer oder er habe es falsch gebaut. In Wahrheit hat das Boot aber keine Lust, brav auf dem Wasser zu schwimmen. Unter Wasser ist das Leben viel interessanter, deshalb taucht das Boot einfach ab und freundet sich mit den Fischen und Pflanzen unter Wasser an. Dort bleibt es auf dem Grund liegen und wird ein Wohnhaus für Krebse.

»Für Krebse?«, fragt Papa, »wieso denn für Krebse?« »Fische schwimmen immer herum und brauchen kein Haus. Krebse aber brauchen zum Schlafen eine Höhle oder noch besser ein Haus.« »Bist Du sicher?«, fragt Papa, und ich antworte: »Fische werden leicht gefangen, weil sie im Wasser herumschwimmen. Krebse aber werden nur selten gefangen, weil sie in ihren Wohnungen und Häusern sitzen.« Papa schaut mich wieder an, und dann sagt er ziemlich leise: »Aha. Das leuchtet ein.«

Nach diesen beiden Übungen sagt Papa, dass wir wieder etwas Neues entdeckt hätten: Das Umschreiben! Ich sei in der Lage, saublöde Schulbuchgeschichten umzuschreiben und daraus richtige, interessante Geschichten zu machen. Eine solche Geschichte erzähle etwas Unerwartetes, Neues, Aufregendes und nicht das Naheliegendste. Das Alltägliche, also das, was immer schon und von ganz allein jeden Tag passiere, brauche man nicht zu erzählen. Gutes Erzählen sei das Gegenteil von Alltäglichem, deshalb nenne er es jetzt mal »chinesisch«. Das meine nicht, dass gutes Erzählen etwas mit China oder den Chinesen zu tun habe, sondern dass gutes Erzählen etwas ganz Unvermutetes, also etwas von der anderen Seite der Welt erzähle. Und so etwas nenne er nun »chinesisch«, weil ihm kein anderes Wort dafür einfalle.

Wir haben die Sache mit dem Umschreiben noch einige Male geübt, und dann sind Papa und ich in die Schule gegangen. Schon als ich das Schulgebäude sah, schauderte mir, und ich wollte auf keinen Fall hinein. Ich sagte aber nichts, sondern schluckte nur und redete mir ein, ich werde es schaffen. Wir trafen den Lehrer, er begrüßte uns und fragte Papa, ob er Zeit habe und während der kleinen Prüfung im Raum bleiben wolle. Papa sagte, ja, er habe ein wenig Zeit, er bleibe gerne im Raum.

Ich musste Platz nehmen und mein Schulheft herausholen, und der Lehrer hatte ein Buch, das in eine schwarze, glänzende Hülle eingebunden war, in der Hand und öffnete es. Er sagte, er werde mir eine kurze Geschichte vorlesen, und ich solle sie aufschreiben. Und dann räusperte er sich und begann zu lesen, und ich blickte sofort hinüber zu Papa, weil der Lehrer die Geschichte von dem Boot vorlas, das ein Junge baut und das dann auch wirklich fährt!

Papa aber schaute ganz ernst und tat so, als hätte er diese Geschichte noch nie gehört und als wäre es eine normale, gute Schulbuchgeschichte. Ich schrieb die Geschichte auf, die mir der Lehrer in kleinen Portionen vorlas, und dann nahm der Lehrer mein Heft in die Hand, setzte sich und holte seinen Füllfederhalter mit der roten Tinte heraus, um die Fehler in meinem Diktat anzustreichen. Er las, was ich geschrieben hatte, und dann las er es nochmal, und dann blickte er auf und schaute zu Papa und sagte: »Null Fehler!« Papa aber sagte gar nichts, sondern guckte weiter sehr ernst, bis der Lehrer sagte: »Das ist aber erstaunlich!« Wieder reagierte Papa zunächst nicht, erst als der Lehrer schwieg und auf mein Heft starrte, sagte Papa: »Na denn. Jetzt noch der Aufsatz!«

Der Lehrer sah aus, als wäre er etwas durcheinander, dann aber sammelte er sich und stellte mir eine Aufgabe für einen Aufsatz. Er nannte fünf Wörter, die in meinem Aufsatz vorkommen sollten, in welcher Reihenfolge sei aber egal. Die fünf Wörter seien: »Feuer«, »Holz«, »Sonne«, »Kuh« und »Eidechse«. Aus einigen Wörtern eine Geschichte zu machen, das hatten wir in den Schulstunden bereits manchmal gemacht und geübt. Ich hatte so etwas aber bisher nie gekonnt, ich verlor den Faden oder brachte die Wörter einfach nicht in einer Geschichte zusammen. Ich schaute zu Papa, und ich sah, wie er lächelte, und dann sagte er: »Na los. Das haben wir doch viele Male geübt.«

Es stimmte aber nicht, was Papa sagte. In unserer Schreibschule hatten wir kein einziges Mal aus einigen Wörtern eine Geschichte gemacht, jedenfalls konnte ich mich beim besten Willen nicht daran erinnern. Mir wurde kalt, und ich bekam Angst. Vielleicht bemerkte Papa, wie unsicher ich wurde, und vielleicht bekam auch er etwas Angst. Jedenfalls sagte er noch einmal (und jetzt viel leiser und zögerlicher): »Das ... haben ... wir ... sehr ... oft ... geübt ...«

Ich dachte nach und schloss die Augen – und dann konzentrierte ich mich und sagte die Geschichte, die in meinem Kopf entstand, schon einmal laut auf. Sie handelte von einer Schule, die plötzlich brannte. Das Feuer schlug aus dem Dach, und das Holz der Dachbalken leuchtete rot in der Sonne. Und die Schule glühte so heiß, dass selbst eine Kuh auf der nahen Weide schwitzte und eine Eidechse im Gras rasch davonlief, weil sie es vor lauter Hitze nicht aushielt. Zum Glück brannte die Schule aber nicht wirklich. Sie brannte nur in einem Traum, und diesen Traum träumte des Nachts ein Junge, der tagsüber viele Kühe auf einer Weide hütete und sich nicht vor den Kühen, wohl aber vor Eidechsen fürchtete.

»Fertig!«, sagte Papa, als ich meinen letzten Satz gesagt hatte. Der Lehrer schüttelte den Kopf und wiederholte sich, indem er sagte, auch der Aufsatz sei wirklich erstaunlich. »Soll er das alles auch noch aufschreiben?«, fragte Papa. Der Lehrer überlegte einen Moment, aber Papa sagte: »Ich finde, das reicht für heute.« Und dann gab Papa mir wahrhaftig die Hand und schüttelte sie und sagte: »Ich gratuliere, mein Sohn! Du hast die Prüfung bestanden!« Der Lehrer sagte aber nichts, sondern stand still herum. Beim Abschied jedoch gab er mir auch die Hand und murmelte: »Ja, Du hast bestanden.« Und dann verließen Papa und ich die Schule, und ich hatte die Prüfung ohne jede Mühe wirklich bestanden.

Auf dem Weg nach Hause sagte Papa: »Das war perfekt, einfach perfekt!« Danach aber sprach er noch einmal und sehr eindringlich davon, dass die Schularbeiten und die Arbeiten in der Schreibschule zweierlei Arbeiten seien. In der Schule solle ich genau das tun, was man von mir verlange, keineswegs aber mehr. In der Schreibschule jedoch würden wir die schwierigen, richtigen Aufgaben bewältigen, von denen ich in der Schule jedoch nicht erzählen solle. Die Schreibschule, sagte Papa, sei die eigentliche Schule des Schreibens, und wir würden sie so lange betreiben wie ich Lust dazu hätte. »Wenn Du keine Lust mehr hast, hören wir sofort auf!«, sagte Papa, »aber jetzt machen wir erst einmal weiter, denn Du hast ja wohl richtige Lust, oder?!« Diesmal brauchte ich nicht nachzudenken oder die Augen zu schließen, sondern wusste sofort, dass Papa recht hatte. Ich hatte Lust, weiterzumachen, ja, ich hatte sogar sehr große Lust. Das sagte ich, und ich war sehr gespannt, was noch alles in der Schreibschule drankommen würde. Immer schwierigere Übungen! Immer mehr »Chinesisches«! Bis ich von der ganzen Welt neu und unerwartet würde erzählen können!

Raum und Zeit 2

DANN BEGANN die Schule wieder, und ich ging in die nächste Klasse. Dort war ich aber nicht mehr mit denselben Schülern zusammen, mit denen ich die letzte Klasse besucht hatte. Man hatte mich vielmehr in eine Parallelklasse versetzt, deren Schüler ich nur vom Sehen kannte. Auch den früheren Lehrer gab es nicht mehr, vielmehr hatte ich nun eine Lehrerin. Sie hatte dichtes, schwarzes Haar, trug fast jeden Tag weiße Blusen mit großen Kragen, sah ein wenig aus wie die Mama, war aber viel jünger. Am Ende des ersten Schultags sprach sie allein mit mir und sagte, dass sie von meinen Schwierigkeiten beim Lernen, aber auch von meinen großen Fortschritten gehört habe. Sie war sehr freundlich und sagte noch, dass sie immer für mich da sei und dass ich mit ihr sprechen solle, wenn es wieder irgendwelche Schwierigkeiten gebe.

Zu Beginn gab es aber keine Schwierigkeiten, jedenfalls nicht im Schulunterricht. In der Schreibschule jedoch entstanden Hindernisse und Probleme, und zwar dadurch, dass Papa und ich das Zeitproblem noch nicht gelöst hatten. Ich wollte meine Chronik (die Seite mit den Sätzen über einen einzigen Tag) fortsetzen, aber nach dem Schulunterricht am Vormittag hatte ich nach dem Mittag Hausaufgaben zu machen und konnte erst am späten Nachmittag mit der Chronik beginnen. Das aber fand ich nicht gut, denn ich dachte während des Tages oft an die Sätze der Chronik und wollte sie unbedingt aufschreiben, kam aber nicht dazu.

Auch wollte ich bei gutem Wetter nach draußen, um mit anderen Jungen Fußball zu spielen, aber wenn ich Fußball spielte, kam ich überhaupt nicht mehr dazu, die Sätze für die Chronik aufzuschreiben. Hatte ich an einem Tag aber einmal keine Sätze aufgeschrieben, wurde ich nervös und »unleidlich« (Mama) und gab keine Ruhe, bis ich die Sätze vom Vortag nachgeholt hatte. Und Klavier üben wollte ich schließlich auch noch, das machte ich meist am Abend. Danach aber blieb kaum noch Zeit für die Schreibschule mit Papa (außer an den Wochenenden, auf die ich mich immer besonders freute, weil es samstags und sonntags überhaupt keine Zeitprobleme gab).

Am liebsten wäre mir gewesen, ich hätte gar nicht mehr in die Schule gehen müssen. Papa hätte mich in der Schreibschule unterrichtet, ich hätte ab und zu draußen mit den anderen Jungs Fußball gespielt und daneben noch ausreichend Zeit für das Klavierüben gehabt. Den ganzen Vormittag in der Schule zu verbringen, fand ich dagegen nicht gut, denn ein solcher Schultag dauerte viel zu lang und hielt mich vom richtigen Lernen ab.

Ich besprach das mit Papa, aber er hatte auch keinen Rat, wie ich meine Zeit besser hätte einteilen können. Ich machte den Vorschlag, auf das Fußballspielen ganz zu verzichten, das aber fand Papa nicht richtig. Er wusste, dass das Fußballspielen mir Spaß machte, und er fand, dass ich unbedingt auch mit anderen Jungs spielen sollte, und zwar an der frischen Luft, im Freien! So war es in Köln mit einem Mal der Papa, der mich nach draußen, ins Freie, schickte, während mich im Westerwald die Mama oft nach draußen geschickt hatte. Papa aber war nur gegen das Alleinspielen im Freien (das fand er Blödsinn und sagte es auch), das Fußballspielen mit anderen Jungs dagegen fand er sehr gut, weil ich mich dann viel bewegte und auch mit anderen Jungs sprach (eigentlich sprach ich aber nur sehr wenig mit ihnen).

Ich dachte immer wieder über das Zeitproblem nach und kam schließlich nur zu *einem* Ergebnis: Ich musste meine Chronik (die Seite mit den Sätzen über den Tag) am frühen Morgen, vor dem Schulunterricht, schreiben. Klappte das, würde ich Sätze über den Tag zuvor und damit über den gerade vergangenen Tag schreiben. Am frühen Morgen würde ich den vergangenen Tag »eintüten« (neues Wort!) und danach in die Schule gehen.

Ich stelle mir einen Wecker und stehe frühmorgens kurz vor sechs Uhr auf. Ich ziehe den Bademantel über und schleiche in meine Werkstatt. Dort stelle ich das Radio an. In der Frühe mag ich keine Musik vom Plattenspieler hören, sondern überraschende, fremde Musik, die ich noch nie gehört habe. Ab sechs Uhr gibt es an jedem Morgen wunderschöne Musik, die in Kirchen gespielt wird. Orgelspiel, Choräle, ruhige Gesänge. Ich stelle das Radio ganz leise und schreibe Sätze über den vergangenen Tag, und es kommt mir ein wenig so vor, als säße ich in unserer kleinen Kirche, und die Orgel unserer Kirche würde gerade gespielt, und ich säße gar nicht zu Hause, sondern dort draußen, mutterseelenallein (neues Wort!).

Dienstag, 7. Oktober. Kurz vor 6 Uhr aufgestanden. Die Chronik und eine kleine Geschichte geschrieben. 7 Uhr gewaschen und angezogen. Zwei Scheiben Brot mit Honig und wenig Butter. In die Schule gegangen. Vier Stunden Unterricht (zwei Stunden Rechnen, sehr langweilig). Ich mag die neue Lehrerin, sie lacht viel. Allein nach Hause. Zu Mittag gegessen: Rührei mit Schinken, eine Scheibe Brot, Leitungswasser. Die Hausaufgaben gemacht. Zwei Stunden Fußball auf dem L.-Platz gespielt (stand lange im Tor). 18 Uhr Klavier geübt (ich mag die Sonatinen von Mozart nicht, sie klingen zu einfach). 19 Uhr Schreibschule mit Papa. Zwei Schulbuchgeschichten umgeschrieben. »Bravo! Perfekt!« Abendessen. Schnittchen (Käse, Wurst), gekochte Eier, Gurkensalat. Fotos aus der Zeitung ausgeschnitten. Um 21 Uhr ins Bett. Sehr müde.

So früh aufzustehen, war die Lösung für mein Zeitproblem. Wenn ich vor dem Schulunterricht schon etwas geschrieben hatte, fühlte ich mich besser und war tagsüber nicht mehr so unruhig. In einer Stunde (von sechs bis sieben) ließ sich eine Menge schreiben. Für die Chronik brauchte ich nie mehr als zwanzig Minuten oder höchstens eine halbe Stunde (das aber nur, wenn ich Fotos einklebte). Danach schrieb ich meist noch eine Geschichte auf, etwas von dem, was ich erlebt hatte:

Die Mütze. Ulrich mag die neue Mütze, die seine Mutter ihm gestrickt und geschenkt hat. Er hat sie immerzu auf, auf dem Schulweg, in der Schule, sogar in der Klasse. Die Lehrerin sagt, er könne die Mütze in der Klasse ruhig ausziehen, aber Ulrich mag sie nicht ausziehen. Da sagte die Lehrerin, er könne sie auch anbehalten, aber wenn es ihm zu warm damit werde, müsse er sie ausziehen. Als Ulrich die Mütze den ganzen Vormittag anbehielt, wollten auch ein paar andere Jungs ihre Mütze während des Vormittags anbehalten. Die Lehrerin sagte, sie habe nichts dagegen. Schließlich hatten acht Jungs eine Mütze während des ganzen Vormittags an. Inzwischen sind es aber nur noch zwei, Ulrich und Norbert. Den anderen Jungs war es mit der Mütze auf die Dauer dann doch zu warm.

Ich erzähle Mama und Papa aber nicht von dem Einfall, morgens vor der Schule schon etwas zu schreiben. Ich bin ganz leise und arbeite für mich, und wenn ich höre, dass einer von ihnen aufsteht und ins Badezimmer geht, schleiche ich in mein Bett zurück und tue so, als würde ich ebenfalls gerade erst aufstehen.

Dann aber kommt etwas dazwischen. Ich sitze am frühen Morgen wieder in meiner Werkstatt und schreibe und höre Musik aus dem Radio. Diesmal wird ein Stück gespielt, das ich kenne, es ist eine *Toccata* von Bach (die jeder in unserer Familie kennt). Vielleicht höre ich zu viel auf die *Toccata* und ihre Töne wandern in meinem Kopf herum, jedenfalls höre ich nicht, dass sich draußen, auf dem Flur, etwas tut. Und dann öffnet sich plötzlich die Tür und die Mama steht in ihrem Bademantel da und schaut hinein. Sie sagt aber nichts, sondern zieht die Tür hinter sich zu und kommt zu mir und setzt sich neben mich. Ich frage sie, warum sie schon auf ist, und sie sagt, sie wolle in die Frühmesse gehen, denn heute sei Herz-Jesu-Freitag.

Der Herz-Jesu-Freitag ist der erste Freitag in jedem Monat, und wann immer es möglich ist, geht die Mama an einem solchen Tag in den Gottesdienst. Ich aber habe nicht an den Herz-Jesu-Freitag gedacht, denn ich wusste gar nicht, dass gerade Herz-Jesu-Freitag ist. Einen Moment habe ich etwas Angst, dass die Mama wegen meines frühen Aufstehens ungehalten ist, das ist sie aber gar nicht. Sie fragt, was ich mache, und ich erkläre es ihr, und dann fragt sie noch, seit wann ich jeden Morgen in der

Frühe eine Chronikseite und eine Geschichte schreibe. Und auch das sage ich ihr.

Wir sitzen beide nebeneinander, und plötzlich habe ich das Gefühl, als wollte auch die Mama an meiner Schreibschule teilnehmen. Sie sagt aber nichts, sondern schaut nur auf meinen Tisch, wo einige der vielen Seiten liegen, die ich in der Woche geschrieben habe. Sie nimmt zwei, drei Seiten in die Hand und blickt darauf, liest sie aber nicht. Dann erst sagt sie, sie verstehe nicht, warum sie sich bisher nicht um meine Schreibschule gekümmert habe. Sie habe das Papa überlassen, denn sie habe gedacht, die Schreibschule sei etwas für Papa und mich, während das Klavierüben etwas für uns beide (also die Mama und mich) sei. Papa beteilige sich nicht am Klavierüben, deshalb habe sie sich nicht an der Schreibschule beteiligt. Ja, so sei es wohl gewesen.

Ich sage, dass ich mich freuen würde, wenn sie alles lese, was ich bisher geschrieben habe. Und dann sage ich noch, dass ich es schön fände, *zwei* Lehrer zu haben: eine Lehrerin (die Mama) und einen Lehrer (den Papa). Beide müssten dann allerdings etwas jeweils Anderes mit mir machen und nicht dasselbe, denn das sei langweilig und eine bloße Verdopplung. Mamas Unterricht und Papas Unterricht müssten sich also sehr unterscheiden.

Ich spüre, dass Mama sich freut und längst ernsthaft überlegt, ob sie mit mir eine zweite Schreibschule machen solle. Sie sagt aber nur, dass sie in den nächsten Tagen meine Texte lesen werde, in Ruhe, einen nach dem andern. Sie werde sich Gedanken machen, ob und wie sie auch eine Schreibschule gestalten könne, das müsse sie sich noch gründlich überlegen. Vielleicht sei es möglich, dass ich an einem Tag von Papa und am nächsten von ihr unterrichtet würde, dann wäre auch etwas Abwechslung da. Und dann fragt sie, ob ich mit ihr in den Herz-Jesu-Gottesdienst gehen wolle. Ich bin etwas überrascht, aber ich sage »ja, das ist eine gute Idee«, und dann ziehe ich mich rasch an, und Mama und ich gehen in die Kirche.

Es sind nicht viele Menschen im Gottesdienst, und der Pfarrer hat nur einen Ministranten dabei, der etwas älter als ich ist und den ich von der Schule her kenne. Er heißt Wolfgang, und ich weiß, dass er ein sehr guter Schüler ist. Er kann unglaublich schnell laufen (er ist in einem Verein und trainiert), und er spielt ein großes Blasinstrument (ich glaube, es ist die Posaune). Während des Gottesdienstes lenkt er mich etwas ab, ich muss oft zu ihm hinschauen, und ich beobachte, was er gerade macht.

So nahe am Altar wie dieses Mal habe ich noch nie während eines Gottesdienstes gesessen, jetzt bemerke ich, dass ein so nahes Sitzen mich laufend auf etwas anderes ganz in der Nähe blicken lässt: auf die Hände des Priesters, die manchmal ein wenig zittern, auf Wolfgangs Brille, die dauernd verrutscht, auf Wolfgangs Schuhe, die unter seinem Ministrantengewand wie große Boote hervorschauen.

Der Frühgottesdienst dauert nur eine halbe Stunde, es gibt keine Predigt, und der Pfarrer macht schnell, weil er weiß, dass die Gottesdienstbesucher bald zur Arbeit müssen. Mama und ich gehen danach sofort nach Hause, und unterwegs kaufen wir noch frische Brötchen. Während wir unterwegs sind, fragt mich die Mama, wie der Junge eigentlich heiße, der eben als Ministrant gedient habe. Ich sage, dass er Wolfgang heißt, und dann erzähle ich, dass seine Brille dauernd verrutscht sei und er sehr große Schuhe habe, deren lange Schuhriemen wild hin und her gesprungen seien. Er habe sie einmal angeschaut, um ihr Springen zu beobachten, vielleicht habe er auch befürchtet, sie könnten sich öffnen, so dass er auf sie treten, stolpern oder sogar hinfallen würde. Ich erzähle dann weiter, dass er Posaune spiele und sehr schnell laufen könne und dass er drei Brüder habe und sein Vater Dachdecker sei.

Ich rede schnell, und mir fällt immer mehr ein. Ich bleibe neben der Mama stehen und muss husten. »Langsam«, sagt die Mama, »mach langsam!« Und da atme ich durch, schließe die Augen und sage: »Wolfgang ist ein Ministrant. Er ministriert in der Frühmesse. Später spielt er Posaune und läuft schnell auf dem Sportplatz im Wald. Er hat drei Brüder, sein Vater ist Dachdecker. Ich habe einmal kurz mit ihm gesprochen. Er hat angefangen und zu mir gesagt: ›Geht es Dir wieder gut?‹ Und ich habe gesagt: ›Wieso fragst Du? Es geht mir gut.‹ Da hat er gesagt: ›Das ist schön, dass es Dir wieder gut geht. Ich weiß nicht, was los war, aber irgendjemand hat einmal gesagt, es gehe Dir manchmal nicht gut.‹ ›Das ist lange her‹, habe ich gesagt, ›jetzt ist es vorbei. Es geht mir gut.‹«

Mama zieht die untere Lippe etwas nach hinten. Und dann schiebt sie die vordere Lippe über die untere. Das sieht merkwürdig aus, und zwar so, als wollte sie ihren Mund verschließen. Warum aber? Damit nichts herausschlüpft? Kein Wort? Kein Tropfen? Ich weiß nicht, warum sie das macht, ihr Mund ist etwas schief. Sie stellt die Tasche mit den Brötchen auf den Boden, und dann umarmt sie mich plötzlich, und ich spüre, dass Mama sehr aufgeregt ist. Was ist nur los? Ist es wegen Wolfgang? Aber was soll denn mit Wolfgang sein?

Wir gehen zusammen nach Hause, und die Mama sagt nichts mehr. Erst als sie die Haustür aufschließt, öffnet sie wieder den verschlossenen Mund. Sie sagt: »Solch schöne Geschichten wie die, die Du eben erzählt hast, schreiben wir in unserer gemeinsamen Schreibschule.« Ich frage, ob sie die Geschichte mit Wolfgang meine. »Ja«, sagt sie, »diese Geschichte ist sehr schön.« Ich bleibe stehen und sage ihr, dass eine solche Geschichte dem Papa nicht gefallen würde. Und Mama fragt, warum nicht. Und da erkläre ich ihr, dass Geschichten einen interessanten Schluss haben sollten (einen zum Nach- oder Weiterdenken). Und dass die Geschichte mit Wolfgang noch keinen richtigen Schluss habe. Da lacht Mama endlich (etwas) und sagt: »Dann haben wir ja auch gleich ein Thema für unsere erste gemeinsame Schreibstunde. Heute Nachmittag, vor dem Fußballspielen.«

Und so habe ich an diesem Nachmittag meine erste Schreibstunde mit der Mama, und diese Stunde ist sehr anders als die mit Papa.

Arbeit mit Büchern

WENIGE TAGE nach Beginn des Schulunterrichts gehe ich mit Papa in eine Kölner Buchhandlung und suche mit ihm zusammen Bücher aus. Die Kinderbuchabteilung ist groß und unübersichtlich, und wir gehen an den Regalen entlang, ohne etwas Geeignetes zu finden. Die Bücher haben verschiedene Themen, es gibt Bücher mit Sport, Bücher mit Geschichten, die in weiter Vergangenheit spielen, Bücher mit Geschichten nur für Mädchen und mit Geschichten nur für Jungen, es gibt Bücher für ein schnelleres Lernen oder Bücher fast nur mit Bildern.

Papa fragt, wie wir vorgehen sollen, und ich antworte, dass ich das leider nicht weiß. »Dann fangen wir einfach mal mit unseren eigenen Themen an«, sagt Papa und fragt mich, was unsere Themen seien. Ich antworte, dass ich auch das leider nicht weiß. Papa aber meint, dass ich so etwas auf jeden Fall wisse, denn jeder vernünftige Mensch wisse, welches seine Themen seien. »Sag einfach mal, was Dir Spaß macht oder womit Du Dich gerne beschäftigst.« Ich antworte, dass Fußballspielen mir Spaß macht, und Papa sagt »Stop! Da hätten wir schon das erste Thema!«

Und dann lassen wir uns von einem Verkäufer Bücher über das Thema Fußball so lange zeigen, bis schließlich ein richtiger Stapel davon vor uns liegt. »Die Bücher mit den vielen Namen und den langen Tabellen nehmen wir nicht«, sagt Papa zu dem Verkäufer. »Wir möchten Bücher mit Fußballgeschichten, in denen Kinder Fußball spielen und Freude am Fußball haben.« Da antwortet der Verkäufer, der Kauf sei in diesem Falle sehr einfach, denn von diesen Büchern gebe es nur zwei. Wir schauen uns diese beiden an und kaufen ein dickes Buch mit vielen Fußballgeschichten, das *König Fußball* heißt.

Was aber nehmen wir noch? »Fußball spielst Du in Köln, aber was macht Dir im Westerwald Spaß?«, fragt der Papa. Ich sage, dass ich dort im Wald spiele und dass ich mir die Spiele selbst ausdenke. »Haben Sie ein Buch über Spiele im Wald, die ein Kind allein spielen kann?«, fragt Papa den Verkäufer. Der aber schüttelt den Kopf und sagt, Kinder spielten eigentlich nie allein, für solche Themen gebe es »keinen Markt«. »Das glaube ich nicht«, sagt Papa, »es handelt sich eher um eine Marktlücke, die man rasch schließen sollte.« Und dann lacht er und sagt (jetzt nur zu mir): »Wir werden uns darum kümmern.«

Er zwinkert mir bei diesen Worten kurz zu, und ich ahne, dass er an ein Buch denkt, das wir beide über das Spielen im Wald schreiben. Als ich mir so ein Buch vorstelle, fallen mir sofort einige Spiele ein, und ich werde unruhig und sage Papa, dass ich schon viele Einfälle im Kopf habe. Statt eines Buches über das Spielen im Wald kaufen wir dann ein wiederum ziemlich dickes Buch mit Tiergeschichten, die im Wald spielen. Es heißt *Im tiefen Forst*, und auf dem Umschlag sind eine Rehmutter und ein Rehkitz, die gerade einen schmalen Bach überqueren. Schaut man nur auf diese beiden Tiere, ist alles in Ordnung und auch sehr schön. Sie sehen friedlich aus, es geht ihnen gut. Schaut man aber länger auf den Umschlag, entdeckt man vorn, vor einer Birke, einige giftige Pilze (ich glaube, es sind Fliegenpilze), und im Hintergrund, hinter einer Fichte, steht ein Jäger (mit einem Gewehr). Ich zeige Papa die Pilze und den Jäger, und er nickt und sagt: »Genau das richtige Buch. Da ist für Spannung gesorgt.«

Wir wollen gehen, zwei Bücher reichen fürs Erste, da aber entdeckt Papa noch ein ganz anderes Kinderbuch. Es ist ein Lehrbuch und heißt *Bäume und Sträucher des Waldes*. Das ganze Buch ist voller bunter, sehr guter Zeichnungen, und das Papier ist sehr hell und glänzt, und jede Seite hat eine andere Größe, so dass manche Seite nur aus einem schmalen Papierstreifen besteht und die dahinter liegende dann aus einem geringfügig breiteren. Ein solches Buch klappt man auf und sieht dann viele Seiten und Abbildungen auf einmal, weshalb Papa sagt, so eine Anordnung von Seiten habe er noch nie gesehen, das sei »hoch raffiniert«.

Ich will dieses Buch nicht unbedingt mit nach Hause nehmen, denn es ist eher ein Buch zum Anschauen und keines zum Lesen. Papa aber findet es so interessant, und die Zeichnungen machen ihm einen solchen Eindruck, dass wir auch dieses Buch kaufen. Mit drei Büchern gehen wir wieder nach Hause, und dort zeigen wir sie später auch der Mama, die, wie ich zu sehen glaube, alle drei nicht besonders aufregend findet. (Ich merke mir, dass ich sie später fragen will, welche Bücher sie denn gekauft hätte.)

Am Abend beginnt mit Papa meine Arbeit mit Büchern. Bisher habe ich nur in der Schule mit Büchern zu tun gehabt, das aber waren Schulbücher. Da ich lange Zeit nicht verstand, was Wörter und Buchstaben bedeuteten, habe ich bisher außer den Schulbüchern nur Bücher mit vielen Bildern oder Abbildungen kennengelernt.

Mama hat vor nun schon langer Zeit einmal versucht, mir begreiflich zu machen, was Buchstaben sind. Sie hat nämlich Buchstaben aus großen, bunten Folien in verschiedenen Größen ausgeschnitten und diese Buchstaben dann auf dem Küchentisch verteilt. Dann nahm sie einen in die Hand und sprach ihn laut aus. Sie sagte »a« und »jott« und »ka«, aber ich konnte mir so etwas nicht merken, denn die Laute waren sehr fremd, und ich brachte sie nicht mit den Buchstaben in eine Verbindung, die mir irgendwie eingeleuchtet hätte.

Wir haben uns einige Zeit mit den bunten Buchstaben abgequält, aber es ist nichts Rechtes daraus geworden. Mama hat es immer wieder mit den Lauten versucht, aber wir kamen nicht weiter. Dann habe ich einige Buchstaben mit sehr schönen Buntstiften abgezeichnet, das war nicht schwer und ging auch gut. Ich konnte mir danach aber noch immer nicht merken, welcher Laut zu welchem Buchstaben gehört, ich begriff das einfach nicht. Nach vielen Anläufen haben Mama und ich diese Übungen aufgegeben. Am Ende haben wir uns über die bunten Buchstaben geärgert (als wären sie daran schuld, dass ich keine Fortschritte machte). Wir konnten sie nicht mehr sehen, sie ekelten uns beinahe an, und so haben wir sie in einem Anfall von Wut und Empörung schließlich in den Mülleimer geworfen.

— 117 —

Das ist, wie gesagt, einige Zeit her, und es gehörte noch nicht zu der Zeit, als Papa mit mir zu schreiben begann (Papa begann nicht mit Buchstaben, sondern mit Wörtern, und das war die einzig richtige Entscheidung, weil Wörter von jedem Menschen in Sätzen benutzt und ausgesprochen werden, während Buchstaben wie »jott«, »ka« oder gar »ypsilon« in der Sprache und im Sprechen der Menschen nicht vorkommen. Ihre Bedeutung ist für ein Kind, das noch nicht spricht, daher keineswegs klar – für mich war sie es jedenfalls nicht.)

Bis jetzt habe ich also noch keine anderen Bücher als Schulbücher kennengelernt. Nun aber beginnen wir mit dem Buch *Im tiefen Forst*. »Wie gehen wir vor?« Papa fragt mich das sehr oft, aber es ist keineswegs so, dass er selbst bereits weiß, wie wir vorgehen. Er will mit mir zusammen überlegen, was wir als Nächstes tun. (Mein früherer Lehrer fragte die Schüler auch manchmal etwas, man spürte aber genau, dass er nicht auf ihre Antwort gespannt war, sondern längst wusste, wie die Frage richtig beantwortet wurde.) Wie gehen wir also vor? Soll Papa mir eine Geschichte vorlesen (das würde schnell gehen, denn die Geschichten sind nur wenige Seiten lang)? Oder soll ich die Geschichte zuerst selbst zu lesen versuchen (das würde langsam gehen, denn ich kann noch nicht rasch lesen)? Möglich wäre auch, dass ich die Geschichte abschreibe (das würde dauern, denn ich schreibe noch nicht sehr schnell).

Weil wir, wie Papa sagt, schon einmal »rasche Bekanntschaft« mit dem Buch machen wollen, liest zunächst Papa eine Geschichte vor. Ich sitze neben ihm, schließe die Augen und höre zu (kein Radio, kein Plattenspieler!). Die Geschichte handelt von Hilde, die mit ihrer Mutter in den Wald geht. Die Mutter ist eine Förstersfrau und hat viel zu tun, aber sie geht mit in den Wald, weil sie mal eine Abwechslung braucht. »Stop«, sagt Papa, und dann fragt er, ob ich alles verstanden habe.

Ich sage »ja« und frage, ob das schon die ganze Geschichte sei, denn es sei doch wohl keine richtige Geschichte. »Nein«, sagt Papa, »es ist nur der Anfang, wir zerlegen die Geschichte in kleine Stücke, dann überblicken wir sie nach ihrem Ende besser. Am Anfang also passiert was?« »Hilde und ihre Mutter gehen in den Wald. Und die Mutter ist eine Förstersfrau«, sage ich. »Kennst Du Förstersfrauen?«, fragt Papa nach. »Nein, ich kenne keine.« »Ich kenne eine ganz Menge«, sagt Papa, und dann sagt er: »Förstersfrauen sind sehr stabil. Sie legen richtig Hand an und arbeiten nicht nur im Haus, sondern auch draußen, auf den Fluren und Wiesen. Sie kleiden sich oft auch anders als sonstige Frauen: mehr Wolle, viel Grün und kräftiges Schuhwerk! Weite Schals, Mützen und sogar Hüte!«

Papa macht eine Pause, ich sitze still neben ihm, und ich vermute, dass er jetzt einige der ihm bekannten Förstersfrauen vor Augen hat. »Hast Du denn schon einmal einen Förster im Wald gesehen?«, fragt Papa. Nein, ich habe noch keinen bei der Arbeit gesehen, weiß aber, dass der etwas dunkelhäutige Mann, der im Westerwald oft als Letzter in den Gottesdienst kommt (und dann ganz hinten, in der letzten Reihe, steht) ein Förster ist. Papa begrüßt ihn jedes Mal nach der Messe, und dann reden die beiden ein wenig, und ich verstehe wirklich kaum ein einziges Wort, denn sie sprechen westerwäldischen Dialekt. (»Vorwärts« heißt dann »Graduss«, »Schöne Gegend« heißt »Schiene Jäänt« und »Nach und nach« heißt »Noh en noh«.)

»Keine einfache Geschichte ist das«, sagt Papa und fragt: »Machen wir weiter?« Natürlich machen wir weiter, ich will doch wissen, was nun mit Hilde und ihrer Förstersmutter im Wald geschieht. Papa liest weiter, und er liest vor, dass Hilde und ihre Mutter *untergefasst* auf eine Hirschwiese zuschlendern und dann auf eine Kanzel neben einer Eiche steigen. Um Papas Fragen zuvorzukommen, sage ich rasch, dass ich weiß, was eine Kanzel ist (ich habe im Westerwald schon einige bestiegen). Papa aber nickt nur und sagt: »Durch einen Wald schlendert kein Mensch – und erst recht nicht *untergefasst*. Man schlendert auf einer Straße oder einem Dorfweg, nicht aber im Wald oder auf einer Hirschwiese. Und *untergefasst* geht man nur, wenn es kalt ist oder wenn die Gefühlsküche zwischen zwei Menschen brodelt.« Er lacht, aber ich will wissen, wie die Geschichte weitergeht. Da fragt Papa, wie es denn weitergehen würde, wenn ich die Geschichte weiter erzählen sollte: »Hilde und ihre Mutter sitzen auf einer Kanzel. Und was passiert? Was machen sie da oben? Womit beschäftigen sie sich?«

Ich schlage vor, dass sie ein Fernglas dabeihaben. (»Bravo! Gut!«) Ich sage, dass Hilde hindurchschaut und am Waldrand einen großen Hirsch entdeckt. (»Sehr gut!«) Und ich sage weiter, dass Hildes Mutter rasch wieder die Kanzel heruntergeklettert, um den Förster zu holen. »Warum denn das?«, fragt Papa. »Damit der Förster den Hirsch mit dem ersten Schuss trifft und erledigt.« »Aha«, sagt Papa, »in Deiner Geschichte geht alles sehr schnell, vielleicht aber auch etwas zu schnell. Wenn es so schnell geht, ist die Geschichte nicht spannend genug.« »Wann ist sie denn spannend?«, frage ich. »Spannend ist sie, wenn der Förster daneben schießt und der Hirsch auf die Kanzel zukommt und zornig wird und die Kanzel rammt.« »Gibt es das, dass Hirsche Kanzeln rammen?«, frage ich. »Sehr selten«, antwortet Papa, »aber in Deiner Geschichte könnte es vorkommen, denn Du bist in dieser Geschichte der Herr im Haus!«

So ist das also. Ich bin in meiner Geschichte der Herr im Haus. Dann kann ich auch Sachen erzählen, die nicht jeden Tag (oder vielleicht sogar nie?) vorkommen. Geht das? Aber glaubt mir noch jemand, dem ich eine solche Geschichte erzähle? Und was wäre, wenn plötzlich ein Tiger aus dem Wald käme? Das ginge doch nicht, denn das glaubt doch kein Mensch. Daraus aber folgt: Eine Geschichte muss nicht erzählen, was man schon immer erwartet und was oft passiert. Sie muss aber etwas erzählen, was passieren könnte, und nicht etwas, das ganz und gar unwahrscheinlich ist.

Das sage ich zu Papa, und Papa findet meine Folgerung »fabelhaft« und »treffend« und sagt: »Das schreiben wir jetzt einmal auf, genau das. Eine gute Geschichte muss nicht ... und so weiter ...« Ich schreibe das auf eine neue, weiße Seite (ohne Linien oder Rechtecke!), und dann »eröffnen« wir, wie Papa sagt, eine »neue Rubrik«: *Wie Geschichten sein sollen.* Die neue Rubrik gehört eigentlich in das größere Fach *Reflexionen*, aber dieses Fach ist mit der Zeit zu groß geworden, so dass wir es jetzt in *Rubriken* unterteilen. (Die Rubriken haben, wie Papa sagt, »Spezialthemen«.)

Papa findet, dass wir für heute genug mit einem Buch gearbeitet haben, ich aber sage, dass ich wissen will, was Hilde und ihre Förstersmutter auf der Kanzel nun eigentlich machen. »Das kann ich Dir eigentlich nicht vorlesen«, sagt Papa. »Und warum nicht?« »Weil sie das Dümmste machen, was man in einer Geschichte auf einer Kanzel machen kann.« »Und was ist das Dümmste?« »Sie essen Brote und schweigen und schauen. Das ist nicht nur dumm, sondern auch langweilig. Und außerdem isst kein Mensch auf einem Hochsitz Brote, wenn er gerade noch zu Hause gewesen ist und dort Brote gegessen hat.« »Aber warum lässt der Erzähler denn Hilde und ihre Mutter Brote essen, wenn das dumm und langweilig ist?« »Ganz einfach. Ihm ist nichts eingefallen, seine Einfälle hatten Sperrstunde, das gibt es, man nennt es *Krise*.«

Papa stellt das Buch auf das Regal an der rechten Wand meiner Werkstatt, wo es jetzt zusammen mit den zwei anderen gekauften Büchern steht. Dann geht er nach draußen. Vom Zuhören und Nachdenken ist mir schwindlig. Wenn Papa aus einem Buch vorliest, geht das ganz anders als das Lesen in meiner Schule. Dort lesen wir ohne Pausen und ohne Unterbrechung, während Papa nach jedem zweiten oder dritten Satz innehält und aufschaut.

Wenn er aufschaut, denkt er über etwas im Buch nach, und dann stellt er Fragen, ob alles im Buch und mit dem Buch stimmt. So etwas fragen wir in der Schule nie. Wir befragen die Schulbücher nicht, wir lesen ihre Texte nur, immer wieder und immer von vorne, einen Text nach dem andern, mal langsam, mal schneller. Unsere Lehrerin beschäftigt nicht, *was* wir lesen, sondern nur, *wie*. Und wenn sie sagt »das war gut«, meint sie keine Stelle im Buch, sondern nur, dass ein Schüler ohne allzu viele Versprecher gelesen hat.

Ich starre vor mich hin, und ich mache gerade eine (für mich) große Entdeckung: In den Schulbüchern geht es nicht um den Inhalt, sondern es geht um das Lesen! Schulbücher erzählen nichts Richtiges, sondern tun nur so. Also schwindeln Schulbücher (oder lügen sie sogar?).

Ich atme tief durch. Dann schreibe ich noch eine kurze Reflexion: *Wie Schulbücher schwindeln.*

Schreiben über Musik

DAS SCHREIBEN mit Mama beginnt nicht in meinem kleinen Raum, sondern am Klavier, denn es folgt einfach auf die Klavierstunde, die Mama mir alle paar Tage gibt. Ich spiele Mama also zuerst einige Stücke vor, Mama korrigiert mein Spielen und sagt etwas dazu. Ich spiele ein Stück mehrmals, erst sehr langsam, dann in immer rascherem Tempo, bis ich mich verhaspele und wieder langsamer spielen muss.

Wir fangen mit einfachen Stücken an, in denen immer etwas Besonderes geübt wird: Tonleitern, Akkordfolgen, schwierige Läufe der rechten oder (noch schwieriger!) der linken Hand. Dann spielen wir kurze Stücke bekannter Komponisten, und zwar höchstens drei. Jedes neue Stück schauen wir uns zunächst genau an: Wie geht es los, aus welchen Teilen besteht es, welche Tonart hat es, was macht die linke, was die rechte Hand, welche Teile erscheinen auf den ersten Blick schwierig und sollten daher gesondert geübt werden?

Wir sprechen also eine Weile über ein Stück und wenden und drehen es hin und her. Danach weiß ich meist schon einiges über das Stück, manchmal habe ich auch schon viele Stellen im Kopf. Ich übe dann solche Stellen und spiele das Stück keineswegs gleich von vorne nach hinten. So ein fortlaufendes Spielen von Anfang bis Ende versuche ich erst, wenn ich viele Teile des Stückes beherrsche. Das Stückeüben verläuft also anders als das Lesen einer Geschichte. Es beginnt irgendwo, mit einzelnen Phrasen und Abschnitten. Auf diese Weise macht man sich allmählich mit einem Stück vertraut. Wenn diese Vertrautheit erreicht ist, spielt man das Stück zum ersten Mal sehr langsam von vorne nach hinten – und trifft dabei, wie Mama immer sagt, »lauter gute Bekannte« (womit sie natürlich die Phrasen und Teile des Stückes meint, die man bereits kennt und geübt hat).

Mama hat einmal gesagt, dass diese Art des Stückeübens ungewöhnlich sei und dass viele Klavierlehrer es ganz anders machen würden. Sie aber mache es eben so, diese besondere Form des Übens sei »ihre Methode«, sie selbst habe das Klavierspielen nach dieser Methode gelernt, und so gebe sie es an mich weiter, denn sie habe mit diesem Üben nur gute Erfahrungen gemacht.

Mama und ich – wir befinden uns also mitten in einer Klavierstunde und zerlegen ein neues Stück und üben die ersten Phrasen und Teile. Dann aber sagt die Mama: »Jetzt fangen wir mit dem Schreiben an. Und unsere ersten Übungen bestehen darin, etwas über Musik zu schreiben.« Etwas über Musik? Was könnte das sein? Ich sage nichts und warte, dass Mama mehr darüber sagt, sie sagt aber nur, dass wir etwas über die Stücke schreiben, die ich gerade übe.

Was aber soll man darüber schreiben? Stücke bestehen doch nicht aus Wörtern, und sie erzählen auch nichts. Man kann also weder kleine Gedichte (wie etwa die Wochengedichte) noch kurze Geschichten (wie die von Ulrichs Mütze) daraus machen. Oder? Ich antworte der Mama, dass ich nicht weiß, was ich über die Stücke schreiben soll, und ich sage auch, dass ich dafür keinerlei Wörter weiß und kenne. Hinschreiben könnte ich höchstens: *Etüde in G-Dur von Carl Czerny.*

Mama steht auf und holt aus dem Arbeitszimmer nebenan einen dicken Block. Er ist so groß wie ein Schulbuch, besteht aber aus viel mehr Seiten. Mama hat diesen Block in einem Schreibwarenladen gekauft. Hat man eine Seite vollgeschrieben, kann man sie oben abreißen und beiseitelegen. Mama sagt, dass wir mit dem Schreiben genau so vorgehen wollen wie bei Papa. Wir schreiben also immer nur auf die Vorderseite, niemals aber auf die Rückseite. So können wir eine Seite später irgendwo einkleben oder in einen Ordner stecken, wo man die Seiten bei späterem Nachschauen leicht in die Hand nehmen und überfliegen kann, ohne sie immerzu hin und her drehen zu müssen. Außerdem reagieren wir auf diese Weise darauf, dass ein Stift beim Schreiben immer ein wenig durchdrückt, so dass er auf der Rückseite Spuren hinterlässt. Würden wir dann auch noch auf die Rückseite schreiben, wären diese Spuren auf der Vorderseite zu finden. Die Spuren von Vorder- und Rückseite würden sich kreuzen, und eine Seite sähe dann furchtbar aus: zerfurcht wie eine Wiese, auf der wochenlang eine Rinderherde herumgetrampelt ist.

Ich frage Mama, ob sie sich einige meiner früheren Arbeiten angeschaut hat, und sie sagt, sie habe alle angeschaut. Alle? Aber das sind doch sehr viele! Alle, und, ja, es sind schon recht viele. Sie liegen im Arbeitszimmer der Eltern. Papa hat dafür ein ganzes Regal leer geräumt. Ganz oben liegen die Rollen mit den Zeichnungen aus dem *Bildwörterbuch Duden*. Eine Regalreihe tiefer liegen die verschiedenen Stapel mit den ganz unterschiedlichen Aufgaben und Themen: Tagesseiten über den Verlauf eines Tages (Chronik), Wochengedichte über Besonderheiten einer Woche, Reflexionen (eingeteilt in Rubriken), Dialoge und Szenen über etwas, das man irgendwo draußen gehört und gesehen hat, unbekannte Wörter aus dem *Duden* heraussuchen und durch andere Wörter ersetzen, Schulbuchgeschichten umschreiben, Geschichten aus Büchern selbständig fortsetzen.

Außerdem aber gibt es noch Geschichten, die ich nicht für die Schreibschule geschrieben und Papa auch nicht immer gezeigt habe. Sie liegen nicht in Papas Regal, sondern auf der untersten Reihe des rechten Regals meines Arbeitsplatzes. Es sind Geschichten wie die von Ulrichs Mütze oder von den Ameisen im Wald oder von den Buchenblättern in der Mitte einer mächtigen Buche. Mama gefallen diese Geschichten besonders. Sie hat ein eigenes Wort für sie gefunden, sie nennt diese Geschichten *Miniaturen*. (Ich mag dieses Wort sehr, und ich mag auch besonders gern so etwas schreiben.)

Die vielen Stapel auf den Regalen zu sehen ist immer sehr schön. Ich denke und wundere mich: Das habe ich schon alles geschrieben! Und ich denke weiter: Alles, was ich in letzter Zeit gedacht und getan habe, ist dort festgehalten. Ich kann es jederzeit wieder lesen und wiederfinden. Warum habe ich bloß nicht schon früher alles aufgeschrieben? Vom Früher habe ich schon sehr viel vergessen. Jetzt aber ist das Vergessen vorbei, ich vergesse nichts mehr, alles Wichtige wird aufgeschrieben, nur das Unwichtige vergesse ich.

Mama will also auf das aufbauen, was ich bereits mit Papa gemacht habe. Die Art zu schreiben (auf einer Seite, mit unterschiedlichen Stiften) bleibt dieselbe, es kommen nur ganz andere Aufgaben und Übungen hinzu. Mama sagt das ausdrücklich, sie sagt »wir machen genauso weiter wie in der Schreibschule von Papa, wir machen es nur leicht anders«. Gut, das verstehe ich jetzt. Aber wie soll ich über Musik schreiben? Diese Frage ist noch nicht beantwortet.

Mama sagt: »Wir fangen genauso an, wie Du vorgeschlagen hast. Du schreibst oben auf die Seite: *Etüde in G-Dur von Carl Czerny.*« In Ordnung, ich schreibe das hin. Und weiter? »Und jetzt notieren wir Wörter oder auch Sätze, die schreiben wir untereinander. Die Wörter oder auch Sätze entstehen in Deinem Kopf, wenn ich Dir das Stück vorspiele. Hör genau zu, schließ die Augen und schreib auf, was Du siehst und hörst, während ich spiele.«

Mama und ich wechseln die Position. Ich sitze jetzt rechts neben ihr, sie sitzt auf dem Klavierhocker, auf dem sich noch ein kleines Kissen befindet. Dann spielt sie die Etüde in G-Dur von Carl Czerny: einmal, zweimal, dreimal, das reicht. Und jetzt notiere ich auf dem Block, was ich während des Hörens im Kopf gesehen und gehört habe:

Ein kleines Mädchen. Hin und her. Es spielt, es blickt nicht um sich. Es springt, hüpft, auf einem Bein, dann mit beiden Beinen. Es ist allein. Die Mutter schaut aus dem Fenster. Das Mädchen bemerkt sie nicht.

Mama sagt, ich solle ihr vorlesen, was ich aufgeschrieben habe. Ich lese es vor, und die Mama lobt mich: »Sehr gut. Der Anfang einer kleinen Geschichte. Jetzt spiele ich noch eine andere Etüde von Czerny, und zwar die in C-Dur.«

Ich mag die Etüden von Carl Czerny ja nicht besonders, aber darum geht es jetzt nicht. Auch Stücke, die man nicht mag, hinterlassen Spuren, Bilder und Träume in meinem Kopf. Um solche Wirkungen geht es. Mama spielt die C-Dur-Etüde, ich höre und schließe die Augen, und dann schreibe ich:

Ein Küken läuft umher. Stolpert. Läuft weiter. Läuft auf und ab. Weiß nicht wohin. Läuft wieder zurück. Die Mama sieht es und stakst (neues Wort!) in seine Nähe. Da weiß das Küken, wo es sich befindet.

Danach spielt Mama noch eine dritte Etüde von Czerny, und ich notiere Stichwörter auf einer dritten Seite. Als ich damit fertig bin, schickt Mama mich in mein Arbeitszimmer. Ich soll, was ich notiert habe, »ausarbeiten«. Dabei soll ich aber nicht allzu viele neue Wörter verwenden. Die bereits aufgeschriebenen Wörter sollen das Gerüst bilden, und um dieses Gerüst herum darf es wenige neue Wörter geben. Ich soll also nicht viel dazuerfinden. Was ich genau mit den bereits aufgeschriebenen Wörtern mache, bleibt mir überlassen. Vielleicht eine Geschichte? Vielleicht ein Gedicht? Vielleicht eine Szene? Mama ist gespannt.

Als ich in meiner Werkstatt sitze, brauche ich keinen Moment zu überlegen. Ich habe drei Seiten notiert, und Mama hat drei Vorschläge gemacht. Ich werde aus den aufgeschriebenen Wörtern eine Geschichte, ein Gedicht und eine Szene machen. Ich lese mir alles noch einmal durch, dann weiß ich, wie ich vorgehe. So entstehen drei Texte.

Etüde in G-Dur von Carl Czerny.
Das kleine Mädchen im blauen Kleid läuft zwischen zwei Bäumen hin und her. Es hat ein Fähnchen in der Hand. Mit dem Fähnchen schlägt es gegen den einen, dann gegen den anderen Baum. Es schaut nicht um sich, es spielt allein. Dann springt und hüpft es. Auf einem Bein, auf beiden Beinen. Es spielt und bemerkt nicht, dass seine Mutter aus dem Fenster des Hauses nach ihm schaut. Die Mutter freut sich über das Spielen des Mädchens.

Etüde in C-Dur von Carl Czerny.
Ein Küken läuft umher.
Stolpert.
Läuft weiter
Läuft auf und ab
Weiß nicht wohin
Läuft zurück.

Die Mama sieht es
und stakst in seine Nähe.

Da weiß das Küken,
wo es sich befindet.

Etüde in D-Dur von Carl Czerny.
— Nun sag doch endlich!

— Schschsch …

— Verdammt, sag was!

— Mmmm.

— Mach den Mund auf!

— Pffff …

— Ich will was hören!

— Rrrrr ….

Als ich fertig bin, gehe ich in das Wohnzimmer zurück und zeige meine drei Texte der Mama. Sie liest alle drei nacheinander laut vor und findet, dass sie sehr gut sind. Dann sagt sie, man könne merken, dass ich schon etwas Erfahrung mit dem Schreiben habe. Sonst wäre ich nicht so rasch damit fertig geworden. »Langes Nachdenken ist oft nur langes Rumsitzen«, sagt die Mama. Ich merke, dass die Mama mit ihren Aufgaben zwar an die von Papa anschließt, aber auch einiges anders macht. Auf die Idee, über Musik zu schreiben, wäre Papa jedenfalls nicht gekommen. Papa hat andere Ideen. Worin unterscheiden sich die Aufgaben der beiden aber genau? Das kann ich noch nicht sagen, ich nehme mir aber vor, später einmal darüber eine »Reflexion« zu schreiben. Vorerst merke ich mir schon einmal Mamas Satz: »Langes Nachdenken ist oft nur langes Rumsitzen.« Diesen Satz finde ich gut, nein, ich finde ihn sehr gut.

Mama soll noch mehr in dieser lustigen Art sagen, ich höre ihr gerne zu. Am liebsten höre ich, wenn sie über Musik spricht. Um ihr weitere Sätze zu entlocken, frage ich sie, warum meine Texte über die Etüden von Carl Czerny gut seien. Sie antwortet, dass wir Musik nicht nur hören, sondern eben auch sehen. Das aber wissen die wenigsten Menschen, sie ahnen es nicht einmal. Wenn wir Musik hören und dabei die Augen aufreißen und nur hören, sehen wir natürlich nichts. Wir müssen uns also innerlich einen Schritt vom Hören entfernen, damit wir auch etwas sehen. Wir können das machen, indem wir die Augen schließen, aber wir können auch mit geöffneten Augen hören. Dann müssen wir aber wie durch einen Schleier sehen. In Konzertsälen und während eines Konzerts starrten die meisten Menschen mit weit geöffneten Augen auf die Musiker, als könnten sie so die Musik sehen. »Gerade dann sehen sie die Musik aber nicht!« sagt die Mama, »sie schauen dann wie die Ochsen, die gar nicht wissen, was sie sehen, aber laufend weiter starren.«

Ich muss lachen. Mama hat recht, genau so schauen die Ochsen: auf einen Punkt, als müssten sie ihn durchbohren. Dabei sehen sie eigentlich gar nichts – vor lauter Hingucken. Bisher war ich noch nicht in großen Konzerten, wohl aber habe ich in unserer Kirche einmal zusammen mit anderen Zuhörern Chor- und Orgelmusik gehört. Ich erinnere mich, dass die Zuhörer alle auf die Musiker schauten und beobachteten, wie sich die Musiker an ihren Instrumenten bewegten. Ich erzähle das der Mama und frage sie, ob die Beobachtung von Musikern während ihres Musizierens nicht das Sehen der Musik verhindere. »Das tut es«, sagt die Mama, »Musiker beim Musizieren zu beobachten verhindert, dass man die Musik richtig hört und sieht. Man konzentriert sich genau auf das Falsche.«

Mama fragt mich dann, ob ich in Zukunft noch weitere *Sehübungen* beim Hören von Musik machen und sie aufschreiben möchte. Das will ich unbedingt. Die Stücke, die ich hörend sehe, sollten aber schwieriger und besser sein. Mama ist erstaunt, dass ich so etwas sage. Wieso finde ich die drei Etüden von Carl Czerny schlecht? Ich sage, dass sie schlecht seien, weil ich sofort höre, dass es Stücke für Kinder sein sollen. »Diese Stücke tun so, als sprächen sie mit kleinen Kindern«, sage ich, »sie sprechen aber gar nicht wirklich mit ihnen.« »Und wieso nicht?«, fragt die Mama. »Sie sprechen mit Kindern wie Erwachsene, die mit Kindern freundlich sprechen, sich aber eigentlich nicht für sie interessieren.«

Mama findet das, was ich da gerade gesagt habe, so interessant, dass sie es, wie sie wirklich sagt, »am liebsten selber aufschreiben möchte«. Ich sage, dass ich es doch aufschreiben könne, das sei ganz einfach. »Hast Du über alle Stücke, die Du übst, eine so klare Meinung?«, fragt die Mama. Und ich antworte, ja, natürlich, ich habe zu allen Stücken eine klare Meinung. Ob und warum sie mir gefallen oder nicht gefallen. Ich könne das auch gerne aufschreiben, nicht alles sofort, aber nacheinander. Dann würde ich nicht nur aufschreiben, was ich beim Hören von Musik an Bildern und Geschichten sehe, sondern auch, was ich von den gehörten Stücken halte und denke.

»Sehr gut, das machen wir!«, sagt die Mama, und dann sagt sie, dass sie neugierig sei, was ich über die Stücke denke, die wir zusammen üben. »Am liebsten würde ich darüber auf der Stelle mehr erfahren!«, sagt sie. Ich antworte, dass ich schon einmal mit diesem Schreiben anfangen werde und dass wir es dann fortsetzen könnten. Auf diese Weise gebe es neben dem Schreiben über »gesehene Musik« auch ein Schreiben über »gedachte Musik«. Musik sehen und Musik denken – schon hätten wir wieder zwei neue Themen, Papa werde staunen.

Mama hatte recht. Der Beginn unserer Zusammenarbeit zeigte nicht nur, dass ich mit dem Schreiben schon etwas Erfahrung besaß und daher rasch wusste, wie bestimmte neue Aufgaben zu bewältigen waren. Er zeigte auch, dass ich die gestellten Aufgaben bereits selbständig auszubauen und zu erweitern verstand. Das Schreiben war mir nicht mehr fremd, ich hatte vielmehr schon einiges von seinen Magien begriffen, nein, ich spürte diese Magien längst am eigenen Körper. Schritt für Schritt wurde er vom Schreiben gefangen genommen, und zwar so, dass das Schreiben wie ein eigener Motor und wie eine alles beherrschende Kraft in ihm zu wirken begann. Was aber geschah da? War das Schreiben eine Infektion, eine Krankheit? Unterdrückte es mit immer stärkerem Vordringen viele andere Energien (solche des Sehens, Fühlens, Gestaltens)?

Heute weiß ich, dass ich bereits damals etwas von der beginnenden Dominanz des Schreibens gegenüber anderen Lebensformen spürte. Ich spürte es dadurch, dass ich zum Schreiben kaum noch Distanz hatte. Nach meinem frühen, morgendlichen Aufstehen dachte ich nicht: »Ach, verdammt, jetzt muss ich schreiben. Und was werde ich schreiben? Und wird es auch gelingen? Und ist es nicht mühsam?« Ich zog vielmehr den Bademantel über und ging in meine Werkstatt.

Dort nahm ich ein Blatt, schloss kurz die Augen und begann zu schreiben. Nicht dass ich irgendeine Ahnung gehabt hätte, was genau ich schreiben würde, nein, ich hatte wirklich Tag für Tag keinerlei Ahnung. Höchstens die erste Wendung oder den ersten Satz hatte ich manchmal im Kopf, ohne aber zu wissen, wie ich weitermachen würde.

Solche ersten Wendungen oder Sätze überfielen mich manchmal nachts, während eines kurzen Wachseins. Es waren ganz einfache, anscheinend nichtssagende Sätze, Sätze wie »Ich habe gestern auf dem L.-Platz besonders viele Tauben gesehen. Wo sie bloß herkamen?« Oder: »In der Bäckerei P. schaut mich die Verkäuferin länger an als andere Kunden. Sie zieht die Augenbrauen zusammen und tut so, als müsste sie in meinem Gesicht einen Fehler finden.« Hatte ich solche Sätze am Morgen noch in Erinnerung, schrieb ich sie rasch hin. Ich konnte sicher sein, dass ich schon während des Hinschreibens den dritten oder vierten Satz heranrücken sah. Er stand noch nicht fest, sondern erschien flüssig und undeutlich, aber wenn die ersten beiden Sätze notiert waren, hörte ich in meinem Kopf den dritten und vierten Satz längst, als hätte mir jemand diese Sätze diktiert (oder eingeflüstert).

Die Selbstverständlichkeit, mit der die Sätze auftauchten, entstanden und schließlich feststanden, zeigte, wie sehr mich das Schreiben in Besitz genommen hatte. Im Nachhinein kommt es mir vor wie ein Pakt. Ich gebe mein Leben für dieses Schreiben, mein Leben wandert hinüber in seine Reflexe, Aktionen und Energien. Dafür belohnt mich das Schreiben mit großer Wachheit. Ich sehe das Leben nicht nur genauer, sondern ich sehe es überhaupt erst. Das Leben fliegt nicht mehr an mir vorbei, sondern es wird festgehalten und gestaltet. Dieses Gestalten hinterlässt eine fast unheimliche Energie. Mit all ihren kraftvollen Impulsen beherrscht sie mein ganzes Tun, ich empfinde keinen Widerwillen, keine Abwehr, keine Zurückhaltung. Vielmehr will ich aus und von dieser Energie leben. So viel wie irgend möglich.

Was ich beschreibe, liest sich wie die Beschreibung eines Süchtigen. Und genau so ist es. Das Schreiben wurde, scharf formuliert, zu einer Sucht. Milder und poetischer gesagt: Das Schreiben wurde »zu meiner Passion«. Dass sie es werden konnte, hatte allerdings mit der weiter in mir lebenden Angst zu tun: mit der Angst, die Sprache und das Sprechen wieder zu verlieren und für immer das Dasein eines Idioten führen zu müssen, der von fast allen Menschen (nur nicht von den Eltern) gehänselt, beschimpft und verachtet wird. Bloß das nicht wieder! Bloß niemals wieder »ein ekliger Schisser« genannt werden!

Die erste Stunde meiner Arbeit mit Mama endet damit, dass ich mich noch einmal in meine Werkstatt setze. Mama zuliebe schreibe ich noch ein paar kurze Texte über Stücke, die ich gerade übe. Es sind Texte über *Gedachte Musik* (wie ich es nenne):

— 136 —

Drei Etüden von Carl Czerny.

Diese Etüden tun so, als sprächen sie mit kleinen Kindern, sie sprechen aber gar nicht wirklich mit ihnen. Sie sprechen mit Kindern wie Erwachsene, die mit Kindern freundlich sprechen, sich aber eigentlich nicht für sie interessieren. Sie sagen etwas Nettes, Freundliches, und dann gehen sie wieder weg, ohne zu hören, was das Kind antwortet. Sie wollen sich mit dem Kind nicht wirklich beschäftigen, sie lassen es einfach stehen.

Sonatinen von Wolfgang Amadeus Mozart.

Diese Sonatinen klingen so, als würden sie nebenan, in einem Nebenzimmer, gespielt. Man kann sie hören, aber man hört sie nicht direkt. Wenn man sie hört, glaubt man, dass nebenan ein paar Kinder spielen, die lieber unter sich bleiben und nicht mit einem spielen wollen. Sie wollen, dass man zuhört, aber sie wollen nicht, dass man hinüber, zu ihnen kommt.

Bagatellen von Ludwig van Beethoven.

Diese Bagatellen klingen so, als hätte Ludwig van Beethoven sie für sich selbst geschrieben. Sie sind nicht für einen da, sondern kommen aus einer ganz anderen Welt. In diese Welt kann man beim Hören nicht eindringen, auch wenn man es noch so sehr versucht. Klopft man an die Tür der anderen Welt, schaut nicht einmal jemand heraus. Man klopft und klopft — und dann wird es einem zu viel, und man lässt Ludwig van Beethoven mit seiner Musik allein weitermachen.

Kinderszenen von Robert Schumann.

Diese Kinderszenen klingen so, als säße Robert Schumann neben einem auf dem Boden und spielte mit uns Kindern, die auch alle auf dem Boden sitzen. Wir spielen und spielen, und

Robert Schumann spielt dasselbe wie wir: Er stellt kleine Zäune auf, und er stellt viele Tiere zwischen die Zäune. Wir schieben die Tiere hin und her, lassen sie laufen und bringen sie am Abend in ihre Ställe. Schließlich glauben wir (und bemerken es nicht einmal), dass Robert Schumann ein solches Kind ist, wie wir eines sind. Dann aber bemerken wir es doch und wollen ihn anschauen. Doch er hat sich weggeschlichen, heimlich, ohne uns etwas zu sagen. Wir aber spielen weiter und denken an ihn.

Über Fußball schreiben

WENN ICH nach draußen gehe, um mit den anderen Jungs zu spielen, spielen wir fast immer Fußball. Früher haben wir manchmal noch »Verstecken«, »Nachlaufen« oder »Räuber und Gendarm« gespielt. Als wir jedoch den Fußball entdeckten, war es mit diesen Kleinkindspielen vorbei.

Manchmal schauen wir uns auch Fußballspiele an. Wir gehen nicht in ein großes Stadion, sondern schauen uns Spiele in der Nähe auf kleineren Fußballplätzen (ohne Rasen) an. Wir setzen uns an den Rand eines Platzes und verfolgen ein Spiel, und wir kennen mit der Zeit sogar einzelne Spieler und ihre Marotten. Einer von uns hat angefangen, Unterschriften von Spielern zu sammeln, das machten bald alle von uns. Nach jedem Spiel gehen wir zu den Spielern und lassen uns Autogramme geben, und

— 138 —

zwar von den Spielern beider Mannschaften, die gerade gespielt haben.

Die anderen Jungs benutzen Autogrammhefte, ich bin der einzige Junge, der sich Autogramme auf einzelnen Kartonseiten geben lässt. Diese Seiten haben die Größe DIN A4 und ganz verschiedene Farben (hellgrün, hellblau, hellgrau). Die Unterschriften der Spieler sind immer tiefschwarz. Neben diese Unterschriften habe ich die Torfolge und die Ergebnisse der Spiele notiert, auch das Wetter habe ich kurz festgehalten (*leichter Nieselregen, zwölf Grad, kein Wind*). Wird über ein Spiel, das wir gesehen haben, in der Zeitung berichtet, oder wird gar ein Foto mit einer Szene aus einem solchen Spiel gedruckt, klebe ich den Bericht und das Foto neben oder zwischen die Unterschriften der Spieler. So werden die Spielberichte zusammen mit den Unterschriften zu einem Teil meines Schreibarchivs. Es ist der erste Teil, den ich selbst entworfen und gestaltet habe.

Unterschriften sammeln, einen Spielbericht schreiben, Zeitungsausschnitte einkleben – wenn ich so etwas tue, macht ein Fußballspiel viel mehr Spaß als wenn ich nur zugeschaut, hinterher fortgegangen und drei Tage später schon alles vergessen hätte. Das bloße Schauen, Herumgehen und Vergessen erzeugt nämlich mit der Zeit Überdruss oder auch Langeweile. Man wird apathisch (»ach ja, schon wieder ein Spiel! Sollen wir hingehen?«), oder man bekommt schlechte Laune (»die Weiß-Roten werden wieder verlieren, sie taugen einfach nichts«).

Schreibt man aber hinterher etwas auf, denkt man während des Spiels schon ein wenig daran. Man erlebt das Spiel also doppelt: als fortlaufendes Spiel mit seinen Aktionen – und als Spiel im Kopf, der zu diesen Aktionen etwas »Gedachtes« hinzutut. (*17. Minute: Gewagte Aktion des Torwarts, der nach einer Ecke fast zehn Meter aus seinem Tor läuft und ein leeres Tor zurücklässt. Es geht gerade noch gut, er erwischt den Ball.*)

Mit der Zeit ist es mir sogar gleichgültig, welche Mannschaft gewinnt. Darauf kommt es nicht an, sondern viel eher darauf, ob ein Spiel genug hergibt, um festgehalten zu werden. Die anderen Jungs sind Anhänger bestimmter Mannschaften und schimpfen, wenn ihre Mannschaften verlieren. Sie feuern sie während eines Spiels an und werden ungehalten, wenn die Stürmer nicht treffen. Ich aber bin kein Anhänger einer bestimmten Mannschaft, sondern eher ein Anhänger des Spiels. Das darf ich natürlich nicht laut sagen, denn die anderen Jungs würden das nicht verstehen und mich »komisch anschauen«. Deshalb mache ich meist beim Jubel der anderen Jungs mit und hüpfe auch ein paar Zentimeter hoch, wenn gerade ein Tor für die Weiß-Roten gefallen ist.

Mama und Papa interessieren sich nicht besonders für Fußball (Mama überhaupt nicht, Papa ein klein wenig). Papa sagt, der Fußball sei »mein Metier« (neues Wort!), da rede er mir nicht drein, sondern da lerne er von mir. Wenn ich ihm die Kartonseiten mit den Spielberichten und Autogrammen zeige, staunt er und liest alles nach, und dann stellt er mir noch einige Fragen zum Spiel, und es ist so, als spielten wir zu zweit das ganze Spiel in Bruchstücken noch einmal durch.

Das alles macht mir großen Spaß, und es ist überhaupt nicht mühsam. Viel schwieriger aber ist es, über das eigene Fußballspielen, also das Spielen mit den anderen Jungs, zu schreiben. Warum ist das schwierig? Wenn ich ein Spiel beobachte, an dem ich selbst nicht teilnehme, kann ich über das Spiel schreiben. Wenn ich selbst mitspiele, habe ich aber nur wenig Zeit, das Spiel auch noch zu beobachten. Ich kann also nicht mitspielen und gleichzeitig an die Sätze denken, die während des Spiels in meinem Kopf entstehen. Möglich wäre das nur, wenn ich während des laufenden Spiels kleine Pausen einlegen und in diesen Pausen das Spiel beobachten würde, das aber wäre natürlich sehr komisch. Mitten im Spiel würde ich irgendwo auf dem Platz stehen bleiben und zu den anderen Jungs rufen: »Ich nehme eine kurze Auszeit, weil ich das Spiel beobachten möchte.« Dann würden die anderen Jungs sich an den Kopf tippen und mir zeigen, dass sie mich für verrückt halten. »Jetzt ist er endgültig verrückt geworden«, würden sie lästern, und ich stünde dumm da.

Ich bin mit den Überlegungen dazu, wie ich an einem Spiel teilnehmen und hinterher etwas über dieses Spiel aufschreiben könnte, nicht richtig weitergekommen. Deshalb habe ich mir das Buch *König Fußball* vorgenommen und einige der dort abgedruckten Fußballgeschichten für Jungs in meinem Alter gelesen. Dabei habe ich genau darauf geachtet, ob mir diese Geschichten bei meinen Überlegungen helfen könnten.

In den meisten Geschichten kommt ein Spiel nur in sehr kurzen Stichworten vor: »Siebte Ecke für Mannis Mannschaft. Ball kommt von rechts – hoch vors Tor – senkt sich – Peter schraubt sich empor – Kopfball – und Tor!« Oder: »Manni an der Mittellinie im Ballbesitz – zu Peter – der wieder zu Manni – Flanke nach links – Norbert hat nicht aufgepasst – der Ball springt ins Aus.« Ein Spiel so zu beschreiben, kommt mir sehr langweilig vor. Wenn ich das lese, werde ich ungeduldig und denke: Alle Spielzüge sind in derselben Weise beschrieben, deshalb behält man keinen einzigen. Es könnte endlos so weitergehen (»Manni umspielt den Verteidiger und eilt auf das Tor zu – Fritz kommt ihm entgegen …«) – bis einem die Augen zufallen. So geht es also auf keinen Fall!

Neben den kurzen Stichworten erscheinen in vielen Geschichten aber auch die Zurufe von Spielern, also jene Wörter, die Spieler sich während eines Spiels (meist ziemlich laut) zurufen: »Abgeben! Achtung Hintermann! Alles nach vorn! Rechts ist frei! Flanke! Pass in den Lauf!« Viele dieser Zurufe sind richtig dramatisch, und sie lösen bei einem Leser schon mehr aus als bloße Stichworte das sonst tun. Zurufe aufschreiben ginge schon, ich müsste sie dann einfach während eines Spiels im Kopf sammeln und später notieren. Ein ganzes Spiel festhalten kann ich mit diesen Zurufen aber nicht, schließlich sind sie nur ein Teil des Spiels, und man muss den Spielverlauf im Grunde genau kennen, um die Zurufe dann einordnen zu können.

Die Geschichten in *König Fußball* helfen mir nicht richtig weiter. Da komme ich (ich weiß später nicht wie) auf eine andere, gute Idee. An einem Nachmittag gehe ich zum Fußballplatz und sage den anderen Jungs, dass ich diesmal nicht mitspielen kann. Ich habe mir den rechten Fuß verrenkt, ich humple etwas, es schmerzt richtig. Deshalb schaue ich diesmal nur zu. Ich setze mich an den Rand, und ich beobachte, was die anderen Jungs machen, wenn sie auf den Platz laufen, um sich aufzuwärmen.

Peter trägt das gelb-grüne Trikot seines größeren Bruders. Es schloddert (neues Wort!) ihm um den Leib. Er kommt nur langsam in seine Fußballschuhe und schnürt sie zweimal. Nach dem zweiten Schnüren wischt er sich die Stirn, als hätte er hart gearbeitet.

Norbert ist zappelig. Er hat seine Fußballschuhe schon zu Hause angezogen und kann es auf dem Platz nicht erwarten, den Ball zu bekommen. Als er ihn das erste Mal bekommt, schießt er ihn in hohem Bogen so weit weg, dass er endlos laufen muss, um ihn wiederzubekommen. (»Du Rindvieh!«, ruft Karl, denn er versteht nicht, warum man den Ball so weit fortschießen muss.)

Micha hat einen Trainingsanzug an, obwohl es doch warm ist. Er zieht ihn sehr langsam aus und streicht danach sein Trikot und seine Hose glatt. Trikot und Hose sehen besonders sauber aus, und auch Micha sieht sauber aus. Er lässt sich häufig die Haare schneiden, weil etwas längere Haare (wie er behauptet) »schlecht für die Haut« sind. Micha sagt oft solche Sachen, die viele andere Jungs merkwürdig finden. Sie sagen aber nichts dazu, sondern lassen ihn in Ruhe.

Franz ist es peinlich, dick zu sein. Wenn er angezogen ist, fällt das Dicksein gar nicht so auf. Auf dem Fußballplatz kann er es aber nicht mehr durch seine Kleidung oder andere Tricks verbergen. Seine Knie leuchten dick, und die Oberschenkel sehen aus, als hätte man sie mit einem Fleischklopfer breit geklopft. Manchmal schlüpft einem von den Jungs eine blöde Bemerkung über dieses Dicksein heraus, und er ruft: »Dicker, ein bisschen mehr Tempo!« Franz tut so, als hätte er das nicht gehört. Später geht er dann aber doch zu diesem Jungen und sagt: »Wenn Du mich noch einmal Dicker nennst, bekommst Du eins auf die Rübe!« Franz kann so etwas sagen, denn wenn man so etwas sagt, muss man stark sein. Und Franz ist nicht nur dick, sondern zu seinem Glück eben auch stark. Meist nickt der andere Junge, wenn Franz so mit ihm spricht, und manchmal entschuldigt er sich sogar. Es gibt aber auch Jungs, die Franz immer weiter verhöhnen und zum Beispiel sagen: »Gib nicht so an, Dicker! Wenn ich so dick wäre, würde ich nicht um mich schlagen. Sonst läuft das Fett aus.« Haben sie so etwas gesagt, laufen sie sofort davon, und Franz kann nichts machen, weil er nicht so schnell ist wie sie. Franz hat aber ein gutes Gedächtnis – und wehe, er bekommt einen so frechen Jungen wirklich einmal zu fassen! Dann haut er ihm wirklich eins auf die Rübe.

Nach dem Aufwärmen geht das eigentliche Fußballspiel los. Die Jungs bilden zwei Mannschaften, und dann spielen sie gegeneinander. Ich sitze weiter am Rand des Spielfeldes und beobachte:

Peter hat gesagt, er werde im Mittelfeld spielen. Er sagt das oft vor dem Beginn eines Spiels. Während des Spiels läuft er aber überall herum, meist vorn, seltener in der Mitte und dann und

— 144 —

wann auch hinten. Er läuft ununterbrochen und schwitzt so stark wie kein anderer Junge. Tore schießt er keine, und gute Flanken gibt er auch nicht. Wenn er den Ball bekommt (aber er bekommt ihn nicht oft), schießt er ihn gleich weiter und ruft etwas, das aber niemand richtig versteht. (Ich glaube, er ruft, weil er Angst hat, dass der Ball bei einem Gegner landet. Peter will den Ball »hypnotisieren«.)

Micha läuft und spielt so, dass man sofort erkennt: Er will sich nicht dreckig machen. Zweikämpfen geht er aus dem Weg, indem er einfach Halt macht und dem sich nähernden Gegner den Ball überlässt. Hat der Gegner den Ball, läuft Micha hinter ihm her, erreicht ihn aber nie. Hat Micha selbst den Ball, schlägt er ihn weit nach vorn. Dort steht aber niemand.

Norbert hakt nach. Wenn er mit einem Gegner zusammentrifft, gibt er keine Ruhe und stochert nach dem Ball. Er stochert mit der Spitze des rechten Fußes und schaut mit gesenktem Kopf, wie sein Fuß stochert. Es sieht aus, als wünschte er sich eine Lupe, um sich beim Stochern zuzusehen. Springt der Ball einmal weg, weil Norbert zu viel gestochert hat, ruft er »Mist«! oder »Scheiße!« und rennt dem Ball hinterher. Die Jungs behaupten, dass Norbert die meisten Zweikämpfe von uns allen gewinnt. Ich habe nachgezählt. Es stimmt nicht. Norbert stochert nur am meisten, und das Stochern erweckt den Eindruck, Norbert habe den Zweikampf gewonnen. In Wahrheit ist das aber nicht so, Norbert verliert fast alle Zweikämpfe.

Während ich so am Rand des Spielfeldes sitze und das Spiel beobachte, fällt mir auf, wie viel sich notieren ließe. Immer wenn einer der Jungs den Ball länger besitzt, kommen mir dazu ein paar Gedanken. Ich halte sie fest und denke sie weiter. Und schon habe ich eine Spielszene verpasst! Es ist verrückt, aber es stimmt: Ich kann dem Spiel nicht richtig folgen, weil ich etwas ganz anderes als das Spiel beobachte. Ich beobachte nicht das Spiel, sondern ich beobachte, wie die Jungs spielen. Es ist ein gewaltiger Unterschied, ob man ein Spiel beobachtet oder ob man beobachtet, wie die Jungs spielen. Im ersteren Fall konzentriert man sich nur auf die Spielzüge, im zweiten sind einem die Spielzüge gleichgültig und man beobachtet, wie unterschiedlich die Spieler spielen.

Ich habe die Texte (als hätte ich sie bereits aufgeschrieben) im Kopf. Als es aber immer mehr werden, beschaffe ich mir (beim Platzwart) etwas Papier. Es ist altes Zeitungspapier, und ich notiere mit einem Kuli, den mir der Platzwart ebenfalls geliehen hat, auf die freien Stellen am Rand:

Mir fällt auf, dass jeder der Jungs eine eigene Spielweise hat. Nicht einmal zwei von ihnen spielen ähnlich oder gleich. Wenn man das weiß, ahnt man, wie schwierig es ist, eine gute Mannschaft zu bilden.

Wie kommt es zu einer guten Mannschaft? Indem man mit den Spielern so lange trainiert, bis sie ähnlich laufen und spielen? Oder indem man sie möglichst verschieden laufen und spielen lässt?

Ich wäre gerne ein Trainer, der sich viel zum Training einfallen lässt. An jedem Trainingstag würde ich ein wenig anders trainieren lassen. Dabei könnte ich mich an meinen Klavierstunden ori-

— 146 —

*entieren. Zuerst die einfachen Übungen: Laufen, laufen und noch-
mals laufen, vorwärts, seitlich, rückwärts, rund um den Platz,
quer über den Platz und so weiter. Dann lauter Spring- und
Hüpfübungen, immer noch ohne Ball. Darauf langsamer Trab
und kurze Sprints, immer abwechselnd (wie bei den Pferderennen
in Weidenpesch). Zum Schluss des ersten Teils: langsames, gedul-
diges Laufen, fünf Runden.*

Die Idee, als Trainer zu arbeiten, gefällt mir. Ich frage
mich, ob es auch gute Bücher über das Trainieren gibt.
Sicher gibt es sie. Ich wünsche mir solche Bücher – und
notiere es auch gleich. Ich habe schon eine Überschrift
für solche Notizen vor Augen: *Trainer sein*. Und darunter würde ich die Ideen aufschreiben, die ich zum Thema
Trainieren habe.

Einige der Jungs, mit denen ich spiele, gehen in meine
Schule (es geht aber keiner von ihnen in meine Klasse).
Ich kenne sie also auch daher, und wir sprechen in den
Schulpausen manchmal über Fußball. Es gibt aber auch
Jungs, die ich überhaupt nicht kenne, und unter diesen
Jungs sind ein paar wenige, die ich nicht kennenlernen
möchte. Nicht, dass ich etwas gegen sie hätte, nein, ich
habe nichts gegen sie. Sie kommen mir nur so anders vor,
dass ich nicht daran glaube, mich mit ihnen gut zu verstehen. Eigentlich vermute ich sogar, wir verstehen uns
überhaupt nicht. Zwei von ihnen sprechen nur Kölsch,
und einer von ihnen starrt mich manchmal ziemlich lange an, sagt aber nie, warum.

Als ich noch am Spielfeldrand sitze und schreibe, kommt dieser Junge zu mir und spricht mich zum ersten Mal an. Er sagt: »Was schreibst Du da?!« Ich weiß nicht, warum er das wissen will, aber ich bin freundlich und antworte: »Ich schreibe auf, was mir zum Fußballspielen einfällt.« Dem Jungen scheint das nicht zu passen, er wirkt richtig gereizt, und dann sagt er: »So ein Quatsch! Was soll einem zum Fußballspielen schon einfallen? Fußball ist Fußball, kapiert?« Ich spüre, dass er Streit sucht, aber ich will keinen Streit, deshalb sage ich nur noch: »Stimmt. Fußball ist Fußball, manchmal aber auch mehr oder was anderes.« Da platzt dem Jungen (wie man so sagt) der Kragen, und er schreit: »So eine Scheiße! Du redest Scheiße!«

Als er das gesagt hat, nimmt er mir das Zeitungspapier aus der Hand und zerknüllt es und wirft es auf den Boden. Dann trampelt er auf ihm herum. Ich verstehe nicht, warum er so wütend ist. Ich sage: »Warum machst Du das? Ich verstehe das nicht.« Und er schreit weiter: »Weil Du Scheiße schreibst! Alles Scheiße!« Da weiß ich endgültig, dass es am besten ist, nichts mehr zu sagen. Ich lasse den wütenden Jungen stehen und gehe fort. Langsam gehe ich zur anderen Seite des Fußballplatzes und denke nach.

Warum war dieser Junge bloß so verärgert? Er hat doch gar nicht gelesen, was ich geschrieben habe. Über das Geschriebene kann er nicht verärgert gewesen sein – vielleicht war er über das Schreiben verärgert. Niemand von den Jungs schreibt, und in der Schule wird höchstens etwas geschrieben, wenn eine Lehrerin oder ein Lehrer das will. Dass ein Junge draußen, im Freien, schreibt, ist sehr selten (und vielleicht ungewöhnlich). Der Junge, der mich beschimpfte, sah so aus, als ärgerte ihn mein Schreiben nicht nur, sondern als wollte er es verbieten! Nein, das ist noch zu wenig: Ich glaube, er wollte es sogar vernichten!

Ich muss also »auf der Hut sein« (neue Wendung!), wenn ich draußen schreibe, denn es kann durchaus gefährlich sein. Andererseits reizt es mich auch, draußen etwas zu schreiben. Wie geht das – draußen schreiben?

Ich erzähle den Eltern nicht von dem, was mir auf dem Fußballplatz passiert ist, ich sage darüber kein Wort. Sie sollen nicht wissen, dass Schreiben im Freien gefährlich ist. Womöglich würde mich Mama, wenn sie das wüsste, gar nicht im Freien schreiben lassen. Stattdessen sage ich, dass ich die Jungs auf dem Fußballplatz beim Spielen beobachtet und mir viele Gedanken dazu gemacht und auch notiert habe.

Papa interessiert das seltsamerweise sehr (Mama nicht so). Er will meine Aufzeichnungen sehen. Da gehe ich in den Flur, wo mein Anorak hängt, und hole die alten Zeitungsseiten hervor. Ich habe sie später, als die anderen Jungs fort waren, gesucht und wieder gefunden. Sie sind etwas dreckig, aber sie sind nicht zerrissen. Als Papa sie sieht, staunt er, wie sie aussehen. Er überlegt aber nicht, wie es wohl dazu gekommen ist, sondern sagt nur: »Toll! Die sehen ja richtig nach Fußballplatz aus!« Mama will das auch sehen, und plötzlich lachen wir alle drei, und

Mama sagt: »Ich bügle die Seiten rasch. Dreckig werden sie bleiben, aber glatt und gut lesbar sollten sie sein.«

Als sie glatt und lesbar, aber noch immer ziemlich dreckig sind, klebe ich sie auf eine Kartonseite und schreibe darüber: *Erster Tag als Trainer. Ein Spieler rastet aus.*

3
Übungen

Offene Fragen

ZWEI WERKSTÄTTEN sind in dieser frühen Zeit der Kinderjahre entstanden. Die ländliche, in der Jagdhütte meines Vaters im Westerwald, und die städtische, in der Abstellkammer unserer Familienwohnung im Kölner Norden. Eine von ihnen existiert noch immer, denn dieser Text (*Der Stift und das Papier*) entsteht größtenteils in der kleinen, recht dunklen und abgeschotteten westerwäldischen Zelle, in der ich mit dem Schreiben begonnen habe.

Anfangs wurde dieses Schreiben durch die Ideen und Anregungen meines Vaters geformt und gestaltet. Später kamen auch die meiner Mutter hinzu, die sich sehr von denen meines Vaters unterschieden. Beide Elternteile haben auf eine ihnen jeweils entsprechende, persönliche und von ihren Vorlieben ausgehende Weise versucht, mir das Schreiben beizubringen. Keiner von beiden hatte je an ein solches Vorhaben gedacht. Die Idee, so etwas überhaupt zu machen, entstand einzig und allein aus einer Not.

Mit kaum sieben Jahren hatte ich endlich sprechen gelernt, mein Wortschatz und meine Verständigungskünste aber waren zu dieser Zeit unterentwickelt, ganz zu schweigen vom Schreiben, das ich überhaupt noch nicht beherrschte. Mich an das Schreiben heranzuführen, mich mit ihm zu beschäftigen – das war ein Versuch, mich vor möglichen Rückfällen in die Sprachlosigkeit zu bewahren. Ich sollte, wie es immer wieder hieß, für immer »normal« werden.

Niemand aber konnte damals ahnen, dass ich ein derartig besessener Schreiber wurde, dem das Schreiben so viel bedeutete. Ich kämpfte nicht damit, sondern ich war vom ersten Moment (der ersten Krakelei, dem ersten Kritzeln und Linienziehen an) davon geradezu in den Bann gezogen. Woher aber kam das, wie entstand diese prägende Initiation, die mein ganzes Leben bis zum heutigen Tag so stark geformt hat wie nichts anderes? Ich denke, ich kann eine so schwierige Frage nicht selbst beantworten, ich kann höchstens einige Vorschläge machen und ein paar Vermutungen anstellen.

Zunächst spielte der Raum der Jagdhütte eine wichtige Rolle. Dieser Raum war geheimnisvoll, denn ich hatte ihn vor den Schreibübungen nur selten betreten. Jetzt aber durfte ich das, ja, es wurde sogar gewünscht und dafür gesorgt, dass ich ihn betrat. Bald gehörte er nicht mehr nur meinem Vater, sondern auch mir.

Alles in diesem Raum war mit dem Schreiben verbunden: die breite Tischplatte, die Musik, die Materialien (Pauspapier, andere Papiere, Stifte etc.). Außer diesen Dingen gab es nichts Ablenkendes, an dem der Blick oder die Gedanken hätten hängen bleiben oder sich festsetzen können. Das Fenster, durch das man in die Weite der Landschaft blickte, war der einzige Außenkontakt, und das Bild, das ich durch dieses Fenster wahrnahm, war nicht bewegt, sondern starr. Die Funktion dieses Bildes war es, den Blick zu beruhigen, ihn aber nicht zu verengen. Intensive Ruhe, ein Empfinden von unveränderlicher Weite und äußerste Konzentration – das waren ideale räumliche Bedingungen für die Entstehung des Schreibens.

Eine zweite, wichtige Voraussetzung war die Gegenwart meines Vaters. Dass er sich derart um mich kümmerte, zeigte mir, wie wichtig er mein Schreiben nahm. Wir beschäftigten uns nicht mit einem beliebigen Zeitvertreib, und wir »spielten« auch nicht »Schreibschule«. Das Ganze war vielmehr von Anfang an ein sehr ernst genommenes Projekt, das viel Nachdenken und Überlegung erforderte. Die dabei aufgewandte Anstrengung merkte ich meinem Vater jedes Mal an. Er hielt inne, dachte nach und kam erst allmählich zu einem Ergebnis. Nie hatte ich das Gefühl, er wisse schon von vornherein, was als Nächstes dran war. Vielmehr konnte ich erleben (und dabei zuschauen), wie die Schreibschule sich von Sitzung zu Sitzung fortsetzte und immer neue Ideen hervorbrachte.

Indem ich das alles aber »am eigenen Leib« erleben und beobachten konnte, wurde ich angeregt, mich auch selbst zu beteiligen. Ich *sah* ja: Es gab kein Programm, kein Schul- oder Lehrbuch, alles entsprang vielmehr dem grübelnden Gehirn meines Vaters. Was lag also näher, als ebenfalls mit dem Nachdenken und Grübeln anzufangen, um ebenfalls auf gute Schreibideen zu kommen? Die spürbare Anstrengung, das intensive Nachsetzen meines Vaters – sie bewirkten, dass ich mich eingeladen fühlte, eigene Ideen zu finden und sie dann zu testen. Mal sehen, was dabei herauskommt! Mal schauen, wie man ein Vorhaben noch weiter ausbauen kann! Das waren Fragen handwerklicher Art, Fragen also nach der Verbesserung bestimmter Aufgaben, die ihren Zweck möglichst gut erfüllen sollten. Die Antworten auf solche Fragen und damit darauf, ob diese Zwecke *wirklich* erfüllt wurden, konnte ich selbst geben: Indem ich an mir und den entstandenen Texten beobachtete, ob und wie sie mir weiterhalfen.

Auf befreiende Weise spielte dabei mit, dass es in keinem Moment dieses Unterrichts um »Literatur« ging. Weder mein Vater noch meine Mutter dachten auch nur eine Sekunde daran. Es ging vielmehr um »das Schreiben«, es ging um die Entwicklung des Wortschatzes und der Ausdrucksfähigkeit, es ging um das Vergnügen, mit Wörtern die Welt zu bestimmen, zu umkreisen und schließlich auch neu zu entdecken. So hatte ich in diesen frühen Jahren das nicht zu unterschätzende gute Gefühl, in eine zweite »Schule« (eine Schule ganz anderer Art als die mir auferlegte) zu gehen.

Diese zweite Schule scherte sich nicht um einen Kanon, und sie machte es sich erst recht nicht zur Pflicht, anerkannten Texten lesend und deutend zu dienen. Was stattdessen als Erstes zählte, war der eigene, von einem selbst geschriebene Text. Damit es zu diesem Text kam, bedurfte es der vielfältigsten Anregungen. Ein Teil dieser Anregungen bestand aus anderen Texten, aber niemand konnte vor ihrer Lektüre bereits sagen oder festlegen, worin die Anregung hätte bestehen sollen. So las ich einen Text zunächst ohne Blick auf einen Zweck oder eine beabsichtigte oder erhoffte Wirkung. Der fremde Text gehörte nicht in ein Korsett, sondern war zunächst einmal eine freie, offene und jederzeit zu verlassende Spielfläche. Indem man ihn so offen behandelte und auch weiter so mit ihm umging, war er weder etwas ein für alle Mal Fixiertes noch etwas Abgehobenes, Heiliges. Er war vielmehr ein Text, vergleichbar den Texten, die durch mein Schreiben entstanden.

Das alles spielte beim Entstehen meiner Verzauberung durch das Schreiben eine wichtige Rolle. Hinzu aber kam noch, dass mein Vater in diesen Stunden wie ein Mann auftrat, der seinen Beruf liebte und Anregungen aus diesem Beruf (eines Geodäten) mit in die Schreibschule einbrachte. Die Rollen Pauspapier, die vielen verschiedenen Stifte, die kleinen und großen Spitzer, der dunkelbraune Zirkelkasten – das alles waren Geräte aus dem mir bis dahin unbekannten Reich der Geodäsie. In diesem Reich gab es nichts Ungefähres, Hingeschludertes, gerade mal so Fabriziertes. Vielmehr herrschte eine penible Exaktheit, die schon durch einen Blick auf die empfindlichen, feinen Materialien deutlich wurde. Ihre ganz eigene Ästhetik übte eine starke Wirkung aus.

Diese Wirkung wurde durch die geodätischen Skizzen und Baupläne noch verstärkt, die ich manchmal in der

Jagdhütte zu sehen bekam. »Was machst Du eigentlich genau?«, fragte ich einmal meinen Vater. Und mein Vater drehte sich um und holte das kleine Baumodell einer großen Eisenbahnbrücke aus dem Regal. Mit einem kurzen Handgriff trennte er das Modell in zwei Teile, die er auf einer Höhe einander entgegenhielt: »Ich berechne, wie die beiden Teile zueinander finden. Ich berechne es bis auf den Millimeter. Dann fangen die Arbeiter mit dem Bau an. Die beiden Teile der Brücke wachsen aufeinander zu. Und dann ist der große Tag da: Sie werden miteinander verbunden, sie passen bis auf den Millimeter zusammen.«

Ich sah, wie Vater die beiden Teile zusammenfügte. Klick! – machte es, und das Baumodell war wieder komplett. »Und was ist, wenn die Teile nicht zusammenpassen?«, fragte ich. Mein Vater lachte: »Dann werde ich entlassen. Dann werde ich mit Schimpf und Schande davongejagt. Dann gehöre ich zu den Versagern.«

Ich erinnere mich gut, dass ich schlucken musste, als ich diese Worte hörte. Mein Vater ein Versager! Mit Schimpf und Schande davongejagt! So wichtig war also seine Arbeit. Das ganze Leben stand dabei auf dem Spiel! Deshalb mussten die Materialien gepflegt und geachtet werden. Keine Spielereien, keine Schlamperei! Ein einziger Fehlgriff konnte das Verderben bringen und der Grund dafür sein, dass aus meinem Vater ein ewiger Versager wurde.

Was aber »Versager« waren und wie sie sich fühlten – das brauchte man mir weiß Gott nicht zu erklären. Jahrelang

– 158 –

war ich ein solcher Versager gewesen, ein Nichts, eine lästige und unbequeme Erscheinung, die niemanden lange interessierte und die weiterlebte nur, weil die Eltern mit fast unglaublicher Beharrlichkeit an diesen Versager glaubten. Ihn zum Reden, zum Schreiben, zum genauen Fühlen und Denken zu bewegen – darum ging es ihnen. Und das alles weitab von allem, was ihnen selbst vertraut und geläufig war.

Waren sie manchmal darüber erstaunt, was sie bewirkten und welch große Fortschritte ich erzielte? Haben sie darüber miteinander geredet? Haben sie es festgehalten oder mit anderen darüber gesprochen? Anfangs gab es dafür nicht die geringsten Anzeichen. Mein Vater notierte höchstens die Aufgaben, die mir gestellt wurden. Er trug sie in gewöhnliche Kalender ein, als handelte es sich auch in meinem Fall um Arbeitsstunden von Handwerkern, deren Stunden er ebenfalls akribisch in diesem Kalender vermerkte: *Schreibschule, 15–16.15 Uhr. Duden Bildwörterbuch (Eisenbahn). Wörter anders schreiben (von Ja bis Jahrgang). Eine Miniatur (Spuren im Wald – korrigiert).*

Von meiner Mutter nahm ich schon eher an, dass sie sich Aufzeichnungen machte. Ich hatte sie auch früher schon oft schreiben gesehen, sie notierte sich während eines Tages unendlich viel, und sie hatte damit nicht nur aus einer Not (der Not ihrer langen Sprachlosigkeit heraus) begonnen. Vielmehr war ihr anzumerken, dass sie das Schreiben mochte, ja, sogar liebte. Vielleicht liebte sie es, weil sie für sich selbst eine ganz besondere, für sie geeignete Technik entwickelt hatte, die ich in dieser

Form bei keinem anderen Menschen mehr angetroffen habe.

Da sie für ihr Schreiben ausschließlich Zettel benutzte, passte auf die Vorderseite (niemals die Rückseite!) eines Zettels nur begrenzt viel Text. Dieser Text aber bestand meist nur aus ein oder zwei Sätzen oder aus noch knapperen Notaten: *Die junge Verkäuferin im Käseladen hat mich gefragt, wie alt unser Junge nun ist. Ich habe es ihr schon zweimal gesagt. – Was finden so viele Menschen an Heringen und kaufen jede Menge davon? Ich mag sie gar nicht. – Am Abend war die Düsternis so stark, dass die dunklen Wolken aussahen wie ein Dach, das sich über ganz Köln ausrollte. (Angstgefühl. Ersticken. Kellerempfindung.) – Köln. Kölle. Cölln. Colonia. –*

Konnte man noch verstehen, dass sie in ihren Aufzeichnungen nicht ausführlich werden und keine »langen Worte« machen wollte, so wirkte diese Art zu schreiben doch geradezu seltsam, wenn sie auch in ihren Briefen auftauchte. Karten oder Briefe schrieb meine Mutter fast täglich. Sie schickte sie an ihre Schwester, die Brüder, die Eltern, manche legte sie aber auch in einen Karton und schickte sie nach der Niederschrift gar nicht ab: *Liebe G. (gemeint ist die Schwester) – Im Innenhof stehen jetzt drei Fahrräder. Ich schaue sie mir jeden Tag von unserem kleinen Balkon aus an. Keines gehört uns. Ich würde so gerne wieder Fahrrad fahren. – Ein Platz wie der große, ovale vor unserem Haus braucht hohe Bäume. Die unsrigen sind einfach zu hoch gewachsen. Sie beherrschen das ganze Oval, aber niemand wagt es, sie zu kappen oder neue zu pflanzen. – Ich bin im vergangenen Winter viel Schlittschuh gefahren. Jetzt im Sommer mache ich noch im-*

mer kurze Schlittschuhschritte, mitten auf einem Bürgersteig. Ich weiß nicht, wieso oder was mich dazu treibt, sicher ist es Zerstreutheit. Die Bewegungen kommen von selbst und verschwinden sofort, wenn ich bemerke, was ich da gerade Komisches tue. — Dem Jungen geht es gut. Er schreibt Sachen, wie ich sie nie für möglich gehalten hätte. Es ist, als hätte er gerade dafür Talent. Jeden Tag bete ich, dass ihm dieses Talent erhalten bleibt. —

Aufzeichnungen solcher Art haben mir immer sehr gefallen, ich weiß nicht, warum. Sie gehörten zu meiner Mutter, sie waren der typischste Ausdruck ihrer Art, die Welt zu sehen. Manchmal sagt sie solche Sachen mitten in der Klavierstunde. Eine Weile hört sie zu, wie ich zum Beispiel ein Stück von Schumann spiele, dann ist es zu Ende. Sie schweigt, schaut vor sich hin und sagt plötzlich: »Robert Schumann hat sehr viel gelesen. Das ist ungewöhnlich für Komponisten.« Konnte ich damit etwas anfangen? Verstehen konnte ich es nicht immer, aber behalten wollte ich es unbedingt. Solche Sätze waren wie dunkle Orakelsprüche, lange ausgebrütet und ohne Grund oder Zweck formuliert, Weisheiten von besonderem Gewicht und von Dauer. Ich behielt sie also im Kopf und notierte sie später in eine Kladde (und nicht auf einzelnen Seiten!). Die Kladde sah aus wie eines meiner schwarzen Schulhefte. Zwischen ihnen wurde die Kladde versteckt, damit Mutter sie nicht entdeckte. Auf der ersten Seite stand: *Mutters Sätze.*

Ihre Schreibschule knüpfte an diese Technik der einzelnen Sätze an und arbeitete nicht mit Aufgaben von der Art, wie Vater sie mit Hilfe von anderen Materialien stellte. Mutter ging vielmehr von sich selbst, von ihrem eigenen, merkwürdigen Schreiben und letztlich von ihrem Körper (mit all seinen verborgenen Regungen und Heimlichkeiten) aus. Die Musik, die sie auf dem Klavier spielte, war die Haut dieses empfindlichen Körpers. Sie war ihm nicht angepasst, sie saß ihm auf, sie gehörte zu ihm. So hinterließ die Musik in ihrem Körper zahlreiche, direkte Wirkungen des Sehens, Begreifens und Träumens. Diese Erfahrung übertrug sie als Erstes auf mich, indem sie mir empfahl, die Augen zu schließen und Musikstücke zu sehen.

Noch auf andere Art beeinflusste ihr Schreiben meine Arbeit. Wenn ich nämlich mit Mutter Ausschnitte aus einem Buch las, so verliefen die Lektüren ganz anders als die mit meinem Vater. Mit meinem Vater kam ich kaum voran, wir nahmen die Sätze auseinander, verweilten bei einzelnen Wörtern, schrieben ganze Abschnitte um oder entschieden, einen Text nicht weiterzulesen, weil er uns nicht mehr interessierte. Wenn ich aber mit meiner Mutter zusammen las, las ich die Geschichte laut vor und fasste sie dann mit wenigen Sätzen zusammen: *Norbert geht auf den Fußballplatz. Dort stürmt es. Norbert will auf das Tor schießen, aber die Bälle fliegen alle weit daneben oder hoch in die Luft. Da holt sich Norbert einen Medizinball. Den kann er ins Tor rollen.*

War eine solche Zusammenfassung fertig, notierten wir auf einer Seite ganz oben den Titel der Geschichte und den Namen des Autors. Darunter kam die kurze Zusammenfassung, und noch weiter darunter kamen einzelne

Sätze, die ich aus der Geschichte abschrieb. In der gedruckten Geschichte durften diese Sätze aber nicht nebeneinander stehen, nein, sie mussten Distanz zueinander wahren. Ich pickte sie ganz nach Belieben heraus und schrieb zum Beispiel: *Der Ball muss immer wieder erlaufen werden. – Denkt an das Wettspiel gegen die Sieben. – Ohne planmäßiges Training wird man nie zu einem Erfolg kommen. –*

Meist reichte das für eine ganze Seite. Unten vermerkte ich noch das Datum, an dem ich die Geschichte gelesen und über sie geschrieben hatte. War aber auf der Seite noch etwas Platz, schrieb meine Mutter in diese Leere hinein ein paar Sätze: *Man kann Bälle werfen, schmeißen, zuspielen, beim Fußball erläuft man sie. – Im Fußball haben die Vereine oft seltsame Namen: Fortuna Köln. Viktoria Köln. – Was trainiert man eigentlich beim Fußball?*

Vater und Mutter – beide hatten eine eigene Vergangenheit des Schreibens, und beide brachten diese sehr unterschiedlichen Vergangenheiten in mein eigenes Schreiben ein. Wenn man sie sich vor Augen hält, ist man versucht, hier und da Verbindungen zu meinem Schreiben zu ziehen und dieses frühe manische Schreiben auf das Schreiben, Fühlen und Denken der Eltern zurückzuführen.

Sicher ist da etwas dran. Und bestimmt haben die besonderen Umstände (die geradezu nichtsahnend-geniale Anlage der beiden Werkstätten, der Widerwille beider Elternteile gegenüber allem, was mit offizieller »Schule« zu tun hatte, sowie ihre starke Eigenständigkeit und ihre Sturheit gegenüber dem, was allgemein als richtig und üblich empfunden wurde) dieses Schreiben entscheidend grundiert.

Manchmal führe ich mein Schreiben aber nicht nur darauf zurück. Wie wäre es, denke ich dann, wenn ausgerechnet das Kind, das ich war, eine besondere und einzigartige Begabung genau für das Schreiben gehabt hätte? Wie wäre es, wenn unter Tausenden von Menschen ausgerechnet dieses Hirn jene Konstellation und jene Struktur gehabt hätte, die das Schreiben auf ideale Weise begünstigt? So dass die Schreibschulen meiner beiden Eltern, ohne dass sie es geahnt hätten, in diesem schreibbereiten und nur für das Schreiben formierten Hirn die entscheidenden, alles in Brand setzenden Feuer entzündet hätten?

Auch für diese Annahme spricht viel. Zum einen spricht dafür, dass mein Gehirn in der Zeit vor dem Schreiben lange wie abwesend wirkte und nicht auf normale Weise funktionierte. Als wäre es unter- oder abgetaucht. Als ließen sich seine Energien mit dem, was sonst noch geschah, nicht verbinden. Erst als Vater und Mutter mich unterrichteten, wurde diesem Gehirn der richtige Rohstoff geboten. Plötzlich agierte es und witterte Stoffe und Inhalte, die genau zu ihm passten, nun arbeitete es vor allem mit ihnen.

Nur noch? Fast nur noch. Neben dem Schreiben spielte ich auch täglich Klavier, und die Musik bedeutete mir von Anfang an mindestens ebenso viel wie das Schreiben. In meinem Fall war sie eine noch ältere, aber lange Zeit sprachlos bleibende Disposition. Raschere Fortschritte im Klavierspiel machte ich erst, als ich zu sprechen und zu schreiben begann. Plötzlich hatte der stumme, unbewegliche und abwesende Körper des Kindes zwei starke Antennen, die Welt zu orten. Mit Hilfe der musikalischen berührte er noch das frühere Stummsein, mit Hilfe der schriftlichen wurde die Stummheit entbunden.

Meine Mutter an ihren Vater: *Schreibe dem Jungen bitte einmal eine Karte oder auch einen Brief. Er wird Dir antworten. Vielleicht verstehst Du noch besser als ich, was ihn alles bewegt. Es ist, glaube ich, enorm viel, so viel, dass ich nicht mal einen kleinen Bruchteil durchschaue.*

Kochen Essen Trinken

DA MEIN Vater mittags nicht nach Hause kommt, essen Mama und ich allein. Zu dritt essen wir erst am Abend, deshalb ist der Abend unsere Hauptmahlzeit. Mittags aber gibt es nur etwas Kleines, wir essen ein Omelette mit etwas Gemüse, wir essen verschiedene Salate, oder wir essen nur einen Teller Suppe oder einen Eintopf, den Mama während des Vormittags auf dem Herd hat kochen lassen.

Wenn ich mittags etwas früher zu Hause bin, sitze ich in der Küche und helfe der Mama manchmal beim Kochen. Ich schneide Zwiebeln oder ein anderes Gemüse klein, ich rühre die Suppen oder Eintöpfe um, oder ich presse Zitronen oder Apfelsinen aus. Während wir das Essen zubereiten, hören wir Musik aus dem Radio: Klassik oder französische Chansons, keine Orchester, keine Oper oder Operette. Meist bietet das Radio nicht das Richtige, dann benutzen wir den Plattenspieler im Arbeitszimmer der Eltern und lassen die Tür zu diesem Zimmer weit offen stehen.

Mama redet während des Kochens nicht viel, vor allem aber redet sie nicht am Stück. Sie konzentriert sich auf die Vorbereitung des Essens und sagt dann und wann einen ihrer wenigen Sätze: »Heute war in der Bibliothek eine Frau, die nur Bücher mit Strickmustern ausleihen wollte.« Ich höre zu, danach ist es still. Was soll ich zu so etwas sagen? Ich überlege mir oft, ob ich darauf antworten könnte. Meist aber fällt mir nichts ein. Natürlich könnte ich fragen: »Und was war weiter mit der Frau?« Darauf aber würde Mama antworten: »Nichts weiter.«

Genau so habe ich es mehrere Male erlebt, und danach habe ich es aufgegeben, solche Sätze zu hinterfragen. Wir schweigen und werkeln weiter vor uns hin, man hört das Kratz- oder Schabegeräusch eines Küchenmessers auf einem Küchenbrett, oder man hört das leise Blubbern eines Eintopfs, der in einem großen Topf auf dem Herd steht.

Dann aber habe ich während unserer Küchenarbeiten auch selbst ein paar Sätze gesagt: »Uwe hat heute im Deutschunterricht das Wort »Pisspott« benutzt. Unsere Lehrerin hat gesagt, es heißt nicht ›Pisspott‹, sondern ›Nachttopf‹. Da haben wir alle gelacht.« Danach war es wieder still, als hätte Mama etwas zum Besten gegeben. Wir putzen die Möhren, zerlegen den Spinat, schaben an den Petersilienwurzeln herum. Plötzlich lacht die Mama und sagt: »Pisspott ist eigentlich ein schönes Wort, viel schöner als »Nachttopf.« Es ist wieder still, ich sage nichts, wir arbeiten und lauschen. Im Grunde warten wir darauf, dass uns wieder ein guter, einzelner Satz einfällt. Ein Satz, der etwas Merkwürdiges hat. Oder etwas Seltenes. Etwas, das man in die Stille hinein sagt und das dann in dieser Stille verebbt.

Später einmal sehe ich, dass Mama solche Sätze aufschreibt. Sie schreibt meine wenigen Sätze in eine Kladde, die fast genauso aussieht wie die Kladde, in die nun wiederum ich Mamas Sätze schreibe. Ohne uns davon zu erzählen, schreiben wir beide die wenigen Sätze des jeweils anderen auf. In Mamas Kladde steht auf der ersten Seite: *Was der Junge so sagt.*

Dann habe ich die Idee, jeweils auf eine Papierseite DIN A5 die Rezepte der Speisen und Mahlzeiten aufzuschreiben, die wir mittags zusammen kochen. Ich nenne diese Rubrik *Essen am Mittag.* Da es nur kleine, rasch herzustellende Speisen sind, ist der Aufwand nicht groß. Ich kann diese Aufzeichnungen machen, während ich mit Mama in der Küche arbeite. Ich schnipple und schneide – und neben mir liegt ein Block, auf dessen oberster Seite ich den Namen des Gerichts und das Datum vermerke, an dem wir das Gericht gekocht haben:

*Zwiebel schälen und klein schneiden. Die Pfifferlinge säubern und
abtrocknen. Etwas Butter in eine Pfanne. Zuerst die Zwiebel darin anbraten, dann die Pfifferlinge hinzu tun. Drei Eier zerschlagen, Eiweiß und Dotter in einer Schüssel umrühren. Pfeffer, Salz und Wasser dazu. Butter in eine zweite Pfanne. Die
Eimasse hinein geben. Warten, bis sie stockt, dann das Gestockte
herum drehen und von der anderen Seite anbraten. Die geschmor-
ten Pfifferlinge hinein geben und das Omelette zusammenklappen.
Mmmmm.*

Mama findet es gut, dass ich solche Rezepte notiere. Sie
hilft mir dabei, indem sie mich verbessert, wenn ich nicht
die richtigen Wörter für die Kochvorgänge weiß. Ich sage
laut, was ich schreiben werde, und die Mama sagt, wie
es richtig oder besser heißen könnte. Ich sage also: »Drei
Eier zerquetschen, das Gelbe und das Wabblige in eine
Schüssel tropfen lassen.« Und Mama verbessert: »Drei
Eier zerschlagen, Eiweiß und Dotter in einer Schüssel
umrühren.«

Manchmal sagt die Mama, meine Formulierungen seien
viel »aussagekräftiger« als die richtigen, offiziellen, wie
sie in Kochbüchern auftauchen. Dann schreiben wir zusammen solche »aussagekräftigen« Rezepte:

*Die glitschigen Pfifferlinge abwaschen. Ihre dürren Leiber trock-
nen und wie Wäsche zum Trocknen auf ein Küchentuch legen.
Sie mit dem Tuch betupfen, bis sie um Hilfe schreien. Sie erlösen,
indem man sie in heiße Butter wirft. Dort aalen sie sich in der
Hitze und werden schön goldbraun.*

Ich verstehe, dass es zwei Versionen von Kochrezepten gibt. Eine offizielle, die in den Kochbüchern steht. Und eine, die »aussagekräftiger« ist und nirgendwo steht. Aber irgendwoher muss sie doch kommen. Woher kommt sie? Aus Mamas Kopf und aus meinem. Zusammen schreiben wir Rezepte auf ganz andere Art. Gefallen uns bestimmte Wörter nicht, überlegen wir, ob uns noch bessere einfallen. Ich schreibe eine Fassung unserer Version auf, und dann verbessere ich sie, bis die neue Fassung uns richtig gefällt. Zum Verbessern streiche ich die Wörter, die uns nicht mehr gefallen und für die uns bessere Wörter einfallen, durch und schreibe das bessere Wort über das durchgestrichene. Manchmal streiche ich auch die besseren Wörter wieder durch und schreibe über ein besseres Wort ein noch viel besseres.

So habe ich noch nie geschrieben. Papa erlaubt das Durchstreichen nicht. Er sagt, ich solle ein falsch hingeschriebenes Wort stehen lassen und das richtige Wort danebenschreiben. Ich erzähle das der Mama, und die Mama sagt, Papa habe recht: Das Durchstreichen und das Ausradieren seien nicht schön. Wenn ich an einem fortlaufenden, einfachen Text schreibe, solle ich falsch hingeschriebene Wörter nicht durchstreichen oder ausradieren, sondern einfach in richtiger Form neben die fehlerhaften schreiben. Das aber gelte nur für jene Texte, die man in einem Zug schreibe.

Unsere »aussagekräftigen« Küchenrezepte aber seien andere Texte. Sie entstünden nicht in einem Zug oder Schwung, sondern so, dass wir immer wieder und weiter an ihnen arbeiteten. So eine Arbeit nenne man »Textarbeit«. »Textarbeit« sei angebracht, wenn man die guten Formulierungen nicht schon während des Schreibens im Kopf habe, sondern erst finden müsse. Manchmal finde man sie erst nach langem Nachdenken, manchmal finde man sie überhaupt nicht. Oder erst nach Tagen, Wochen, Monaten. Ein Text, an dem man so lange arbeite, sei ein nicht abgeschlossener Text und damit ein Text, der immer wieder verbessert, ergänzt und umgeschrieben werde. Am Ende komme dabei ein besonders guter und seltener Text heraus. Ein Text nach sehr langer Textarbeit. Etwas, an dem lange Zeit »gefeilt« worden sei.

Ich frage Mama, woher sie das mit der »Textarbeit« weiß. Mama antwortet, dass sie »Textarbeit« vom Übersetzen her kennt. Manchmal übersetzt sie nämlich etwas aus dem Französischen, und dann gefällt ihr die Übersetzung nicht richtig, weil einige Formulierungen noch nicht stimmen. Darüber denkt sie lange nach, verbessert die Formulierungen und verbessert sie später erneut. »Manchmal hört man gar nicht mehr auf, einiges zu verbessern. Man trifft es dadurch aber immer weniger. Es ist zum Verzweifeln, und man gibt's schließlich auf. Und nimmt dann doch wieder genau jene Wörter, die man beim ersten Übersetzen verwendet hat.«

Ich verstehe. Ganz besondere Texte entstehen durch längeres Feilen. Man streicht bestimmte Wörter, die einem noch nicht gefallen, so lange durch, bis man sie durch Wörter ersetzt hat, die genau passen. Wann aber passen Wörter genau? Und an welchen Texten soll man länger feilen?

— 170 —

Ich frage das die Mama, und sie sagt, das seien sehr schwierige Fragen, die sie nicht rasch beantworten könne. In Zukunft sollten wir die Textarbeit auch nur an kurzen Texten oder an Gedichten betreiben. Um das Feilen und Verbessern von Texten zu üben. Und um hellwach zu werden für jedes einzelne Wort. Dieses Feilen aber solle mich nicht abhalten, weiter in einem Zug und Schwung zu schreiben. Auf jeden Fall sollten wir nämlich vermeiden, dass ich diesen Schwung verlöre und bei jedem hingeschriebenen Wort überlegte, welches andere Wort vielleicht besser sei.

Und noch eins: Wenn wir an einem kurzen, besonders guten und seltenen Text arbeiten, könne ich jedes Wort durchstreichen, so oft ich wolle. Wären wir aber fertig mit der Textarbeit, sollten wir sagen: »So, jetzt ist es genug. Jetzt feilen und arbeiten wir nicht mehr länger an diesem Text.« Spätestens dann solle ich den guten und seltenen Text dann »ins Reine« schreiben, ohne Fehler und ohne Durchstreichen. Die Seite mit den vielen Durchstreichungen würden wir wegwerfen, die »Reinschrift« aber würden wir aufheben und datieren.

Ich höre mir das alles an und gerate ins Grübeln. Sollte ich nicht doch alle Texte, die ich schreibe, verbessern und länger an ihnen arbeiten? Nach all unserem Feilen an Texten glaube ich nämlich, dass man jeden Text umschreiben und durch längeres Verbessern gut und selten machen kann. Ich sage das der Mama, und die Mama antwortet, dass wir Texte, die in einem Zug entstanden seien, auf keinen Fall lange verbessern und umschreiben würden. Solche Texte seien nämlich wie ehrlicher Wein. Die lange verbesserten, seltenen Texte aber seien wie ein besonders edler, aus den besten Trauben gewonnener Wein. Wein aus besten Trauben trinke man nur bei besonderen Festen und Gelegenheiten. Ehrlichen Wein aber trinke man alle paar Tage. »Stell Dir vor, wir würden nur noch Wein aus besten Trauben trinken!«, sagt die Mama, »das würde uns auf die Dauer gar nicht gefallen. Wir würden den Geschmack daran verlieren, und das wäre schade. Was wir vor allem brauchen, ist der redliche, ehrliche Wein. Deshalb schreiben wir vor allem Texte in einem Zug und aus einem Schwung.«

Das verstehe ich, und mit diesen Erklärungen bin ich (vorerst) zufrieden. Wir schreiben dann in der Küche weiter Rezepte auf und kommen schon bald auf wieder eine neue Idee. Wie wäre es, wenn wir nicht nur Rezepte notierten, sondern über das Kochen selbst schrieben? Mama macht den Vorschlag, dass wir uns genauer anschauen, wie sich die Speisen während des Kochens verändern. Alle paar Minuten halten wir fest, wie sie aussehen und auf uns wirken. Beim Omelette mit Pfifferlingen geht das so:

11.45 Uhr. Die hellbraunen Pfifferlinge liegen müde auf dem Trockentuch. In der geschlagenen Eimasse sieht man die Salzkörnchen und den dunklen Pfeffer herumtreiben, als wären da kleine Insekten. 11.50 Uhr. Die Pfifferlinge springen in die heiße Butter, und die Butter spritzt auf wie das Wasser im Freibad, wenn einer vom Sprungbrett hinein springt. 11.58 Uhr. Die Eimasse fließt schwer und langsam in die Butter der zweiten Pfanne und

*breitet sich nach allen Seiten hin aus. Dann erschrickt sie wegen
der großen Hitze und zieht sich rasch wieder zusammen.*

Ich frage Mama, ob das nun gute und seltene oder ob es
Texte aus einem Schwung seien. Die Mama antwortet,
das könne ich selbst sagen, indem ich überlege, ob wir
viel und lange daran gearbeitet hätten. »Nein«, sage ich,
»haben wir nicht. Aber wir haben einige Wörter verbessert.« »Richtig«, antwortet die Mama, »einige haben wir
verbessert, aber wir haben nicht lange dafür gebraucht.
Es sind also Texte aus einem Schwung mit kleinen, raschen Verbesserungen.«

Ich grüble wieder ein wenig, denn mir kommt der Verdacht, es gebe viele verschiedene Texte: Rasch, also in
einem Zug und aus einem Schwung geschriebene. Rasch
geschriebene mit kleinen, raschen Verbesserungen.
Rasch geschriebene mit sehr vielen, raschen Verbesserungen und so weiter. Ich atme tief durch und sage das
der Mama, und die Mama meint, das sei ganz richtig, aber
wir sollten darüber nicht allzu viel nachdenken, sondern
möglichst viele Texte rasch schreiben und auch rasch
verbessern. »Vom langen Herumsitzen und Grübeln werden die Texte nicht besser, sondern meist schlechter. Am
Ende erkennst Du sie nicht mehr wieder, weil Du ihnen
den Schwung genommen hast. Dann stehen die Sätze herum wie nicht miteinander verbunden: steif, unbeholfen,
geschraubt. Damit wollen wir erst gar nicht anfangen.«

Einverstanden. Das Herumschrauben an Texten macht
zwar auch Spaß, aber wenn man es nur tut und an allen

Texten herumschraubt, verliert man mit der Zeit doch die Lust. Ich sitze also weiter mit der Mama in der Küche, schreibe Rezepte in zwei Versionen und schreibe Texte über das Kochen, indem ich die Zubereitung der Speisen alle paar Minuten von neuem beobachte und genau festhalte, was ich sehe. Schreiben in der Küche gefällt mir, denn man hat immer etwas Interessantes vor Augen, worüber man schreiben kann.

Dann aber sitze ich mit den Eltern an einem Sonntagmittag in dem Brauhaus in der Nähe unserer Wohnung. Mama und Papa unterhalten sich, und wir lesen in der Karte und überlegen, was wir essen. Zwei Kölsch und eine Cola hat Papa schon einmal bestellt. Das Brauhaus ist voll, fast alle Tische sind besetzt, und die Menschen reden sehr laut. Ich brauche nicht lange in die Karte zu schauen, ich weiß, was ich essen möchte: *Rippchen mit Sauerkraut und Püree.* Mama und Papa unterhalten sich weiter, sie sprechen kurz über das Essen, dann aber sprechen sie über etwas anderes, und Papa erzählt von einem Kollegen, der sich gerade ein Auto gekauft hat. (Wir haben kein Auto, ab und zu spricht Papa davon, dass wir uns ein Auto kaufen sollten, während die Mama auf keinen Fall ein Auto möchte.) Mama hört zu, sagt aber dann, dass sie jetzt nicht gern über »dieses Thema« sprechen möchte. Da sagt Papa eine Weile nichts und schaut sich im Brauhaus um, als suchte er nach einem anderen Thema.

Wir sitzen sprachlos da, der Köbes lässt auf sich warten. Da sage ich: »Ich würde gern etwas aufschreiben.« Papa schaut mich an und fragt, was ich denn schreiben wolle und warum gerade jetzt. Ich antworte, mir sei langweilig, und ich hätte viele Ideen, was ich alles aufschreiben könnte: Ich könnte Teile der Speisekarte abschreiben, ich könnte unsere Speisen und die Getränke beschreiben, ich könnte über die anderen Gäste schreiben, ich könnte …

»Halt!«, ruft Papa, »ich habe verstanden.« Und dann lacht er und schlägt kurz mit der rechten Faust auf den Tisch. Als der Köbes kommt, geben wir unsere Bestellungen auf. Das geht so, dass wir nacheinander (die Mama zuerst, dann Papa, dann ich) sagen, was wir gern essen möchten. Die Mama hat meist Sonderwünsche und sagt zum Beispiel: »Saure Nierchen, aber bitte mit sehr wenig Sauce. Und dazu keinen gemischten Salat, sondern nur Gurkensalat.« Papa mag diese Sonderwünsche nicht, aber er schweigt und sagt dann nur: »Für mich das Hämchen, und zwar genau so, wie es auf der Karte steht.« Und ich sage: »Rippchen mit Sauerkraut und Püree.«

Der Köbes will schon wieder davon, da hält ihn Papa auf und sagt: »Der Junge braucht etwas zu schreiben. Einen Stift und etwas Papier.« Der Köbes blickt mich an und sagt: »Am Sonntag musst Du nicht nachsitzen. Da hast Du frei.« Ich weiß nicht, was ich darauf antworten soll, und auch Papa hat keinen guten Einfall. Deshalb wird er ungeduldig: »Haben Sie einen Stift und etwas Papier oder nicht? Sonst gehe ich rasch nach Hause und hole die Sachen.« Der Köbes merkt, dass es Papa ernst damit ist. Er sagt nichts mehr, sondern kommt rasch zurück. Ich bekomme einen Kuli und einen Kellnerblock, neu, unbeschrieben. Ich blättere die vielen weißen Zettel durch.

Es ist schön, dieses Weiß zu sehen, es hat etwas Anziehendes, Verlockendes, es will sofort beschrieben werden. Beinahe habe ich das Gefühl, als wäre der Block auch eine Speise. Und beinahe glaube ich, mir läuft das Wasser im Mund zusammen. Der Stift schreibt schwarz, auch das ist schön. Schwarz auf helles Weiß. Es kann losgehen, mir ist nicht mehr langweilig, ich schreibe und schreibe …

Der Köbes kommt noch mehrmals an unseren Tisch. Er bringt neue Getränke, er bringt die Speisen, und er bringt neue Papierservietten. Immer wenn er neben uns steht, schaut er, was ich schreibe. Er kann es nicht lesen, aber er sieht, dass ich nicht aufhöre. Am Anfang sagt er noch nichts, dann aber sagt er: »So eine Strafarbeit würde ich meinem Kind sonntags nicht zumuten.« Papa antwortet nicht, sondern isst ruhig weiter, Mama will etwas sagen, ist aber zu langsam. Als der Köbes wieder zurückkommt, sagt er: »Das ist eine Zumutung. Der Junge schreibt sich ja die Finger wund.«

Da legt Papa Messer und Gabel beiseite und trinkt sein Glas Kölsch leer. Dann gibt er dem Köbes ein Zeichen, er solle sich zu ihm herunterbeugen und ihm »sein Ohr leihen«. Der Köbes tut es, und Papa flüstert: »Das ist keine Strafarbeit, sondern freiwillig. Der Junge schreibt alles auf, was er sieht. Die ganze Welt, einfach alles.« Der Köbes schaut zu mir, sein Blick wird ganz starr, er lässt mich nicht mehr aus den Augen. Erst dann geht er fort. Als er erneut an unseren Tisch kommt, sagt er zu Papa: »Sie wollen mich verarschen, hab ich recht?« Da muss Papa lachen und antwortet: »Ach was, ich will niemanden verarschen. Und der Junge verarscht erst recht niemanden. Schauen Sie nur!« Er greift nach meinem Block und zeigt einige Blätter. Der Köbes kann nicht lesen, was da steht, aber er sieht meine Schrift. Sie ist schwarz und klar, kein Wort ist durchgestrichen, die Blätter sind fast restlos mit Schrift bedeckt, so, wie ich es am liebsten mag.

Ich habe einige Gerichte von der Karte abgeschrieben. Ich habe mir zu jedem Gericht (so gut es eben ging) ein passendes Rezept ausgedacht. Ich habe aufgeschrieben, was ich von den anderen Gästen an Sätzen gehört und verstanden habe. Die ganze Zeit habe ich mich beschäftigt, nur während des Essens habe ich nichts geschrieben.

Der Köbes blickt wieder starr, diesmal aber nicht auf mich, sondern auf die vielen beschriebenen Blätter. Dann bekreuzigt er sich und sagt: »Mann Gottes! Das glaubt man ja nicht!« Er fragt, ob ich einen »Extranachtisch« wolle, den »spendiere« er mir. Nein, ich möchte keinen »Extranachtisch«, und ich möchte nichts vorlesen. Fragen möchte ich auch keine beantworten, selbst nicht so einfache, harmlose wie die, warum ich schreibe und wie oft. Am liebsten möchte ich sofort nach Hause. Dort möchte ich die vollgeschriebenen Zettel vom Kellnerblock auf große Kartonseiten kleben. Ganz oben soll stehen: *Em Golde Kappes*. Dann der Wochentag, das Datum und schließlich die Zeit: Wann wir das Brauhaus betreten und wann wir es verlassen haben.

Draußen, vor dem Brauhaus, bleibt Papa stehen und sagt zu mir: »Das war doch in Ordnung?« »Was meinst Du?«

»Dass ich dem Köbes gesagt habe, Du schreibst freiwillig und schreibst alles auf.« »Ja, das war in Ordnung. Ich möchte aber nichts vorlesen. Was ich schreibe, ist nur für Euch und für mich.« Papa antwortet nichts, er schaut vielmehr die Mama kurz an. Dann aber sagt er: »Jetzt haben die Außenarbeiten begonnen.«

Schreiben im Freien

»AUSSENARBEITEN?« — was meint Papa damit? Noch auf dem Nachhauseweg sprechen wir darüber. »Außenarbeiten« könnte bedeuten, dass ich meine Aufzeichnungen nicht mehr nur zu Hause mache, sondern auch draußen, im Freien. Richtige längere Texte kann ich im Freien nicht schreiben, aber ich könnte erste Notizen machen und sie später in meiner Werkstatt ausarbeiten und zu einem richtigen Text umformen.

Ich habe große Lust zu so einer Arbeit, aber ich weiß nicht, ob das gelingt: draußen, mitten unter vielen Menschen, schreiben. Und wie soll das konkret gehen? Worauf soll ich schreiben und womit? Und worüber kann ich draußen alles schreiben?

Papa sagt, wir sollten uns das nicht umständlich überlegen, sondern einfach hinausgehen und sehen, »was auf uns zukommt«. Erst wenn wir das genauer wissen, können wir uns Gedanken machen. Er schlägt vor, dass wir in der kommenden Woche damit beginnen, aber ich möchte sofort nach draußen, auf der Stelle. Papa versucht noch, mich zu beruhigen und den Termin für unsere erste »Expedition« (so nennt Papa das Nach-Draußen-Gehen) zu verschieben, aber ich gebe nicht nach.

Da Papa sich aber zunächst etwas ausruhen möchte, gehe ich schon einmal vor und allein nach draußen. Ich setze mich auf dem großen, ovalen Platz vor unserem Haus auf eine Bank und überlege, was ich notieren könnte. Ich habe einen ganz normalen Block (DINA 5), zwei verschiedene Bleistifte (H und HB) sowie einen Kuli mitgenommen. (Mit einem Füller kann ich nur sehr schlecht notieren, das Schreiben ist dann langsam und behäbig, als wollten die Buchstaben sich ausstellen.) Block, Bleistifte und Kuli in den Händen herumzutragen, ist etwas umständlich. Umständlich ist auch, dass ich die Schreibgeräte, mit denen ich gerade nicht schreibe, irgendwo ablegen und dann auf sie aufpassen muss. Daher wird mir rasch klar, dass ich zum Schreiben im Freien eine Tasche dabeihaben sollte. Am besten wäre eine kleine Umhängetasche. Und was noch? Was könnte ich außerdem mitnehmen?

Ich denke darüber vorerst nicht weiter nach, sondern schaue mich auf dem großen, ovalen Platz um. Einfach anfangen, nicht lange grübeln – das sagt Papa immer wieder, und die Mama sagt: »Vom bloßen Herumsitzen wird es nicht besser.« Also fange ich einfach mal an:

1) Es gibt vier Bänke. Sie stehen im Kreis. Ich sitze auf einer, und mir gegenüber sitzt eine Frau ebenfalls auf einer Bank. Sie liest in einer Zeitschrift, und sie hat einen Korb dabei. Der Korb steht neben ihr auf der Bank. Er ist mit einem Tuch zugedeckt. Ich vermute, dass etwas zu essen drin ist. Was aber genau? Und für wen? Ich glaube nicht, dass die Frau all das, was in ihrem Korb ist, allein essen möchte. Außer ihr ist aber niemand da.

2) Zwei kleine Kinder (ein Junge, ein Mädchen) sitzen auf der Wippe und versuchen zu wippen. Sie stellen sich dumm an, denn sie wippen nicht richtig. Ein Mann steht neben der Wippe und erklärt ihnen, dass einer von ihnen sich nach hinten lehnen und dabei die Füße hoch heben muss. Keiner von den beiden will jedoch damit anfangen, und so sitzen sie auf der Wippe, die sich kein bisschen bewegt.

3) Ganz hinten, am Rand des Platzes, spielen zwei Jungen mit Murmeln. Sie sitzen nicht auf der Erde, aber sie sitzen fast. Ihre Hinterteile schweben ganz knapp über dem Boden. Von weitem sieht es aus, als wollten sie gleich einen Haufen machen.

4) Warum schaukeln viele Kinder so gern? Ein Mädchen schaukelt hin und her, ohne Unterbrechung, als sollte es ewig so weiter gehen. Sie schaut geradeaus, und man weiß nicht, was sie denkt. Freut sie sich über das Schaukeln? Nein. Freut sie sich über etwas, das sie gerade sieht? Nein, ich kann es nicht erkennen. Sie lächelt aber, und das bedeutet doch, dass sie sich freut. Aber worüber? Sie freut sich, glaube ich, über etwas, das vor kurzem passiert ist oder bald passieren könnte. Jedenfalls freut sie sich nicht über das, was gerade wirklich passiert. (Ich schaukle nicht gern, ich habe schon sehr lange nicht mehr geschaukelt, und ich werde es so bald auch nicht tun.)

Als Papa später kommt, habe ich fast drei Seiten notiert. Ich zeige ihm alles, und er setzt sich neben mich auf die Bank und liest es durch. Die Frau auf der Bank gegenüber ist inzwischen gegangen. Den schweren Korb hat sie mitgenommen. Es war niemand da, den sie mit den Sachen darin hätte füttern können.

Auch das Mädchen auf der Schaukel ist längst gegangen. Es hat die ganze Zeit allein geschaukelt und dabei immer weiter gelächelt. Am Ende hat es gesungen, als erinnerte es sich an etwas sehr Schönes. Ich mochte das Singen überhaupt nicht, es war viel zu leise. Lieber wäre es mir gewesen, das Mädchen hätte ganz normal, also in normaler Lautstärke, gesungen. Es sang aber nicht normal, sondern so, als sänge es jemandem etwas vor, der gerade schläft oder träumt.

Die beiden Kinder auf der Wippe haben begriffen, wie das Wippen geht. Als sie es endlich konnten, hatten sie keine Lust mehr dazu.

Und die Jungen, die mit den Murmeln spielen, haben sich inzwischen auf ihre Hinterteile gesetzt. Alle paar Minuten werden sie müde und legen sich mit dem Rücken auf den Boden. Beide sind dadurch dreckig geworden. Sie fassen sich dauernd mit der rechten Hand nach hinten, an die eigene Schulter, als könnten sie den Dreck mit einer Handbewegung wegwischen. Aber sie können nicht sehen, dass sie den Dreck mit einer Handbewegung nicht fortbekommen, sondern nur noch mehr auf ihrem Rücken verschmieren.

Papa sagt, das seien »Außenarbeiten« für eine ganze Woche. Er findet es gut, dass ich immer bestimmte Menschen in den Blick genommen habe. Genau hinschauen, beobachten, was die Menschen gerade tun, sich überlegen, wie und warum sie es tun, ihre Gedanken und Fantasien zu erraten versuchen – das seien ein paar Grundsätze für eine gute »Außenarbeit«. Ich hätte sie, ohne dass wir vorher lange darüber gesprochen hätten, bereits umgesetzt.

Ich freue mich, ich komme also auch mit den »Außenarbeiten« voran. Das sage ich Papa und schaue ihn an. Papa aber antwortet: »Es ist merkwürdig mit Deinem Schreiben. Du lernst so rasch, dass man überhaupt nicht mitbekommt, wie Du lernst. Ich brauche nur eine Andeutung zu machen, und schon setzt Du sie um. Das ist unheimlich, findest Du nicht?« Ich frage, wieso er das »unheimlich« findet. Und da sagt Papa jene Sätze, die ich lange Zeit nicht vergessen werde (ich habe sie bis heute nicht vergessen). Er sagt nämlich: »Mir kommt es so vor, als wüsstest Du bereits alles über das Schreiben und als müsste man es Dir bloß noch entlocken. Ich glaube nicht, dass ich Dir noch viel beibringen kann. Du ahnst ja im Voraus, welche neuen Aufgaben drankommen. Und dann stellst Du sie Dir einfach selbst.«

Ich bin still. Was Papa gesagt hat, macht mich sprachlos. Denn er spricht etwas aus, das ich die ganze Zeit zwar nicht selbst gedacht, wohl aber empfunden habe: Ich lerne sehr schnell. Ich komme mit dem Schreiben so rasch voran, als diktierte mir jemand laufend die schwierigsten Texte. Ich brauche nie lange nachzudenken, ein Blick auf das Papier genügt, ein Augen-Schließen, und schon sprudeln die Sätze aus meinem Hirn. Ich komme kaum hinterher. Dann schreibe ich, als würde ich von jemandem gejagt. Aber von wem? Und warum ist das bei mir so, aber nicht bei den meisten anderen Kindern, die so große Mühe mit dem Schreiben haben?

Natürlich, ich habe stattdessen Mühe mit anderen Sachen. Ich kann nicht gut Fußball spielen (ich würde das gerne viel besser können), ich kann nicht schnell laufen, nicht gut turnen, nicht zeichnen, ach, ich kann eine Menge nicht gut. Im Grunde kann ich nur schreiben und Klavier spielen, mehr nicht. Für alles andere (wie zum Beispiel das Rechnen) bin ich nicht gemacht. Mein Hirn streikt und weigert sich, es wird matt und blendet sich aus, sobald es Zahlen sieht. Wieso? Was ist mit mir?

Ich nehme meinen ganzen Mut zusammen und frage Papa, ob ich vielleicht nicht doch krank bin. »Krank?! Wieso krank?«, fragt Papa erstaunt. »Weil ich vieles nicht kann, das Schreiben aber so gut wie kaum ein anderes Kind.« Wir sitzen einen Moment still nebeneinander. Es ist ein Augenblick, in dem es uns beiden nicht gut geht. Wir sitzen nämlich (ich spüre es genau) hilflos und erschrocken da. Als hätte ich etwas Schlimmes, aber Wahres gesagt, über das wir immer geschwiegen haben. Daran haben wir jetzt wohl zu kauen, denn so hocken wir da: wie zwei Wanderer, die sich verlaufen haben.

Dann aber legt Papa meinen Block auf die Bank und steht auf, und ich stehe unwillkürlich auch auf. Wir stehen uns gegenüber, und Papa schaut mich an und streicht mit seiner rechten Hand über meinen Kopf, als wollte er die bösen Gedanken verscheuchen. Ich ziehe den Kopf etwas ein und lasse ihn sacken, da aber zieht und drückt Papa mich so lange an sich, wie er es noch nie getan hat. Ich presse meinen Kopf an seine Brust und lasse die Arme hängen. Dann aber hebe ich sie hoch und umarme Papa, und so stehen wir auf dem großen, ovalen Platz vor unserem Haus und halten uns aneinander fest. Als wäre einer von uns gerade nach Hause gekommen. Als hätten wir lange Zeit weit entfernt voneinander gelebt. Schließlich trennen wir uns wieder und schauen uns nicht mehr an, sondern woandershin. Papa sagt zunächst nichts, und auch ich bin still.

Erst als wir weitergehen, sagt Papa: »Du bist nicht krank, aber Du hast eine große Begabung! Man nennt das Talent. Wenn man ein Talent oder sogar ein großes Talent hat, kann man bestimmte Sachen sehr gut und andere gar nicht. Etwas in der Mitte gibt es dann nicht. So ist das, und wir können daran nichts ändern. Vielmehr müssen wir uns um Deine Talente kümmern. Die kommen nicht aus der Luft, sondern sie kommen vom Herrgott. Der Herrgott hat Dir Deine Talente gegeben, so ist das. Jetzt weißt Du es. Geh damit gut um und mach genau so weiter wie bisher! Und lass Dir bitte von niemandem einreden, Du seist krank. Wenn irgendjemand so etwas zu Dir sagt, solltest Du Dich wehren. Und zwar richtig und nicht nur mit Worten.«

Ich bin durcheinander, weil Papa so entschieden, laut und auch feierlich spricht. Als ich ihn von der Seite anschaue, sehe ich, dass er einen roten Kopf hat. Kann es sein, dass Papa so laut und feierlich spricht, weil er gegen mögliche Tränen anredet? Oder hat Papa etwa gerade geweint? Ich will ihn nicht länger von der Seite anschauen, sondern lieber etwas Lustiges sagen. Deshalb sage ich: »Wenn jemand sagt, ich sei krank, gebe ich ihm eins auf die Rübe.« Papa räuspert sich, und dann antwortet er: »Richtig, ganz genau, und zwar mit Karacho (neues Wort!)!«

Ich habe seit dem Mittag im Brauhaus schon viele Außenarbeiten gemacht. Papa sagt, es sei nun genug. Wir spüren aber beide, dass wir jetzt keine Lust haben, zurück, in unsere Wohnung, zu gehen. Wohin aber wollen wir dann? »Gehen wir noch ein paar Schritte spazieren!«, sagt Papa, und ich wundere mich. (Papa mag das »Spazierengehen« nicht, und das Wort mag er erst recht nicht. Er hat einmal gesagt, das ewige Spazierengehen der Leute gehe ihm auf die Nerven. Wenn jemand sage, er wolle spazierengehen, sage er eigentlich, er wisse nichts mit sich anzufangen.)

Wir verlassen den ovalen Platz und biegen auf einen kleineren Platz ein. An der Straßenecke gibt es ein Café, und einige Gäste sitzen draußen, unter einer Markise. Sie essen Kuchen und trinken Tee oder Kaffee. Wir gehen an ihnen vorbei und erreichen die schmale Straße, die zu unserer Kirche führt. Ich schaue mich noch einmal kurz um. Am liebsten würde ich jetzt weiter notieren: dass die Gäste meist zu zweit unter der rot-weiß gestrichenen Markise sitzen, welchen Kuchen sie essen, worüber

— 185 —

sie sich unterhalten. Dann müsste ich mich aber schon wieder hinsetzen – denn wie mache ich das: notieren und gleichzeitig gehen? Überhaupt ist auf der Straße, auch wenn ich nur wenige Schritte gehe, sehr viel los. Ich meine, es ist viel los für das Notieren, in Wahrheit ist es an diesem Sonntagnachmittag eigentlich still. Kaum ein Auto, keine Musik aus dem Radio, kein Gedränge von Einkäufern!

Kann ich »Außenarbeiten« nur durchführen, wenn ich mich hinsetze? Wahrscheinlich. Denn wie sollte ich im Gehen notieren? Ich frage Papa und schildere ihm das Problem. Papa sagt, man kann auch im Gehen notieren, braucht dazu aber besondere Geräte. Er selbst zum Beispiel besitzt für seine geodätischen Arbeiten ein Zeichenbrett. Auf ein solches Brett legt man ein Blatt Papier und klemmt es dann in einem hölzernen Rahmen fest. Wie eine Tafel mit Rahmen. Ich frage, ob er mir das Brett ausleihen kann. Ja, er leiht es mir gerne aus. Aber natürlich ist es nicht bequem, ein solches Brett in der Hand zu halten, sich fortzubewegen und gleichzeitig zu notieren. Dazu gehört schon einige Übung. »Am besten wäre es, man säße auf einem Stuhl, der sich von selbst fortbewegt, während man etwas notiert. Dann könnte man sich die Gegend anschauen und gleichzeitig alles notieren. Aber das gibt es natürlich nicht.«

Als ich das gesagt habe, bleibt Papa stehen. »Na«, sagt er, »jetzt habe ich auch mal einen genialen Gedanken. Den Stuhl, der sich fortbewegt, gibt es nämlich doch. Und zwar ganz in der Nähe!« Wir gehen jetzt nicht mehr spazieren, sondern wir gehen mit einigem Tempo Richtung Rhein. Eine Viertelstunde sind wir unterwegs. Wir sprechen nicht mehr miteinander, sondern sind auf das eilige Gehen konzentriert. Vielleicht überlegt Papa auch, ob sein Einfall wirklich die richtige Lösung für unser Problem ist.

Dann kommen wir am Rheinufer an – »es ist immer sehr schön, am Rheinufer anzukommen«. Als ich den Rhein sehe, denke ich genau das, und schon ist da der nächste Gedanke: Ich sollte darüber schreiben, warum das Ankommen am Rheinufer so viel Freude macht. Ich spüre diese Freude ja richtig. Und wie? Ich atme schneller, die Bewegung des Flusses reißt mich mit, am liebsten würde ich hineinspringen oder gleich auf ein Boot oder aufs nächste Schiff, um der Bewegung der Wellen zu folgen. Soll ich mich wieder setzen und es sofort aufschreiben?

»Nein«, sagt Papa, »wir gehen noch ein paar Schritte. Wir fahren nämlich jetzt mit der Seilbahn hinüber ans andere Ufer.« Das ist es also – die Seilbahn! Die Seilbahn ist wahrhaftig ein genialer Gedanke! Papa und ich sitzen in einer Gondel, und die Gondel fährt langsam über den Rhein. Wir sind also in Bewegung und können gleichzeitig die Umgebung beobachten und etwas notieren.

An der Seilbahnstation bezahlt Papa für eine Fahrt hin und zurück. Wir wollen nicht auf der anderen Rheinseite aussteigen, sondern gleich kehrtmachen. Dann steigen wir in die Gondel. Wir sitzen einander gegenüber und sind allein in der Gondel. Sie schwingt noch etwas auf der Stelle, dann gibt sie sich einen Ruck, schwingt etwas stärker und zieht plötzlich davon, als hätte sie jemand losgekettet. Sie fährt schräg hinauf zu ihrer eigentlichen Höhe. Man glaubt, man müsse sie anschieben, denn sie nimmt die Schräge schwerfällig und langsam, wie eine kleine Lokomotive, die einen steilen Hang hinauffahren muss.

Oben angekommen, schwingt sie noch einmal hin und her, als wollte sie anhalten. Aber sie ist bloß über das weite Panorama erstaunt, das sich auftut: Der unter uns dahinziehende, breite Fluss mit dem glitzernden Licht, die schwarzen Domtürme, die weißen Schiffe an beiden Ufern. Ich staune auch, und dann hole ich rasch meinen Block heraus und lege ihn mir auf die Knie:

Wenn sich zwei Gondeln begegnen, winken sich die Menschen zu, als wären sie gute Bekannte und müssten einander erkennen. — Wenn ich in die Tiefe auf den Fluss schaue, habe ich Angst. Wenn ich aber Richtung Dom und zum Horizont schaue, ist die Angst weg. — Wenn ich überlege, wie ich mich in der Gondel fühle, sage ich: Ich halte die Luft an. — Wenn ich die weißen Schiffe länger betrachte, sehen sie aus, als wären es Spielzeuge. — Wenn das andere Rheinufer unter uns auftaucht, bin ich ein wenig enttäuscht. Dann aber denke ich: Wir haben ja noch die Rückfahrt! — Wenn ich Köln aus der Gondel über den Rhein betrachte, sehe ich eigentlich nichts von den Häusern der Stadt. Wo ist also eigentlich Köln? — Wenn mir jemand genau erklären würde, wie diese Gondeln fahren und wie es geht, dass sie so langsam und ruhig fahren, würde ich das niemals verstehen. — Wenn ich jemandem erzählen sollte, wie es in so einer Gondel ist, würde ich sagen: Es ist wie in einem Traum. Man sitzt darin, und man weiß genau, dass man darin sitzt, aber man glaubt es nicht wirklich, sondern hat die ganze Zeit den stillen Verdacht, man könnte träumen.

Expeditionen

WIR LEBEN im Kölner Norden, aber wir leben ja auch im Westerwald. Zwischen beiden Wohnräumen fahren wir oft hin und her. Mit dem Zug (wir haben noch immer kein Auto, obwohl inzwischen sehr viele Leute ein Auto haben) fährt man nicht lange, höchstens eine Stunde.

Sind wir angekommen, gehen wir noch etwas zu Fuß, bis wir das einsam gelegene Haus auf der Höhe oberhalb der kleinen, westerwäldischen Stadt erreicht haben. In ihr wohnen viele Verwandte von Papa und Mama. Wir besuchen sie manchmal, und sie achten darauf, wen wir besuchen und wen als Ersten oder als Zweiten. Entsprechend freundlich sind sie dann zu uns. Besuchen wir jemand als Dritten, nachdem wir schon zwei andere Verwandte besucht haben, sagt der dritte Verwandte: »Na endlich! Ich dachte, ihr mögt mich nicht mehr!« Hat er so etwas gesagt, muss man sehr laut werden und wie von Sinnen rufen: »Aber nää!! Wat en Quatsch!« Ruft man laut genug und tut man, als wäre man außer sich, lacht die Nummer 3 und beruhigt sich wieder. Besucht man sie aber häufiger als dritten Verwandten und manchmal aus Zeitmangel gar nicht, wird man später enterbt, auch wenn man einmal der Lieblingsverwandte von Nummer 3 war. (Im Westerwald gibt es noch klare Gesetze und Regeln.)

Ich habe die Idee, einmal ausführlicher über alle Verwandten zu schreiben: wie und wo sie wohnen, was sie gern essen, wie sie ihre Tage verbringen, was sie von Beruf machen (viele haben interessante Berufe und sind zum Beispiel Pfarrer oder Gastwirt oder Bauer oder Förster). Mama findet diese Idee gut und sagt, sie freue sich auf solche Texte, weil ich ein so »genaues Auge« habe. Dass ich das habe, sagt sie seit neustem oft, immer wieder gefällt ihr ein Text wegen meines »genauen Auges«. Ich würde lieber mal auf andere Art von ihr gelobt werden, aber ihr fällt meist nur das Auge ein. Papa geht das auch schon auf die Nerven, und er macht sich über Mama lustig, indem er zu mir sagt, ich solle doch mein Auge wieder mal auf Genauigkeit hin polieren und etwas über den alten Bahnhof der kleinen westerwäldischen Stadt schreiben.

Papa möchte Texte über Verwandte nicht unbedingt lesen. Er sagt, er kenne die meisten seit ihrer Geburt und wisse fast alles über sie. Das genüge, und er brauche zu diesem Thema wirklich keine neuen Texte. Mama antwortet, sie wisse auch fast alles über ihre Verwandten, in meinen Texten erschienen sie aber »in einem anderen Licht«. Papa schüttelt darauf nur den Kopf und sagt: »Wahrscheinlich rückt das genaue Auge alles in ein anderes Licht. Nein danke!« Mama findet diesen Spott nicht passend und fragt zurück: »Worüber soll der Junge denn stattdessen schreiben? Vielleicht über die Kuhfladen auf den Wiesen bei P.?« Papa lacht nach solchen Fragen und antwortet: »Zum Beispiel. Ja. Genau. Kuhfladen sind ein bedeutender Stoff für einen neuen Text. Ich kann mich nicht erinnern, jemals etwas Präzises darüber gelesen zu haben.«

Ich frage mich manchmal, ob er so etwas wirklich nur zum Scherz sagt oder nicht auch durchaus ernst meint. (Das weiß man in seinem Fall nicht immer genau.) In Köln kommt es jedenfalls häufig vor, dass wir uns während unserer Stadterkundungen Sachen anschauen, die sich sonst kein Mensch anschauen würde. Einmal haben wir einen Papierkorb halb geleert und aufgeschrieben, was sich darin befand: *Papierkorb. Ecke Neusser Straße/ Schillstraße. Inhalt am ...* Und ein anderes Mal haben wir Einkäufer auf einem kleinen Markt bei uns um die Ecke befragt, was sie einkaufen, und das dann ebenfalls (ohne Namen zu nennen) aufgeschrieben. Den Kölner Norden haben wir so nach allen Richtungen, wie Papa sagt: »durchforstet«. Wir befragen Menschen, wir schauen uns jede Kleinigkeit an, wir haben den Kölner Norden mit der Zeit »immer besser im Griff« (wieder Papa). Die Natur in der Umgebung des Westerwälder Hauses bekommt man nicht so leicht in den Griff, das ist viel schwerer. Wir versuchen es, aber wie?

Sind wir in unserem Haus auf der Höhe angekommen, gehe ich meist sofort in die Jagdhütte und schreibe auf, was ich während der Zugfahrt gesehen und im Kopf behalten habe. Ein Großteil meiner Texte liegt jetzt in dieser Hütte auf den Regalen, exakt geordnet und mit Themenschildchen versehen. Der andere Teil liegt in Köln, ebenfalls genau geordnet. Beide Teile wachsen um die Wette. Die Textstapel werden höher und höher, und wenn ich sehe, dass einer der Stapel lange Zeit nicht mit einem neuen Text bedient wurde, kümmere ich mich darum und schreibe rasch einen entsprechenden Text.

Die Zeit, in der ich mit Papa durch die Umgebung ging und notierte, was er mir zeigte, ist noch nicht vorbei, aber verändert hat sich doch einiges. Früher sind wir immer einige hundert Meter (oder noch mehr) gegangen und dann vor einer Einzelheit (einem Baum, einem Stück Zaun, einer Wiese, Blumen) stehen geblieben. Die haben wir uns genauer angeschaut, Papa hat sie gezeichnet und neben die Zeichnung das Wort geschrieben, das zu der Einzelheit gehört. Wenn wir jetzt zusammen durch die Umgebung gehen, besteht zwischen den Einzelheiten, die wir uns anschauen, nicht mehr eine so große Entfernung. Sie sind vielmehr eng zusammengerückt, ja, man könnte sagen: Die gesamte Umgebung besteht aus lauter Einzelheiten.

Papa nennt unsere Wege durch die Umgebung jetzt »Expeditionen«. Wenn wir zu einer solchen »Expedition« aufbrechen, habe ich meist einen Rucksack dabei. In diesem Rucksack befinden sich ein Block (DIN A5), Papierseiten in unterschiedlichen, kleineren Formaten, Blei- und Buntstifte sowie zwei Kugelschreiber (blau und schwarz), eine Lupe, ein Fernglas, ein Fotoapparat und das Zeichenbrett. Zusammen bilden all diese Dinge meine »Ausrüstung« (so nennt sie Papa). Mit einer Ausrüstung im Rucksack studieren Papa und ich die Natur und schreiben (nun nach ländlichen Vorgaben) im Freien.

Mama hänselt uns, wenn wir von einer Expedition zurückkommen und fragt: »Wie viele Meter habt Ihr denn heute geschafft?« Und Papa antwortet: »Drei Meter fünfzig, bei Gegenwind.« Es stimmt aber, wir kommen nur sehr langsam voran. Es gibt einfach zu viel zu sehen und zu beobachten, und ein Problem besteht darin, dass wir nicht für alles einen Namen haben. Selbst Papa weiß für manche Dinge (oder Sachverhalte) manchmal keinen Namen, dann stehen wir dumm herum und grübeln.

So sind wir zum Beispiel auf der schmalen Landstraße nach P. unterwegs und entdecken an einigen Baumstämmen auf der rechten Seite der Straße einige merkwürdige Schwämme. Es scheint so, als steckten sie ihren Schaft tief in den Baum hinein, das ist aber gar nicht der Fall. Sie kleben vielmehr am Baum und sehen aus ... – ja, wie genau sehen sie aus? Es ist höllenschwer, das gut zu beschreiben, und ich muss mein »genaues Auge« wirklich sehr anstrengen. Ich notiere, dass sie aus Ringen bestehen. Diese Ringe sitzen dicht aufeinander, und der letzte, äußere wölbt sich nach oben oder nach unten. Fasst man sie an, denkt man sofort an Korken, wie sie sich im Hals der Weinflaschen befinden. Bestehen sie also aus Kork? Nein, nicht genau, es fühlt sich nur so an. Sind sie etwa aus Holz? Nein, das auch nicht. Es ist etwas dazwischen, jedenfalls sind diese Schwämme außen noch relativ weich und biegsam, innen aber verholzt. »Genauer« geht es einfach nicht.

Papa sagt, dass solche Schwämme dem Baum Saft entziehen und ihn langsam absterben lassen. Ich versuche, die Schwämme zu beseitigen, aber das klappt mit der bloßen Hand nicht. Sie brechen ab, ihre unteren Teile aber bleiben an der Rinde haften und saugen weiter. Ich nenne sie *Baumsaftsauger* und notiere, was mir aufgefallen ist, direkt neben dieser neuen Wortschöpfung.

Papa findet, wir sollten die halbe Natur mit neuen Wortschöpfungen ehren, denn solche besonderen Wörter könnten wir uns später besser merken als die bekannten. Ich halte das für einen guten Gedanken und empfinde die neuen Wortschöpfungen als so besonders, dass ich sie als Titel kurzer Gedichte (nach dem Vorbild der Wochengedichte) verwende:

Baumsaftsauger
Befallen die Rinden
Der Bäume an der Landstraße nach P.
Sie bestehen aus
Kräftigen Ringen —
Kork, Holz, weiches Wachs.
Damit saugen und schlucken
Sie den Saft aller Bäume
Bis an deren Ende.

Papa liest das Gedicht mehrmals, es gefällt ihm, er nennt es »ein ordentliches Naturgedicht«. Danach aber fragt er, ob er dieses Gedicht (und vielleicht noch ein paar andere) einem Freund zeigen dürfe. Der Freund kommt auch aus dem Westerwald, versteht wie Papa viel von der Natur und arbeitet mit Papa für die Deutsche Bundesbahn im Fach Land- und Streckenvermessung.

Papa sagt, dass dieser Freund Gedichte lese, und er betont das ausdrücklich, weil Papa selbst fast überhaupt keine Gedichte liest. Irgendetwas in ihm, hat er einmal gesagt, sperre sich gegen das Lesen von Gedichten, er wisse auch nicht genau, was. Vielleicht liege es daran, dass er in der Schule viele sehr phrasenhafte Gedichte habe lesen müssen. Daneben habe es aber auch viele sehr gefühlsbetonte Gedichte gegeben. Beide Sorten von Gedichten finde er unerträglich, besonders aber das Phrasenhafte, denn das Phrasenhafte sei ein »Verbrechen am richtigen Sehen und Schauen«.

Ich frage, was er denn mit dem »Phrasenhaften« meine, und er antwortet: »Wenn man mit wässrigen oder sonstwie getrübten Augen über alles hinwegsieht und diese Sehschwäche mit großen Worten wie Freiheit, Freude oder auch Liebe ausgleichen will.« Ich möchte ein Beispiel hören, und Papa druckst ein wenig herum. Das Drucksen zeigt mir, dass er ein Beispiel im Kopf hat, es aber nicht nennen will. Ich sage genau das: »Du denkst an ein Beispiel und willst es nicht nennen. Warum nicht? Es ist doch nichts dabei.« Da aber antwortet Papa, doch, es sei eben etwas dabei, Musik sei dabei, denn ein wirklich großer Komponist habe das phrasenhaft durchhängende Gedicht einmal vertont und vom Phrasenhaften durch seine Vertonung befreit.

Ich sage, jetzt sei ich aber wirklich neugierig und er solle mich nicht so auf die Folter spannen. Da antwortet Papa, er denke an Friedrich Schillers Gedicht *An die Freude*. Und ich höre, wie Papa den Anfang dieses Gedichts aufsagt: »Freude, schöner Götterfunken,/Tochter aus Elysium,/Wir betreten feuertrunken/Himmlische, Dein Heiligtum./Deine Zauber binden wieder/Was der Mode Schwert geteilt,/Bettler werden Fürstenbrüder,/Wo dein sanfter Flügel weilt.«

Nach einem Moment Pause sagt Papa diesen Anfang noch einmal auf, jetzt nur etwas langsamer. Und er fragt: »Erkennst Du die Phrasen?« Nein, ich erkenne keine einzige Phrase. Da sagt Papa: »Achtung! Dass die Freude ein schöner Götterfunken ist, das wollen wir ja noch glauben. Dass sie aber gleich auch noch eine »Tochter aus Elysium« sein soll, geht zu weit und ist zu viel. Dass wir – also wir Menschen, versteh doch: wir Menschen! – dass wir Menschen das Heiligtum der Freude betreten sollen, will mir nicht in den Kopf! Was für ein Heiligtum soll denn das sein? Und wo liegt es? Und warum sollen wir es betreten? Und das alles noch »feuertrunken«? »Feu-er-trun-ken«?! Warum nicht »Schnäpse-trunken« oder auch »sturzbetrunken«?! Und was ist los in diesem phrasenhaften Heiligtum, das wir »feuertrunken« wahrscheinlich in Pantoffeln oder sonstigen Hausschuhen vorsichtig betreten, um den Boden nicht schmutzig zu machen? Da werden Bettler zu Fürstenbrüdern, na klar, warum auch nicht – aber warum eigentlich? Weil im Heiligtum der Freude ihr »sanfter Flügel weilt«. Hast Du schon einmal einen Flügel »weilen« sehen? O mein

Gott, in diesem Gedicht ist wirklich vieles danebengegangen!«

Ich staune, Papa hat recht. Und dann erinnere ich mich auch an die Vertonung des Gedichts durch Ludwig van Beethoven, Papa hört das oft auf Schallplatte. »Die Stellen, bevor der Chor zu singen beginnt, sind die besten«, sagt Papa, »das sind grandiose Stellen, wie aus dem Jenseits hereingeschneit.« Ich höre Papa genau zu, und dann frage ich ihn, ob »aus dem Jenseits hereingeschneit« nicht auch etwas »phrasenhaft« sei. Papa bleibt neben mir stehen und sagt nichts. Dann aber sagt er: »Was meinst Du? Was ist mit dem Jenseits? Wer hat davon gesprochen?« Ich antworte, er wisse genau, dass er selbst gerade davon gesprochen habe. Da schüttelt Papa den Kopf und meint, er habe wohl einen Phrasenanfall gehabt, das komme davon, wenn man Schillers *An die Freude* aufsage. So ein Gedicht sei ansteckend, und er sei der Ansteckung erlegen. Danach aber sagt er »Schluss! Aus!« – und ich merke, dass er es peinlich findet, vom Jenseits gesprochen zu haben.

Wir untersuchen aber nicht nur die Einzelheiten der Natur, indem wir sie 1) mit der Lupe betrachten, 2) genau beschreiben, 3) aus der Beschreibung ein Gedicht machen oder sie 4) fotografieren, nein, wir greifen auch »aktiv« in die Natur ein. Die aktivste Form eines solchen Eingriffs wäre die Jagd – dann wären wir unterwegs, um ein Stück Wild zu erlegen. Das aber tun wir nicht, wir machen es weniger aufwendig und sammeln zum Beispiel Blätter und Blüten. Sie kommen später in dicke und schwere Bücher und werden gepresst. Nach einigen Tagen ist ihnen der Saft entzogen und sie sehen platt und glatt aus. In diesem gepressten Zustand kann man sie auf eine Kartonseite kleben, ein Gedicht und ein Foto beifügen – und so Teile der Natur »inventarisieren« (Papa).

Daneben kann man aber auch »aktiv« in die Natur eingreifen, indem man bestimmte Tiere anlockt. Man streut Köder in ein Waldstück und wartet, dass sich die Tiere nähern. Dann beobachtet man sie von einem Hochsitz aus durch ein Fernglas:

Die Wildschweine erscheinen ganz plötzlich. Sie kommen mit Karacho aus dem Unterholz und bilden eine Mannschaft oder einen Trupp. Voran läuft der Rädelsführer und fegt mit dem Rüssel den Boden. Die Borstenhaare auf seinem Rücken stehen aufrecht und so dicht nebeneinander, als hätte er sie lange gebürstet. Er schaut feindlich und ungeduldig, dann trampelt er weiter, auf und davon.

Am schönsten aber ist das Anlocken von Vögeln. Papa macht das, indem er ihren Ruf nachahmt. Einen Kuckuck zum Beispiel kann Papa auf diese Weise anlocken. Er faltet die Hände vor dem Gesicht und presst sie an die Nase. Dann öffnet er sie einen Spalt und ruft »Ku…«, darauf schließt er den Spalt und ruft »Kuck«. Es geht ganz schnell, und die Stimme verändert sich durch das Öffnen und Schließen der zusammengefalteten Hände. Ich habe es auch versucht, aber ich habe für so etwas noch keine Stimme. Entweder rufe ich zu hoch (fast wie ein Mädchen) oder zu dumpf (fast wie ein Wildschwein).

Wenn Papa »Kuckuck« ruft, der Wind richtig steht, das Wetter gut ist und sonst noch einige Bedingungen stimmen, hören wir nach zehn, fünfzehn Minuten aus der Nähe die Antwort eines Kuckucks. Jedes Mal ist es ein seltsamer, feierlicher Moment. Als begrüßte uns freundlich ein Vogel, der uns weder sieht noch kennt, um Kontakt aufzunehmen. Als hätte ihn die Natur geschickt, um mit uns ins Gespräch zu kommen. Der Kukucksruf kommt immer näher, schließlich glaubt man, der Kuckuck müsse uns sehen können, so nah scheint er zu sein. Und dann ist das Antworten plötzlich vorbei. Stille. Nichts mehr. Unser neuer Freund ist wieder verschwunden.

»Expeditionen« in der Umgebung der Jagdhütte dauern drei bis vier Stunden. Wenn wir nach Hause kommen, sind wir beide meist etwas erschöpft. Der Kopf ist leer, als hätten uns all das Schauen, Locken und Kontaktaufnehmen sehr ermüdet. Papa sagt, nicht mal Musik könne er noch hören, selbst das sei zu anstrengend. Was aber dann? Die Zeitung! Die Zeitung, sagt Papa, kann man immer lesen, in jedem Zustand. Entweder schläfert sie einen ein, weil sie so langweilig ist, oder sie enthält eine Seite, die einen wieder hellwach macht. »Andere Leute sehen in diesem Zustand ja Fernsehen«, sagt Papa. »Wir aber brauchen dafür kein Fernsehen, sondern Zeitungen und Zeitschriften. Wenn es im Kopf ganz schlimm ist, lese ich eine geodätische Fachzeitschrift. Die hat das spannendste und wachrüttelndste Vokabular, das es überhaupt gibt.«

Ich habe auch einmal in eine solche Zeitschrift geschaut und die seltsame Erfahrung gemacht, dass ich kein Wort, aber auch wirklich nichts in dieser Zeitschrift verstehe. Da habe ich sie rasch wieder weggelegt, aus Angst, die Probleme von früher könnten noch einmal von vorne losgehen. Was also mache ich, wenn ich erschöpft bin? Ich lege mich auf den Boden der Jagdhütte und höre Musik, das hilft schon bald. Nach spätestens einer halben Stunde ist der Kopf wieder frei.

Fernsehen

MAMA UND Papa finden es gut, wenn ich einige Jungs aus meiner Schulklasse an den Nachmittagen besuche. Wir machen miteinander Hausaufgaben, und dann spielen wir etwas, und zwar meistens ein Spiel, das der Junge, den ich besuche, besonders mag.

Peter zum Beispiel spielt gerne mit seiner Dampfmaschine. Er baut sie auf, säubert sie, lässt sie zischen, baut sie wieder ab und lässt mich dabei zuschauen. Wenn ich auch einmal nach dem Schornstein greife, zieht er die Augenbrauen hoch und tut so, als könnte schon eine bloße Berührung des Schornsteins durch meine Finger dem Schornstein schaden. Ich soll zuschauen, nichts sonst. Natürlich ist das sehr langweilig, aber ich sage nichts und schaue zu, wie Peter den Schornstein mit einem merkwürdigen Ächzen aufsetzt und festschraubt und nachschraubt und wieder abnimmt. (Es ist eines der langweiligsten Spiele überhaupt, und im Grunde ist es kein Spiel, sondern eine Vorführung.)

Karl hat noch eine jüngere Schwester, deshalb spielen wir manchmal zu dritt. Karl mag Brettspiele wie »Mensch ärgere dich nicht« oder »Halma«, und auch diese Spiele (die aber wenigstens richtige Spiele sind) mag ich nicht. Karl und seine Schwester geraten bei »Mensch ärgere dich nicht« völlig aus dem Häuschen, sie schreien richtig, wenn sie einen ärgern und aus dem Rennen werfen können. Oder sie lachen so hämisch, als hätten sie einen gerade bei einer großen Ungeschicklichkeit beobachtet. Ich frage mich, wieso ich bei »Mensch ärgere dich nicht« niemals gewinne. Meist gewinnt Karl, und dann wird seine jüngere Schwester wütend und zieht an seinem Hemd und packt ihn an den Haaren. Ist jedoch die jüngere Schwester dabei zu gewinnen, wirft Karl das Spiel um und erklärt es frühzeitig für beendet. Dann ist erst recht der große Streit da. Ich sitze meist daneben und muss warten, bis die jüngere Schwester verschwunden ist. Das dauert etwas, und dann kommt sie nach einer Weile wieder und verkündet, dass sie etwas »ganz Schlimmes« getan und sich »furchtbar« an Karl gerächt habe.

Mich interessieren die Spiele, die ich mit meinen Klassenkameraden in deren Wohnungen spiele, so wenig, dass ich nicht einmal auf den Gedanken komme, darüber etwas zu schreiben (und das will wahrhaftig etwas heißen). Es sind Spiele, bei denen ich rasch müde werde, weil ich nicht verstehe, worin ihr Reiz besteht. Ich komme während dieser Spiele auf keinen einzigen guten Gedanken. Alles, was ich höre und sehe, versickert irgendwo in einer dunklen Rinne meines Hirns, wie Regenwasser draußen auf den Straßen, das ohne Umwege gleich in einen Gully läuft und restlos verschwindet.

Am sonderbarsten sind die nachmittäglichen Besuche bei Heinz. Heinz nämlich präsentiert keine Spiele, sondern das Haus seiner Eltern. Sein Vater ist Zahnarzt, und seine Mutter hilft dem Vater in dessen Praxis. So sind beide Eltern bis zum Abend meist nicht zu Haus. Heinz geht mit mir durch die beiden Stockwerke, als wären sie ein Museum und er der Führer. Er öffnet einen Schrank und sagt: »Mein Vater hat über fünfzig Krawatten.« Ich darf mir das anschauen, und ich nicke: Wahrhaftig hängen da vor mir sehr viele Krawatten. Das ganze Haus klappern wir auf diese Weise ab, immer gibt es etwas Neues zu sehen, das gerade erst angeschafft worden ist. Am Ende gehen wir in die Garage und setzen uns in den schönen Wagen, der Heinz' Eltern gehört. Drinnen riecht es nach Parfüm und Leder, und Heinz sagt, dass seine Eltern »Geschmack« hätten, und zwar einen »richtig guten«.

So ein Rundgang dauert fast eine Stunde, und ich kann nur wenig dazu beitragen. Heinz findet es am besten, wenn ich Fragen stelle und zum Beispiel wissen möchte: »Wie viele Kilometer hat der Wagen denn jetzt?« Dann klettert Heinz in den Wagen und liest den Kilometerstand ab: »Sechsunddreißigtausendeinhundertdreiundzwanzig! Wenn er fünfzigtausend hat, verkaufen wir ihn und kaufen einen neuen!« Ich vergesse solche Angaben sofort, wie ich fast alles, was Heinz sagt, sofort wieder vergesse. Zahlen kann ich mir nicht merken, und Wörter oder gar Sätze, die ich mir gerne merken würde, kommen in den Räumen, die Heinz präsentiert, nicht vor.

Ist der Rundgang zu Ende, setzen wir uns vor den Fernseher. Wir sitzen nebeneinander auf einer breiten Couch und lehnen uns etwas zurück. Dann geht es los, und das Fernsehen beginnt. Heinz zieht die Schuhe aus und macht es sich auf der Couch gemütlich. Ziehe ich selbst die Schuhe nicht aus, sagt er, ich solle die Schuhe ausziehen, das gehöre sich so, wenn man fernsehe. Ich mag meine Schuhe nicht ausziehen, aber ich tue es doch und weiß dann nicht, wohin mit meinen Füßen. Auf die Couch legen (wie Heinz das tut) möchte ich sie nicht, also setze ich sie auf den dicken Teppich. Das aber ist unangenehm, weil meine Füße sich auf dem Teppich erwärmen. Jedenfalls habe ich das Gefühl, dass meine Zehen wärmer und wärmer werden – und dann ziehe ich meine Füße zurück und lege sie doch auf die Couch. Heinz legt die Füße seitlich, so dass er quer auf der Couch liegt, ich aber lege die Füße unter mein Hinterteil, so dass ich im Schneidersitz auf der Couch sitze (weswegen meine Füße bald einschlafen).

Schon die Einnahme einer bequemen Sitzhaltung beim Fernsehen ist umständlich und bedarf einiger Überlegung, dann aber geht es mit lauter Seltsamkeiten weiter. Heinz und ich starren auf den Fernseher, wo sich ein älterer Mann seitlich auf einen leeren Tisch gesetzt hat, um eine Geschichte aus seinem Leben zu erzählen. Der Mann

heißt Luis Trenker, und er erzählt Geschichten vom Berg-
steigen. Anscheinend war oder ist er ein großer Bergsteiger und hat schon so viele Berge bestiegen, dass er sie
nicht mehr zählen kann. Jede Bergbesteigung hat aber
mindestens fünf Geschichten gebracht, so dass er mona-
telang erzählen könnte, ohne an ein Ende zu kommen.

Ich beobachte, dass Heinz den Mund etwas öffnet, sobald
Luis Trenker mit dem Erzählen beginnt. Dann sehe ich,
dass Heinz' Gesicht sich allmählich verändert. Es wird
heller und heller und bekommt ein paar rötliche Flecke.
Die Flecke sehen aus wie ein Ausschlag, sie verblassen
zunächst und erscheinen dann wieder, es ist seltsam. Das
Ganze sieht aus, als hätte Heinz leichtes Fieber, und genau das glaube ich auch. Ich glaube, dass das Fernsehen
im Falle von Heinz zu einem leichten Fieber führt, das
er aber gar nicht bemerkt. Er starrt vielmehr weiter auf
den Fernseher, sein Mund steht offen, und die Unterlippe
zittert ein wenig. Was ist bloß mit Heinz? Was macht das
Fernsehen mit ihm?

Ich versuche zu verstehen, was der Bergsteiger erzählt.
Er erzählt von seiner Kindheit in der Welt der Dolomiten. Die Dolomiten sind anscheinend hohe Berge, in
einem ihrer Täler ist Luis Trenker zur Welt gekommen.
Er erklärt einem genau, wo dieses Tal und der Geburts-
ort liegen, aber in diesen Erklärungen kommen so viele
Namen vor, dass man sie nicht behalten kann. Was man
gerade noch behält, ist, dass er in den Dolomiten groß
geworden ist. Dann erzählt er von seiner Mutter und seinem Vater und dem Herrn Pfarrer und den Bergen rings-

um, aber so, dass er drei Sätze von seiner Mutter erzählt, in denen auch der Vater vorkommt, so dass er rasch noch dazwischen vier Sätze vom Vater erzählt, in denen auch der Pfarrer vorkommt, worauf er rasch noch drei Sätze vom Pfarrer erzählt, um dann wieder von der Mutter zu erzählen und schließlich über den Vater wieder bei den Bergen anzukommen.

Ich habe mit diesem Erzählen große Probleme, denn ich kann ihm nicht richtig folgen. Die Erzählung über die Mutter wird laufend durch andere Erzählungen unterbrochen. Die aber werden nicht zu Ende erzählt, sondern bestehen nur aus wenigen Sätzen, worauf die Erzählung von der Mutter weitergeht. Da aber habe ich schon wieder vergessen, was Luis Trenker zuvor von der Mutter erzählt hat, ich habe noch die Erzählung über den Vater im Kopf und denke über sie nach, und so höre ich nicht richtig zu, als die Erzählung über die Mutter fortgesetzt wird.

Und so geht es die ganze Zeit. Die Erzählungen stehen sich im Weg und werden alle nicht richtig zu Ende geführt. Ich will sie mir merken, aber es geht einfach nicht. Merken kann ich mir höchstens einzelne Wörter, die laufend vorkommen. »Langkofel« ist so ein Wort, anscheinend ist »Langkofel« ein großer Berg. Und »Zirbe« ist ein anderes Wort, anscheinend ist »Zirbe« ein langsam wachsender Baum, der in den Dolomiten vorkommt. Ich merke mir also »Langkofel« und »Zirbe«, und ich stelle mir einen sehr hohen Berg vor, der von lauter Zirben bewachsen ist. Diesen Berg hat Luis Trenker als Kind tagaus, tagein gesehen. Und er hat sich gewünscht, ihn einmal besteigen zu können.

Wenn die Erzählungen zu Ende sind, schließt Heinz den Mund und schmatzt noch ein wenig, als habe er die Erzählungen verspeist. Dann stellt er seine Füße wieder auf den Boden und reckt sich. »Na?«, fragt er mich und schaut, wie ich reagiere. Normalerweise würde ich jetzt etwas fragen oder vorschlagen, dass wir uns in einem Atlas genauer anschauen, wo die Dolomiten und der Langkofel liegen. Wir könnten auch ein Lexikon aufschlagen und uns eine Zirbe anschauen, das fände ich durchaus interessant. So ein Nachschlagen findet Heinz aber blöde und langweilig, und er schiebt es beiseite, indem er sagt: »Ist doch scheißegal!«

Ich verstehe das nicht. Gerade hat Heinz noch sehr angespannt und sichtlich aufgewühlt die Erzählungen von Luis Trenker gehört. Jetzt aber, als sie vorbei sind, beschäftigen ihn diese Erzählungen keine Sekunde mehr. Er will nichts, aber auch gar nichts Genaueres über sie wissen. Er hat sie geschluckt, verspeist und längst verdaut – während das Verspeisen und Verdauen in meinem Fall eigentlich gerade erst beginnen.

Denn was mache ich nun mit all dem, was ich gesehen und gehört habe? Hätte ich nicht mit Heinz ferngesehen, wäre ich Luis Trenker niemals begegnet und hätte wohl auch niemals von ihm gehört. Warum soll ich ihm aber begegnen und von ihm etwas hören? Eigentlich kann mir doch völlig egal sein, was Luis Trenker von seinem Bergdorf und dem »Langkofel« und der »Zirbe« erzählt, ich kann es in meinem Kopf sowieso mit nichts anderem verbinden. Die Dolomiten, der »Langkofel« und die »Zirbe« stehen als Wörter vielmehr vereinzelt und ohne Nachbarn in meinem Kopf und warten darauf, dass ich mit ihnen etwas anstelle.

Normalerweise fange ich mit allen neuen Wörtern ja etwas an. Solche neuen Wörter kommen aber aus meinem Leben und sind mit anderen Wörtern verbunden. Ich weiß, woher sie kommen, und da ich das weiß, kann ich sie umschreiben oder fortsetzen. »Dolomiten«, »Langkofel« und »Zirbe« aber kommen nicht aus meinem Leben, sondern aus dem von Luis Trenker. Was also soll ich mit dem, was ich (ohne es eigentlich zu wollen) gesehen habe, anfangen? Vergessen? Oder doch darüber schreiben? Aber wie?

Heinz also fragt »Na?«, und ich sage, um die Sache zu beenden: »Das war eine tolle Geschichte.« Heinz antwortet darauf aber nicht, sondern gähnt, denn das Fernsehen macht ihn jedes Mal müde. Ich weiß, dass er noch eine Weile gähnt, er bemerkt es aber nicht, genauso wenig wie er die roten Flecken bemerkt hat. Jedenfalls reicht es ihm völlig, wenn ich einen solchen Satz sage, er will nur hören, dass ich die Geschichte »toll« oder »spannend« fand, danach steht er auf, reckt sich weiter und taumelt ein wenig durchs Zimmer. Genau das fällt mir besonders auf: dass Heinz nach dem Fernsehen ein wenig taumelt. Er braucht Zeit, in das wirkliche Leben zurückzufinden, und meist versucht er das, indem er in die Küche geht, um ein Glas

Wasser zu trinken. »Möchtest Du auch ein Glas Wasser?«
höre ich ihn rufen, und ich antworte: »Gern.«

All das ist doch seltsam, und ich komme mit dem Fernsehen nicht gut zurecht. Jeden Tag fernzusehen, kann ich mir nicht vorstellen. Was sollte ich mit all den fremden Wörtern tun, und wozu sollte ich mich für lauter Dinge interessieren, die mir wildfremde Leute erzählen? Ich bekomme die Erzählungen aus dem Fernsehen außerdem nicht richtig mit, sie verbleiben in einer schwer zu durchdringenden Ferne. Die Menschen, die man sieht, scheinen einem nahe zu sein, in Wahrheit aber sind sie sehr weit von einem entfernt und kommen aus ganz anderen Welten. Diese anderen Welten erscheinen wie hinter Schleiern, so dass die Bilder leicht verschwommen sind und aussehen, als wären es Nebelbilder. Ich habe Heinz einmal gefragt, ob er gerne fernsieht, und er hat geantwortet: »Na klar! Wieso fragst Du?« Ja, warum frage ich? Ich frage, weil ich mit dem Fernsehen nichts Richtiges anfangen kann. Der beste Beweis dafür, dass mich Fernsehen nicht interessiert und ich keinen Kontakt zu seinen Erzählungen und Bildern bekomme, ist, dass ich nicht weiß, was ich über sie schreiben soll.

Als ich am späten Nachmittag wieder zu Hause bin, schreibe ich:

Ich habe im Fernsehen Luis Trenker gesehen. Er ist ein Bergsteiger und kommt aus den Dolomiten. Er hat erzählt, dass es dort einen Berg gibt, der Langkofel heißt. Auf ihm wachsen viele Zirben. Mehr habe ich nicht behalten, deshalb kann ich auch nicht mehr dazu schreiben.

Am Abend liest Papa diesen Text und wundert sich. Seit wann fällt mir nichts zu dem ein, was ich gesehen habe? Ich versuche ihm zu erklären, dass ich die Bilder im Fernsehen nicht richtig wahrgenommen habe, sondern nur wie hinter Schleiern und in einem Nebel. Außerdem gehe im Fernsehen alles zu schnell. Jemand erzähle eine Geschichte, tue das aber so, dass ich ihm nicht folgen könne. Hinterher bleibe nichts mehr im Kopf, höchstens noch ein paar Fetzen. Warum aber sollte ich diese Fetzen aufschreiben? Und warum sollte ich mich mit Geschichten von Menschen beschäftigen, die mir sehr fremd seien und mich eigentlich nicht interessierten?

Die Erzählungen in Büchern interessieren mich mehr. Mit ihnen kann ich mich in Ruhe und vor allem auch gründlich beschäftigen. Das Fernsehen ist jedoch nicht gründlich, und erst recht sind die, die lange fernsehen, keineswegs gründlich. Mein Schulkamerad Heinz schaut sich jeden Tag etwas Neues an und behält nichts. Auf den Gedanken, sich genauer mit dem zu beschäftigen, was er gesehen hat, kommt er nicht. Er sagt vielmehr, das alles sei »scheißegal«. Warum schaut er sich etwas an, was ihm eigentlich »scheißegal« ist?

Papa denkt einen Moment nach und meint, dass Gründlichkeit wahrhaftig etwas sehr Wichtiges sei. Unser Schreiben sei ja im Grunde eine einzige Gründlichkeitsschule. Das genaue, gründliche Beobachten und Hinschauen führe zu einem genauen, gründlichen Nachdenken und Schreiben. Genauigkeit und Gründlichkeit seien die Ursachen dafür, dass man das Schreiben als etwas Schönes empfinde. Als etwas, das im Kopf aufräume! Als etwas, das Freude und Vergnügen mache. Nichts Schöneres als ein aufgeräumter, wacher, heller Kopf, der dann tausend neue Ideen hervorbringe!

Den Weg vom genauen Sehen zum genauen Schreiben müsse man jedoch selbst bestimmen und verfolgen. Das sei mit Fernsehbildern nicht möglich. Meistens würden einem Bilder und Texte gezeigt, die man gerade überhaupt nicht sehen wolle. Sie würden einem einfach vor die Füße geworfen. Man solle sie sehen, schlucken und zum nächsten Thema übergehen.

Ein Thema jage dann im Fernsehen das nächste. Deswegen komme Luis Trenker bei seinen Erzählungen auch so durcheinander. Nähme er sich Zeit und erzählte er in Ruhe, käme er nicht durcheinander. Im Fernsehen aber spüre er die knapp bemessene Zeit, verhasple sich, wolle alles auf einmal sagen und erzähle deshalb nichts richtig. Fernsehen räume den Kopf meist nicht auf, sondern belaste ihn unnötig. Jede Nachrichtensendung im Fernsehen sei wegen ihrer vielen Kleinthemen, mit denen sich niemand länger und genauer beschäftige, eine einzige Belastung.

Ich verstehe jetzt, warum wir kein Fernsehen haben. Es ist eine einzige Belastung. Ich finde das auch, und es ist mir recht, wenn wir kein Fernsehen haben. Wenn ich unbedingt fernsehen will, kann ich das bei Heinz tun. Sonst aber muss es wirklich nicht sein. Wann aber will ich überhaupt fernsehen?

Manchmal sehen Heinz und ich Sportübertragungen. Zeigen sie eine Sportveranstaltung, die nicht gekürzt ist, kann ich die Übertragung verfolgen. Am liebsten sehe ich Leichtathletik. Ein ungekürzter Lauf über 400 Meter dauert dann zum Beispiel etwa 50 Sekunden. Ein Lauf über 5000 Meter dauert entsprechend länger. Ich schaue genau hin und versuche, mir etwas zu merken.

Meist kommen dann aber die Kommentare der Reporter dazwischen, die mir etwas erzählen, was ich gar nicht hören will. Häufig nennen sie irgendwelche Zahlen und sagen, woher ein Läufer kommt, wie alt er ist, welche Bestzeit er hat und wie es ihm geht. Das alles lenkt mich vom Sehen ab. Außerdem fehlen dem Fernsehen das Hören, Riechen, Schmecken und Tasten. Sehe ich ein Fußballspiel auf einem der kleinen Fußballplätze in unserer Nähe, höre ich die Anfeuerungen der anderen Zuschauer. Ich rieche das Gras des Platzes, ich esse (in der Pause) eine Bratwurst, und ich berühre ein Geländer oder den Sitzplatz mit meinen Fingern. Oft habe ich auch ein Fernglas dabei, dann sehe ich einen Spieler schwitzen. Wenn ich ein Fußballspiel so verfolge, träume ich nachts manchmal davon. Ich träume es weiter, ich schreibe es um oder setze es anders fort.

Das gelingt mit den Sportübertragungen im Fernsehen nicht. Ich kann sie zwar verfolgen, sie sind danach aber spurlos verschwunden. Wohin haben sie sich davongemacht? Wo sind die kurzen Eindrücke geblieben? Heinz und ich stehen nach zwei Stunden Sport auf und taumeln durch das Zimmer. Wir trinken ein Glas Wasser und spülen ein zweites Glas runter. Erst langsam kommen wir in der Wirklichkeit an. Und dann haben wir fast alles vergessen. Wer hat gerade nochmal den Speer fast achtzig Meter weit geworfen? Ich habe keine Ahnung mehr, und auch Heinz hat das nicht behalten. Es ist seiner Meinung nach aber auch »scheißegal«.

Ich habe den Verdacht, dass Fernsehen zum »scheißegal« verführt. Alles, was man sieht, erscheint wichtig und vollkommen neu und aktuell, deshalb sollen die Zuschauer es unbedingt sehen. Sie sehen es, legen sich auf eine Couch, ziehen die Beine an, kuscheln sich in die Kissen, knabbern Gebäck und blinzeln mit den Augen: Irgendwo dort, in der Ferne, läuft ein Mensch aus Amerika dreitausend Meter. Dann ist das Laufen vorbei, und die Zuschauer räkeln sich, gähnen und kommen (nach zwei Glas Wasser) wieder zur Besinnung. Es ist, als würde man mit dem Kopf aus einem tiefen Teich auftauchen. Man schüttelt sich etwas, die Tropfen fliegen nach allen Seiten, dann befindet man sich wieder im normalen Leben. Und was bleibt von dem Tauchversuch übrig? Ein einziges, großes »Scheißegal«.

Trotzdem: Leichtathletik im Fernsehen, das sehe ich gern. Ich versuche einfach, nicht auf die Sätze der Reporter zu achten. Sie reden und reden, damit die Bilder einen Text erhalten. Ich aber schreibe zu ihnen einen anderen Text. Da ich sie nicht genau genug verfolgen kann, notiere ich später nur das Ergebnis: *Speerwerfer X warf in einem Stadion in Zürich 78,35 Meter.* Finde ich in der Zeitung ein Foto, schneide ich es aus und klebe es daneben.

Dann kann ich mich zumindest später einmal schwach an diesen Wettkampf erinnern.

Außerdem denke ich auch über die verschiedenen Sportarten nach, wenn ich sie im Fernsehen nicht gekürzt, sondern in voller Länge verfolge. Dann schreibe ich zwar nichts Genaues über einzelne Sportler und einen bestimmten Wettkampf, wohl aber etwas über das jeweils Besondere eines Sports. Deshalb kommen diese Texte nicht in meine Chronik, sondern in eine neue Rubrik des Stapels *Reflexionen*. Diese Rubrik heißt: *Sport*.

Leichtathletik. Ich sehe gern Leichtathletik, weil die Sportler dann allein zu einem Wettkampf antreten. Sie können sich nicht in einer Mannschaft verstecken, sondern kämpfen für sich, deshalb trainieren sie besonders hart. Jeder Sportler, der zu einem Wettkampf mit anderen Sportlern antritt, versucht, so fit wie möglich zu sein, damit er sich nicht vor den Augen der Zuschauer blamiert. Deshalb treten lauter gesund aussehende und gut trainierte Menschen in einem Wettkampf gegeneinander an. Jeder bemüht sich, das Beste für sich herauszuholen. Einer will gewinnen, ein anderer will eine neue Bestzeit laufen, ein Dritter will nicht Letzter werden. So hat jeder ein eigenes Ziel, und alle zusammen streben sie einem gemeinsamen Ziel entgegen. Dort werden sie fotografiert und ergeben ein Bild. Dieses Bild der erschöpften Sportler, von denen sich jeder angestrengt hat, sein Bestes zu geben, gefällt mir.

Am liebsten sehe ich Langlauf (außer Marathon, das ist einfach zu lang). Während langer Läufe kann man sehen, wie es jedem Läufer mit dem Laufen ergeht. Man sieht, wie einer stark und

*immer schneller wird, und man sieht, wie ein anderer nicht mehr
mitkommt und zurückfällt. Schnelle Läufe (100 Meter) sind
zu schnell vorbei, und Läufe, die 800 Meter oder 1500 Meter
lang sind, sind nichts Halbes und nichts Ganzes. (Man sollte sie
weglassen.) 3000, 5000 oder 10000 Meter aber sind richtige
Läufe, in denen die Positionen der Läufer häufig wechseln. Ich
bekomme diese Wechsel mit, und so prägt sich das Rennen wenigstens teilweise ein.*

*Noch lieber sehe ich Skilanglauf (50 km). Solche Läufe sind
schöner als die Langläufe der Leichtathleten. Das kommt daher,
dass sie in der freien Natur stattfinden. Man sieht nicht immer
dasselbe (die öden Bahnen im Stadion), sondern man erkennt grü-
ne, schneeverhangene Wälder und weiße, im Sonnenlicht glitzern-
de Pisten mit vielen Spuren. Einen richtigen Skilanglauf würde
ich gern einmal von Anfang bis Ende sehen. Heinz aber will das
überhaupt nicht. Er sagt diesmal zwar nicht, dass Skilanglauf
ihm »scheißegal« sei, aber er meint, ich sei »eindeutig plemplem«,
weil ich Skilanglauf möge. Ich habe nichts dazu gesagt, weil ich
nicht wusste, was er meinte. Ich vermute aber, er wollte sagen, ich
sei »bekloppt«.*

Glauben

EINMAL IN der Woche gehe ich mit der Mama in den
Frühgottesdienst. Und sonntags gehen wir meist zu dritt
in den Dom. Ich gehe gern in die Kirche, weil mich der
Glaube beschäftigt. Es gibt den Glauben an Gottvater,

Jesus, Maria und Josef, und darüber hinaus gibt es noch den Glauben, der mit dem Leben der Heiligen und Märtyrer zu tun hat. Dieser Glaube besteht aus vielen Erzählungen und Geschichten, von denen ich einige gelesen habe. Ich habe sie aus der Leihbücherei ausgeliehen, in der Mama vormittags arbeitet. Sie liegt direkt neben der Kirche und besteht aus einem großen, lang gestreckten Raum mit hellem Licht und sehr vielen Regalen.

Ich mag es sehr, an diesen Regalen vorbeizugehen, und ich entdecke durch Zufall lauter interessante Bücher, die ich dann ausleihe. In Buchhandlungen geht man viel zögerlicher an Regalen vorbei, weil jedes Buch etwas kosten würde und man deshalb nicht viele Bücher mitnehmen kann. Man muss genau überlegen, welches Buch man wichtig findet und deshalb kaufen will. Aus der Leihbücherei darf ich jedoch auf einen Schlag bis zu zehn Bücher ausleihen, die ich mir zu Hause genauer anschauen kann. Gefallen sie mir nicht, gebe ich sie einfach rasch wieder zurück, während ich das einmal gekaufte Buch leider nicht zurückgeben kann. Papa hat vorgeschlagen, dass wir nur Bücher kaufen, die wir dauerhaft brauchen und oft in die Hand nehmen. Die anderen Bücher aber sollten wir ausleihen und nur dann kaufen, wenn es ganz besondere Bücher seien, die uns bei der Lektüre sehr gut gefallen.

In jedes gekaufte Buch schreibe ich ganz vorne hinein, wann und wo ich es gekauft habe. Wenn ich es lese, schreibe ich einige Eindrücke (oder auch Zitate) auf einen weißen Karton in der Größe einer normalen Karteikarte (das ist etwa die Größe eines Briefkuverts). Dieser Karton bleibt dann im Buch und zeigt mir bei späterem Nachschauen, wann ich das Buch gelesen und was ich während der Lektüre bemerkt und gedacht habe. Daneben aber führe ich noch eine Liste mit den Autorennamen und Titeln aller von mir gelesenen Bücher. Solche Angaben werden auf Karteikarten vermerkt, die nicht größer als das Innere einer Hand sind. Beide Karteikarten, die größeren und die kleineren, kommen jeweils in eine Kiste und bilden dann einen »Apparat« (Papa).

Viele der von mir gelesenen Bücher beschäftigen sich auf irgendeine Weise mit dem Glauben. Einige Bücher sind dabei besonders wichtig und werden von mir häufig benutzt. Eines enthält zum Beispiel die Texte und Gebete, die während des Kirchenjahrs zu den verschiedenen Zeiten gelesen und gebetet werden. Anders als das normale, weltliche Jahr beginnt das Kirchenjahr nicht am 1. Januar, sondern am ersten Advent. Die vier Adventssonntage laufen dann auf Weihnachten zu und bereiten die Gläubigen auf dieses Fest vor. Nach Weihnachten aber laufen die Sonntage auf die Karwoche und das Osterfest zu. Und nach Ostern ist das Pfingstfest dran. So wird das Kirchenjahr durch die sonntäglichen Anläufe auf große Feste und natürlich durch die großen Feste selbst gegliedert.

Im Leben der Gläubigen führen diese Gliederungen des Jahres dazu, dass sie sich präziser auf ein hohes Fest vorbereiten und darauf freuen können. Man sagt dann: »Nur noch drei Wochen bis Weihnachten!« Oder: »Nur noch zwei Wochen bis Ostern!« Tag für Tag spürt man, wie der zeitliche Abstand geringer wird, entsprechend steigert sich die Vorfreude und führt hin zur eigentlichen und endgültigen Festtagsfreude. Das Kirchenjahr ist also eine Einteilung der Zeit zur allmählichen Freudensteigerung. Die Gläubigen haben auf diese Weise immer etwas vor Augen, auf das sie sich freuen können.

Wenn sie den Glauben aber nicht nur in Wochenabständen, sondern auch von Tag zu Tag erneuern wollen, können sie sich täglich an einen anderen Heiligen oder Märtyrer wenden. Damit sie wissen, welcher Heilige oder Märtyrer an einem bestimmten Tag dran ist, gibt es den sogenannten *Heiligenkalender*. Er verzeichnet für jeden Tag mindestens einen Heiligen, an dessen Leben und Taten man sich an diesem Tag besonders erinnert. Von den meisten Heiligen habe ich noch nie gehört. Das macht aber nichts, weil der *Heiligenkalender* die Geschichte eines jeden Heiligen erzählt, so dass man zumindest ungefähr weiß, wo er gelebt hat, wie er seinen Glauben bekannt und was er für ihn getan hat.

Wenn ich in den Gottesdienst gehe, habe ich kein bloßes Gesang- oder Gebetbuch dabei, sondern ein Buch, das *Brevier* heißt. Es hat über tausend Seiten, ist aber kein dickes Buch, weil die Seiten sehr dünn sind. Das *Brevier* ist dunkelrot, und auch der Seitenblock ist außen dunkelrot, das gefällt mir besonders. Es liegt gut in der Hand, ist nicht zu schwer, aber gewichtig und enthält alles, was man zum Glauben braucht.

Vorne stehen die Gebete für jeden einzelnen Tag der Woche. Danach kommen die Gebete für die besonderen Zeiten des Kirchenjahres. Und schließlich kommen (in gekürzter Form) noch die Geschichten der Heiligen für jeden Tag des Jahres. Gehe ich also zum Beispiel am 16. März in die Kirche, so kann ich nachlesen, dass am 16. März der Gedenktag für den heiligen Heribert aus Köln ist. Er hat um 1000 nach Christus gelebt und war ein Erzbischof, der den Armen und Kranken geholfen, Häuser für sie gebaut und sie mit Speisen, Getränken, aber auch Geld unterstützt hat. Ich lese also eine Geschichte über Heribert aus Köln und erfahre, wo er begraben ist und mit welchen Figuren ein Künstler seinen Schrein geschmückt hat.

Es ist hilfreich, das alles nachzulesen: wo ein Heiliger genau gelebt, was er getan hat, wo er begraben ist und wie die Künstler ihn dargestellt haben. Zumindest ein oder zwei dieser Details behalte ich im Kopf, und wenn ich mich später an Heribert aus Köln erinnern will, brauche ich nur an diese Details zu denken. Die anderen tauchen beim längeren Nachdenken dann ebenfalls auf, und ich kann sagen: »Natürlich, der heilige Heribert war um 1000 Erzbischof von Köln. Seine Gebeine liegen im Heribertsschrein, und dieser Schrein befindet sich in der Kirche St. Heribert in Köln-Deutz.«

Ich kenne sehr viele Heiligengeschichten auswendig, denn ich habe sie mir immer auf diese Weise gemerkt. Und ich habe das dunkelrote *Brevier* in den Gottesdiensten immer dabei, weil ich in den Minuten, in denen mir langweilig ist (wie zum Beispiel während einer zu langen Predigt), bestimmte Heiligengeschichten »repetieren« (Papa) kann. Die »Repetition« lohnt sich sehr: Man liest noch einmal, was man früher gelesen hat, oder man liest es im Verlauf eines Kirchenjahres sogar drei- oder viermal. Sind die Abstände zwischen den Lektüren groß genug, prägen sich die Geschichten schließlich so ein, dass man sie überhaupt nicht mehr vergisst.

Seit ich die Geschichten der Heiligen kenne, trage ich auf den Tagesseiten meiner Chronik auch die Namen der Tagesheiligen ein. Ich schreibe den Namen hin und erwähne kurz, was ich mir merken will: *28. Januar: Heilige Paula. Lebte um 400 n. Chr. in Rom. Tat viel Gutes nach dem Tod ihres ungläubigen Mannes.*

Lese ich später einmal diese Angaben durch, tritt mir ein Bild der heiligen Paula vor Augen: wie sie auf einem Stuhl sitzt und sich mit dem heiligen Hieronymus unterhält, der ebenfalls auf einem Stuhl sitzt. Mein Bildgedächtnis ist so gut, dass ich die Bilder meist sogar besser behalte als die schriftlichen Angaben. Dann sehe ich zunächst die heilige Paula zusammen mit dem heiligen Hieronymus – und erinnere mich, dass ihr Mann gestorben war und sie nach dem Tod ihres Mannes viel Gutes getan und den Kontakt mit dem heiligen Hieronymus gesucht hat.

In meinem *Brevier* gibt es aber noch einen Schlussteil. Er heißt »Jugendteil« und enthält wiederum für jeden Tag einen eigenen Text, der für die Jugend bestimmt sein soll. Ich weiß nicht, wer diese Texte geschrieben hat, es sind jedenfalls keine Texte aus der Bibel und auch keine Erzählungen über Heilige oder Märtyrer. Vielmehr sind es sehr merkwürdige Texte, in denen die Jugend direkt angeredet wird. So heißt es (zum Thema »Taschengeld«), dass viele Jungen ihr Taschengeld am liebsten sofort ausgeben. Angeblich können sie den Rufen der Eisbuden und Süßwarengeschäfte nicht widerstehen, die immerzu schreien: Gib Dein Geld aus, gib es aus! Statt das Geld sofort auszugeben, sollen die Jungen das Geld lieber sparen und später etwas Sinnvolleres kaufen: eine Überraschung für die Eltern oder ein gutes Buch.

Mir gefallen solche Texte nicht. Ich weiß auch nicht, wo in der Bibel steht, dass Jungen ihr Taschengeld sparen sollen. Hat der Herr Jesus einmal so etwas gesagt? Ich kann mich nicht erinnern. Nein, der Herr Jesus hat solche seltsamen Empfehlungen oder Vorschriften nicht ausgesprochen. Weswegen stehen sie dann aber in meinem *Brevier* – und von wem stammen sie?

Manchmal ärgere ich mich so über die Texte des »Jugendteils«, dass ich sie zu Hause umschreibe:

Viele Jungen freuen sich, wenn sie von ihren Eltern Taschengeld bekommen. (Ich bekomme übrigens keines.) Dann gehen sie gleich durch die Straßen und überlegen gemeinsam, wie sie es ausgeben können. Ein kleines Eis? Etwas zu trinken? Nein, so etwas bezahlen die Eltern, wenn man mit ihnen unterwegs ist. Kaufen sollte man sich etwas, das einem niemand freiwillig kauft oder an das niemand sonst denkt. Die Jungen gehen in einen Spielwarenladen

— 220 —

und kaufen sich ein neues Automodell. Das nehmen sie mit nach
Hause und stellen es in ihre Sammlung. Die Sammlung steht auf
einem Regal und sieht wunderbar aus. Lauter kleine, glänzende,
bunte Automodelle mit neuen Reifen und blank geputzten Fens-
tern! Auch der Herr Jesus hat daran seine Freude und erteilt sei-
nen Segen, denn er freut sich mit, wenn Jungen sich richtig freuen.

Am seltsamsten sind im »Jugendteil« jene Texte, in denen es um den »Missbrauch der geschlechtlichen Kräfte« geht. Dort heißt es, dass Jungen mit den »geschlechtlichen Organen« keinen Missbrauch treiben, sondern sie
in Ruhe heranreifen lassen sollten. Ich habe die Mama
gefragt, was damit gemeint ist, und die Mama hat geantwortet, sie wisse das auch nicht genau, ich solle den Papa
fragen. Also habe ich den Papa gefragt, der geantwortet
hat, mit den »geschlechtlichen Organen« sei der Penis
gemeint. Der aber wachse von ganz allein und benöti-
ge weder ein besonderes Heranreifen noch sonst eine bestimmte Behandlung. Im Grunde mache der Penis nämlich sowieso, was er wolle, ja, er sei eines der wenigen
Organe des Menschen, das selbständig handle. Ich habe
gefragt, wie er denn genau handle und was er tue, da hat
Papa geantwortet, irgendwann werde der Penis sich bei
mir melden und dann werde ich ganz von allein wissen,
was ich mit ihm anstellen müsse. Das aber habe noch etwas Zeit, und ich brauche mir deswegen vorläufig weiter
keine Gedanken zu machen.

Weil Wolfgang oft in den Frühmessen ministriert und
mich jedes Mal erkennt, fragt er mich nach einiger Zeit,
ob ich nicht auch Ministrant werden will. Ich habe geant-

wortet: »Ja, gern, warum nicht?« Da hat Wolfgang mir die Zeiten für die Ministrantenstunden genannt und mich eingeladen, zu diesen Zeiten in die Kirche zu kommen.

Einmal in der Woche gehe ich in diese Zusammenkünfte. In der Kirche treffen sich dann etwa zehn Jungen, die alle Ministrant werden wollen. Die Ausbildung dauert ein paar Monate und ist hart. Man lernt alles über den Verlauf eines Gottesdienstes, und man übt, wie man sich während des Gottesdienstes zu bewegen und zu benehmen hat.

Schwer fällt vielen Jungs vor allem »die liturgische Haltung«. Sie besteht darin, dass man sich aufrecht und gerade hält, beides aber nicht übertreibt. Übertreibt man das Aufrechte und Gerade, könnte man erhaben und trotzig wirken, das aber soll natürlich nicht sein. Damit es nicht so wirkt, soll man den Kopf nach vorn neigen, aber auch das nicht zu viel, sonst entsteht ein knechtisch gebogener Rücken. Die Augen müssen fest auf den Altar gerichtet sein und dürfen nirgends umherschweifen.

Am schwierigsten ist jedoch die Haltung der Hände. Immer wieder lese ich die Passagen in dem kleinen Merkheft *Heiliger Dienst* durch, das wir angehende Ministranten erhalten haben. Wie war das also? Man soll die Hände straff aneinanderlegen, Handwurzel an Handwurzel, Finger gegen Finger, den rechten Daumen über den linken gekreuzt. Dann hält man sie in Brusthöhe, und zwar steil aufrecht und nicht hin zum Boden. Wird man auf die Dauer müde, die Hände derart aufrecht und starr zu halten, soll man die Finger, wie es heißt, »betend ineinanderschlingen«. Auf keinen Fall aber darf man mit ihnen spielen oder sonst etwas Zerstreutes tun.

So gibt es für viele Körperteile eigene Vorschriften und Regeln: wie man knien, wie man gehen, wie man sich an die Brust schlagen, wie man das Kreuzzeichen machen soll. In meinem Merkheft steht sogar, dass man vor dem Gottesdienst die Haare kämmen, ordentlich gewaschen und mit blanken und sauber gewichsten Schuhen erscheinen soll.

Neben diesem Körpertraining muss ich auch die Fachsprachen lernen. So muss ich wissen, wie die heiligen Gewänder (Albe, Cingulum, Manipel, Stola, Casel) genannt werden und woher diese Namen kommen. Auch muss ich erklären können, was die liturgischen Farben (weiß, rot, grün, violett und andere) bedeuten. Und schließlich muss ich die gesamten Messtexte auf Lateinisch beherrschen, um dem Priester während des Gottesdienstes antworten zu können. Sagt also etwa der Priester: »Domine, exaudi orationem meam.« (»Herr, erhöre mein Gebet.«), so antworte ich: »Et clamor meus ad te veniat.« (»Und lass mein Rufen zu Dir kommen.«)

Erst als wir angehende Ministranten das alles beherrschen, werden wir mit dem Ablauf des Gottesdienstes vertraut gemacht. Und das ist nun wirklich das Schwierigste überhaupt. Denn jeder muss wissen, wann er wo zu stehen oder zu knien und sich dann wohin zu bewegen hat. Macht der Priester am Altar ein Kreuzzeichen, muss der Ministrant ebenfalls eines machen. Manchmal muss er auch hinauf zum Altar gehen und das Messbuch von einer Seite des Altars auf die andere tragen. So ist während des gesamten Gottesdienstes sehr viel zu tun, und man irrt sehr, wenn man glaubt, ein Ministrant brauche nur herumzustehen und zuzuschauen, was der Priester gerade macht.

Schließlich beherrsche ich den Dienst am Altar einigermaßen. Manchmal schaue ich nur etwas zu lange auf den Altar oder den Rücken des Priesters, oder ich studiere (was man eigentlich auf keinen Fall tun soll) ein Altarbild genauer. Auch kniee ich oft zu lange, vergesse, mich rechtzeitig zu erheben, und schlage das Kreuzzeichen verspätet. Ministriert während eines Gottesdienstes noch ein zweiter Junge, so kann ich auf seine Bewegungen achten und ihnen folgen. Ministriere ich aber allein, gerate ich während eines Gottesdienstes oft ins Schwitzen, weil ich manchmal nicht weiß, was ich als Nächstes antworten, wohin ich mich bewege und wie ich zum Beispiel die Hände am Messpult genau halten muss.

Trotzdem gehe ich gern frühmorgens in die Kirche, um während eines Gottesdienstes zu ministrieren. Während der normalen Wochentage sind nicht viele Menschen in der Kirche, dann ist es am schönsten (weil es so still ist). Ich gehe zunächst in die Sakristei, wo der Priester schon auf mich wartet. Er kleidet sich um, auch ich kleide mich um, und wir sprechen kein Wort miteinander. Fünf Minuten dauert es noch bis zum Beginn eines Gottesdienstes, wir bleiben wahrhaftig vollkommen still, und es ist endlich einmal angebracht und sogar erwünscht, dass kein Wort gesprochen wird. Der Priester schaut in sein kleines Handmessbuch, und ich warte bis zum Aufbruch in den Kirchenraum. Dann ist es so weit. Der Priester sagt leise (und auf Latein) »Unsere Hilfe ist im Namen des Herrn.« Und ich antworte: »Der Himmel und Erde erschaffen hat.« Und dann gehe ich vor dem Priester her als Erster hinein in die Kirche, läute eine kleine Glocke und gehe weiter Richtung Altar. Dann aber spielt schon die Orgel, und alles ist derart feierlich, dass es mich jedes Mal ein wenig schauert.

Ministrant zu sein, bedeutet: ganz nahe an den geheimnisvollen Vorgängen am Altar zu sein. In dieser Nähe bekommt man den Gottesdienst viel genauer und intensiver mit als die Gläubigen, die meist zu weit vom Altar entfernt sind. Obwohl man noch jung ist, ist man ein Verbündeter des Priesters und auch bereits ein »Eingeweihter«. Man versteht, was am Altar passiert, besser als die Gläubigen, die das alles nur selten richtig mitbekommen. Daher habe ich schon bald beschlossen, eine neue Rubrik meiner *Reflexionen* anzulegen. Sie heißt: *Glauben*, und sie hat eine Unterrubrik: *Ministrieren*:

Pfarrer M. vergisst oft, sich in der Sakristei zu schnäuzen. Erst wenn er am Altar steht, bemerkt er es. Dann kramt er sein schweres Taschentuch aus der Hosentasche unter der Albe hervor, schnäuzt sich kräftig und steckt es umständlich wieder weg.

Während des heutigen Gottesdienstes sah ich plötzlich, dass der rechte Schuh von Pater J. offen war. Die Schuhriemen hingen seit-

lich, und sie schleiften dauernd über die Erde. Pater J. bemerkte es nicht, und ich überlegte, dass es gefährlich für ihn werden könnte, die Stufen mit offenem Schuh herunter und wieder hinauf zu gehen. Deshalb ging ich zu ihm an den Altar und sagte leise: »Pater, Ihr rechter Schuh ist offen.« Pater J. schaute mich nicht an, sondern weiter geradeaus. Mein Emporsteigen hatte ihn wohl etwas verwirrt, denn er antwortete »Gelobt sei Jesus Christus!«, sonst nichts. Und dann verschwand er kurz hinter dem Altar, wo man ihn nicht sehen konnte, und schnürte den rechten Schuh. Als er zurückkam, nickte er mir zu. Er fand es also richtig und war dankbar, dass ich ihn gewarnt hatte.

Ich trage das Weihrauchfass besonders gern. Wenn der Priester die schimmernden Weihrauchkörner auf der glimmenden Kohle verteilt, entsteht eine große Weihrauchwolke, die ich durch das Schwenken des Weihrauchfasses noch vergrößere und in den Kirchenraum schicke. Pater F. verteilt sehr viele Körner auf der Kohle, es macht ihm richtig Spaß, während Pfarrer M. nur sehr wenige Körner nimmt (ich vermute, er hat etwas Angst vor dem Feuer). Sind die Körner von der Kohle verzehrt, lege ich neue auf und heize kräftig nach. Und die Wolken werden immer größer und wabern durch die Kirche bis hinauf zur Decke. Einige Gläubige husten, aber ich selbst habe noch nie gehustet.

Gestern war der Herr Kardinal in unserer Kirche. Er ist schon alt und sieht schlecht, ist aber sehr gut gelaunt. In der Sakristei gab er jedem einzelnen Ministranten die Hand. Und dann fragte er jeden etwas anderes. Ich war sehr aufgeregt. Als er mich fragte, wie lange ich denn schon diene, antwortete ich: »Von Ewigkeit zu Ewigkeit. Amen.« Da lachte der Herr Kardinal und nannte mich »einen lustigen Vogel«.

— 226 —

Heute war die Frau, die während des Gottesdienstes die Gebete der Gläubigen einleitet und deshalb »Vorbeterin« genannt wird, nicht da. Sie war krank und konnte nicht kommen. Da es aber unter den Gläubigen niemanden gab, der wusste, wie man vorbetet, musste ich neben dem Ministrieren auch das noch tun. Ich habe keinen größeren Fehler gemacht, aber meine Stimme war (nach meinem Eindruck) zu hoch. Ich hätte lieber ganz normal gesprochen, so, wie auf der Straße. Ich konnte es aber nicht, ich sprach piepsig und merkwürdig und so, als hätte ich einen »rauen Hals« (Mama).

Wenn der Priester »Benedicat vos omnipotens Deus« (»Es segne Euch der allmächtige Gott«) sagt, glaube ich manchmal, dass sich der Himmel oberhalb unserer Kirche einen Spalt öffnet und der liebe Gott (Papa sagt immer »Herrgott« und Mama sagt »Gottvater«) uns wahrhaftig segnet. Könnte ich zeichnen oder malen, würde ich genau das zeichnen oder malen, aber ohne den lieben Gott. Nur unsere Kirche, die hohen Bäume ringsum, den spitzen Kirchturm und den schmalen Spalt, aus dem es leuchtet.

Ich will ein guter Ministrant sein. Ich möchte aber nie Oberministrant werden.

Bücher

IN MEINER Familie gibt es häufig Geschenke. Damit sind keine großen Sachen gemeint, sondern kleine Aufmerksamkeiten. Mama liebt es besonders, etwas Kleines zu schenken, und sie erfindet dafür immer neue Anlässe. Natürlich schenken wir uns etwas zu Geburts- oder Namenstagen, daneben aber auch zu den hohen kirchlichen Festtagen (wie Weihnachten, Ostern und Pfingsten). Mama schenkt daneben gerne etwas zu Beginn des Frühlings oder des Sommers, wie sie überhaupt neben den kirchlichen Feiertagen auch die weltlichen genau im Blick hat. Sie schenkt dem Papa eine Schallplatte, aber auch etwas zum Anziehen (eine Fliege, ein Einstecktuch, eine Krawattennadel). Papa und mir schenkt sie Karten für ein Fußballspiel im Stadion, und uns allen drei (und damit auch sich selbst) schenkt sie Karten für ein Konzert.

Papa schenkt dann meist etwas zurück, aber ihm fällt nicht so viel Originelles ein wie der Mama. Er entschuldigt sich und behauptet, er habe weniger Zeit als die Mama, sich ein Geschenk auszudenken. Dann entgegnet die Mama, man brauche sich Geschenke nicht auszudenken, sondern nur die Augen offen zu halten, so stoße man von ganz allein auf ein Geschenk. Ein Geschenk zeige, dass man an den anderen denke, das müsse Papa noch lernen. Darauf erwidert Papa, er denke »Tag und Nacht« an uns, und gerade deshalb bedürfe es nicht auch noch eines Geschenks.

Ich selbst schenke den Eltern auch gerne etwas, kann ihnen aber nichts kaufen, da ich ja kein Geld habe. Sie wünschen sich eigentlich auch gar nichts Gekauftes, sondern etwas, das ich selbst gemacht habe. Leider kann ich nicht zeichnen oder malen, deshalb kann ich ihnen keine Bilder schenken. Ich kann aber fotografieren, so dass ich ihnen einen Film schenke, dessen Bilder Papa dann entwickeln lässt. Meist sind auf den Fotos Familienszenen, und zu jeder Szene schreibe ich nach der Entwicklung der Bilder dann auch einen kurzen Text:

Papa und Mama stehen vor unserer Haustür und wollen ausgehen. Es ist Samstag, und sie gehen Richtung Ebertplatz.

Mama steht im Vorraum der Leihbücherei. Sie trägt ein langes, schwarzes Kleid und hat offene Haare. Auf dem Tisch neben der Garderobe liegen drei Bücher, die sie mit nach Hause nehmen wird. Zwei davon sind für mich.

Papa schaut sich auf dem E.-Platz einen VW-Käfer an. Seit einiger Zeit überlegt er, ob wir nicht doch ein Auto kaufen sollen. Das bloße Anschauen bringt ihn aber nicht weiter.

Die Fotos werden dann auf schwarze Kartons (und auf keinen Fall in ein Fotoalbum!) geklebt, und daneben oder darunter kleben wir meine Texte. (Papa sagt, Fotoalben seien etwas »Muffiges« und erinnerten ihn an Beerdigungen. Ich weiß nicht, wie er darauf kommt.) Haben wir um die fünfzig Kartons zusammen, kommen sie, aufeinandergestapelt, in eine Kassette, die nur wenig größer als die Kartons ist. Vorn auf die Kassette kleben wir ein Schildchen, und darauf steht, in welchem Zeitraum die Fotos gemacht wurden. Ab und zu nimmt sich Papa in der Jagdhütte eine solche Kassette vor und schaut sich die Fotos darin noch einmal nacheinander an. Dazu hört er Musik und raucht ein Zigarillo.

Im Regal stehen die Kassetten nebeneinander und sehen aus wie große Bildbände. Das bringt mich auf den Gedanken, den Eltern zu Weihnachten etwas Besonderes zu schenken: ein Buch mit Geschichten (*Miniaturen*), die ich selbst geschrieben habe. Jede Geschichte kommt auf eine weiße, quadratische Seite, und die Seiten werden dann wie die Fotokartons in einer Kassette gesammelt.

Zunächst überlege ich mir, was für Geschichten es sein sollen. Dann lege ich eine Liste mit Themen der Geschichten an. Und dann notiere ich mir zu jedem Thema ein paar Stichworte. Danach aber warte ich einige Zeit und beginne nicht sofort mit dem Schreiben der Geschichten. Stattdessen denke ich an sie, wild durcheinander, mal an die eine, mal an eine andere. Dabei fallen mir neue Stichworte und Themen ein, und die schreibe ich wieder auf. Meine Überlegungen zu der Art und den Themen der Geschichte fasse ich in einem kleinen Vorwort zusammen:

Dieses Buch enthält keine großen Geschichten und keinen Roman, sondern lauter kleine Geschichten. Das Schöne daran ist, dass ich sie alle selbst erlebt habe, so dass in diesem Buch nichts bloß Erfundenes oder an den Haaren Herbeigezogenes steht. Das selbst Erlebte erscheint mir mehr wert und interessanter als alles Erfundene, denn etwas erfinden kann man leicht und bequem, etwas Besonderes erleben aber nicht. Weiter ist wichtig, dass alle Geschichten im Westerwald spielen. Die meisten sind in dem großen Waldgelände rund um unser Wohnhaus passiert, einige auch auf den Wiesen dahinter. In vielen von ihnen kommen Tiere vor, weil ich Erlebnisse mit Tieren sehr mag und fast immer etwas Besonde-

res finde. Alle Geschichten sind für Kinder, aber auch für Erwachsene. Kindern werden sie auch deshalb gefallen, weil sie sich von den reißerischen Geschichten für Kinder sehr unterscheiden. Sie spielen in einer schönen Landschaft und enthalten genaue Beobachtungen, wie ich sie im Westerwald fast täglich mache. Reißerische Geschichten jedoch spielen in belanglosen oder verrotteten Gegenden und enthalten nichts genau Beobachtetes, sondern viele abstoßende Aktionen wie Diebstahl, Totschlag und Mord. Liest ein Kind allein in seinem Zimmer solche Geschichten, gerät es in einen Taumel. Ihm wird schlecht, es muss sich übergeben. Ist das gut oder nötig? Nein, ist es nicht. Besser ist also, ein Kind liest Geschichten, die ihm etwas Interessantes und nichts Reißerisches zeigen. Das Interessante hat Bestand, das Reißerische nicht. In diesem Sinne wünsche ich all meinen Lesern viel Vergnügen bei der Lektüre!

Auf das Vorwort folgen die einzelnen Geschichten, jede hat eine Überschrift und ist nicht länger als eine Seite:

Das Stöckchen

Zwischen den Blumen in unserem Blumenbeet vor dem Eingang wächst viel Unkraut. Lange haben wir den Boden nicht geharkt, deswegen hat es sich breitmachen können. Mit einer kleinen Harke gehe ich gegen das Unkraut vor. Gräser ziehe ich mit der Hand aus, Stöckchen und Äste von Bäumen nehme ich ebenfalls in die Hand und werfe sie auf einen Haufen. Da liegt vor mir wieder so ein Stöckchen, das von einem der nahen Bäume herbei geweht wurde. Als ich es in die Hand nehme, bewegt es sich plötzlich. Er-

schrocken werfe ich es rasch weg. Was ist es? Es ist eine kleine, wendige Schlange, die mit flinken Kurvenbewegungen auf und davon will. Sofort laufe ich zu Papa und hole ihn herbei. Papa schaut sich die Schlange an, es ist eine Blindschleiche. »Die ist völlig ungefährlich«, sagt Papa, »die tut dir nichts.« Er bückt sich und greift die Blindschleiche mit der Hand. Wir schauen sie uns ganz genau an. Sie züngelt und windet sich heftig, ihr ist nicht wohl. Was machen wir mit ihr? Tragen wir sie in unser Haus? Setzen wir sie irgendwo wieder aus? Ich laufe zu Mama und frage sie, ob wir die Blindschleiche ins Warme und Trockene bringen dürfen. »Auf keinen Fall!«, sagt die Mama, und dann kommt sie nach draußen und sagt, Papa solle mich nicht auf solche dummen Gedanken bringen. Da gehen Papa und ich mit der Blindschleiche einige Schritte hinein in den Wald und setzen sie wieder aus. Ruckzuck ist sie im Laub verschwunden.

Tiere auf der Wiese

Frühmorgens, kurz nach vier, verlasse ich mit Papa unser Haus. Wir gehen durch ein nahe gelegenes Wäldchen und erreichen nach etwa einer halben Stunde eine schräg abfallende, große Wiese. Wir legen uns an ihrem Rand in den Wald und warten geduldig. Plötzlich eine Bewegung, ein dunkles Braun! Und wir erkennen in der Ferne eine Ricke (Waidmannssprache!) mit drei Kitzchen. Ihr Fell ist weiß gefleckt, und es sieht aus wie eine Decke, die man ihnen übergelegt hat. Die Tiere verhoffen (Waidmannssprache!). Zum Glück weht der Wind nicht von unserer, sondern von einer anderen Seite, so dass sie uns nicht bemerken. Nach einigen

Minuten erscheint auch der Rehbock, und der Sprung (Waidmannssprache!) beginnt eifrig zu äsen (Waidmannssprache!). Es dauert nicht lange, da gesellen sich auch einige Hasen dazu. Sie haben ihre Lager, die Sassen (Waidmannssprache!), verlassen und kommen zur Mahlzeit. Das Gras der Wiese ist grün und saftig, und so schmeckt es allen. Die Kitzchen sind am frühsten satt und beginnen mit lustigen Sprüngen und Spielen. Schließlich purzeln auch die Löffelmänner (Waidmannssprache!) auf der Wiese herum. Dann aber ist Schluss! Der Rehbock nickt schwer und bewegt sich wieder zurück in den Wald. Und die Ricke folgt ihm zusammen mit ihren Kitzchen. Schließlich sind auch die Mümmelmänner (keine Waidmannssprache!) verschwunden. Es ist sehr ruhig, nur der Wind ist zu hören. Da packt Papa einige Butterbrote aus und gibt mir eins. »Die Tiere haben Dir wohl Appetit gemacht?«, frage ich, und Papa antwortet »Und ob!«, bevor er rasch in sein Wurstbrot beißt.

Der Schuss

Auf dem freien Wiesengelände neben unserem Haus haben wir einige Tannen gepflanzt. Sie sind noch sehr klein, werden aber seit einiger Zeit des Nachts von einem Rehbock heimgesucht. Er fegt die Tannen, was bedeutet: Er schält ihre Äste und Rinden ab, bis die Tannen kahl da stehen. Papa hat das sehr verärgert, und so hat er zu einer »scharfen Maßnahme« gegriffen. Mitten in der Nacht hat er mich dafür geweckt, und wir sind nach draußen geschlichen. Papa hatte sein Jagdgewehr dabei. Wir suchten uns ein Versteck und warteten. Und wahrhaftig! Nach einiger Zeit erschien der Rehbock und wollte sich über weitere Tännchen hermachen. Da nahm Papa seine Flinte fest in die Hand und zielte genau. Er zielte aber nicht auf den Bock, sondern dicht neben ihn. Ein Schuss, ein Knall, dessen Echo noch weit von uns entfernt zu hören war! In mächtigen Sätzen sauste der Rehbock wie ein Blitz ins tiefe Dunkel. »Der wird sich nicht mehr hier sehen lassen«, sagte Papa, und ich antwortete: »Eigentlich ist so eine Flinte zum Treffen und nicht zum Danebenschießen da.« Da lachte Papa und meinte, in mir erwache bereits der Jagdtrieb. Ich sagte nichts und dachte später in meinem Bett darüber nach. Und dabei kam ich nur zu einem Ergebnis: Papa hatte recht, in mir war der Jagdtrieb erwacht!

Eine Autofahrt

Papa hat heimlich, ohne Mama und mir etwas davon zu sagen, die Führerscheinprüfung gemacht. An einem Samstag hat er uns feierlich den neuen Führerschein gezeigt. Darin befindet sich ein Foto von Papa, auf dem er breit lacht, so dass es aussieht, als lachte er über uns. Vielleicht lacht er aber auch nur darüber, dass er jetzt den Führerschein hat. Papa sagt, einen Führerschein zu machen und ein Auto zu kaufen, seien zwei verschiedene Dinge. Mama ist etwas gekränkt, weil wir beide nicht informiert worden sind. Deshalb sagt sie zu Papa: »Ich wette, Du kaufst bald auch heimlich ein Auto. In das setze ich mich dann aber nicht! Das solltest Du vorher wissen!« Papa streitet ab, ein Auto kaufen zu wollen, aber als wir im Westerwald sind, leiht er sich ein Auto von meiner Tante (Mutters Schwester) aus. Er fährt mit dem Auto vor unser Haus und lädt uns zu einer Spazierfahrt ein. Mama sagt, sie fahre auf keinen Fall mit, ich aber freue mich auf so eine Fahrt und steige ein. Dann fahren Papa und ich los. Während des Fahrens schaut Papa sehr angestrengt und spricht kein einziges Wort. Er trägt eine Brille und zieht den Mund breit, so dass seine Zähne zu sehen sind. Da er noch nicht viel Übung hat, fährt er sehr langsam. Fahren hinter uns andere Wagen, wird oft gehupt, und die Fahrer versuchen, uns auf den schmalen Westerwaldstraßen forsch zu überholen. Das aber lässt Papa nur ungern zu. Er beschleunigt ein wenig und sagt »Nichts da! Ich fahre ja bereits sechzig! Und hier sind nur fünfzig erlaubt!« Natürlich hören die anderen Fahrer das nicht. Sie wollen auch weder fünfzig noch sechzig, sondern achtzig oder neunzig fahren – so kommt es mir jedenfalls vor. Nach einiger Zeit nutzen sie ein gerades Stück Straße und rasen an uns vorbei. »Widerlich!«, sagt Papa und schaut etwas verbittert. Und dann halten wir an einem Feldweg und stellen den Wagen ab. Papa setzt sich auf eine Bank und blickt in die Ferne. Mit einem Taschentuch wischt er sich die feuchte Stirn. Noch immer sagt er kein einziges Wort. Wir sitzen nebeneinander und schauen. Es ist still, und es könnte hier sehr schön sein, wenn wir das verdammte Auto nicht mit hätten! Schließlich sagt Papa: »Wir fahren jetzt auf schnellstem Wege zurück. Und dann gehen wir in Ruhe in den Wald.« Und genau so geschieht es. Ich glaube nun, Papa wird so schnell doch keinen Wagen kaufen. Den Katalog mit neuen Modellen hat er jedenfalls nicht mehr angerührt, das habe ich genau bemerkt. Er lag auf einem Regal in der Jagdhütte. Ich habe ihn in den Papierkorb geworfen, und irgendwann war er weg und spurlos verschwunden.

An Weihnachten schenke ich den Eltern diese Geschichten (es sind genau zwanzig). Die quadratischen Seiten liegen in einer Kassette, und obenauf liegen gepresste Blumen, Blätter und Gräser aus dem Westerwald. Ich finde, das Ganze sieht wunderschön aus, und als ich es Papa und Mama schenke, sind sie sehr erstaunt, und Papa ist sogar gerührt. Ich merke es daran, dass seine Stimme für einen Moment verrutscht und unsicher wird, und dann drückt er mich wieder so fest an sich wie damals auf dem großen Platz vor unserem Haus, als ich darüber nachdachte, ob ich vielleicht krank sei.

Papa und Mama schauen sich die Seiten genauer an, da sagt Papa zu mir: »Lies uns doch ein paar Geschichten vor!« Ich möchte das zunächst nicht, aber dann sagt Papa es immer wieder, und so lese ich eben einige der Geschichten laut vor. »Langsamer!«, ruft Papa, denn ich lese meist viel zu schnell. »Langsamer und lauter!«, ruft Papa, denn ich lese viel zu leise. Erst nach einer Weile ist es besser und richtig, und Papa freut sich unglaublich und hört zu, als würde ich etwas ganz Besonderes, Einzigartiges lesen. Mama aber sagt nichts über die Geschichten, sondern nur zu Papa: »Du solltest dem Jungen etwas Ruhe gönnen! Überanstrenge ihn nicht!«

Ich verstehe nicht, wieso Vorlesen mich überanstrengen soll, nein, das tut es wirklich nicht. Vorlesen ist etwas sehr Schönes, und ich mache es manchmal auch in der Schule. Jetzt, wo ich nicht mehr in die Volksschule gehe, sondern in ein Gymnasium, wird das Vorlesen an jedem Schultag geübt. Im Gymnasium sind viele Mädchen in meiner Klasse. Sie sitzen als Gruppe ganz links am Fenster und bleiben fast nur unter sich. Mädchen können gut vorlesen, das muss ich sagen. Woher aber kommt das? Ich glaube, dass Jungen in meinem Alter keine richtige Vorlesestimme haben. Entweder ist sie zu hoch oder zu rau, jedenfalls klingt sie nicht gut. Mädchen atmen kurz durch und stürzen sich in den Text, und alles stimmt: die Tonhöhe, das Tempo, die Lautstärke. Jungen sind verschämter und verkrampfter beim Lesen (ich übrigens auch). Es ist, als würde man sie zu etwas Furchtbarem zwingen. Mädchen aber lesen so, als hätten sie das Buch, aus dem sie lesen, selbst geschrieben.

Ich habe nun ein Buch geschrieben, aber ich kann daraus nicht so vorlesen wie ein Mädchen, das aus einem Buch liest, als hätte es dieses Buch geschrieben. Papa sagt, er sei für mein Lesen nicht zuständig, davon verstehe er nichts, Vorlesen sei etwas Musikalisches, deshalb solle die Mama mit mir das Lesen üben. »Ich denke nicht dran«, sagt die Mama und liest meine Geschichten still. Am Abend aber nimmt Papa die Kassette mit in die Jagdhütte, und niemand (selbst ich nicht) darf ihn begleiten. In der Jagdhütte liest er allein meine Geschichten, und ich höre, dass er Musik hört. Papa hört Musik von Robert Schumann, und ich kann nichts anderes mehr tun, als mich zu wundern.

Einige Tage später erscheint er mit einer Mappe, in der sich lauter Blätter mit Schreibmaschinenschrift befinden. Er zeigt sie Mama und mir. Eine Sekretärin in Papas Büro hat meine Geschichten in ihrer Freizeit abgetippt, so dass wir neben der handschriftlichen nun auch eine typografische Fassung haben. Papa hat die Rechtschreibung der Geschichten und einige »grammatische Schnitzer« verbessert. Meine Geschichten sehen nun aus (und ich staune darüber), als wären sie bereits gedruckt. Ich frage mich, ob das wirklich noch meine Geschichten sind. Mit dieser Frage im Kopf lese ich sie noch einmal durch. Ich begreife nicht, was genau mit ihnen passiert ist. Eindeutig sind das noch meine Geschichten, aber sie haben sich auch verändert. Sie wirken älter und fertiger und so, als gehörten sie in ein richtiges Buch.

Papa sagt, die Sekretärin habe mit Hilfe von Kohlepapier gleich mehrere Fassungen erstellt, und diese Fassungen seien nun »im Umlauf«. Mama fragt, was das heiße, und da antwortet Papa, dass die Texte in den Büros seiner Direktion »im Umlauf« seien und es bereits mehrere Reaktionen gebe. Keiner seiner Kollegen könne glauben, dass die Geschichten von mir seien, das, sagten alle, sei doch einfach unmöglich. Ein Kollege (und zwar der, der so gerne Gedichte liest) hat meine Geschichten sogar an einen Freund weitergeleitet, der als Redakteur in der Tageszeitung unserer Stadt arbeitet. Papa sagt, es sei durchaus möglich, dass die Zeitung sich für meine Geschichten interessiere und sie drucke. »Das kommt gar nicht in Frage«, sagt die Mama, »der Junge hat diese Geschichten nur für uns geschrieben und nicht für die Welt.« Papa antwortet, da habe sie recht, weshalb er die Entscheidung, ob die Geschichten in der Tageszeitung gedruckt werden sollten, mir überlasse. »Der Junge muss entscheiden«, sagt er, »das ist klar.«

— 238 —

Ich aber kann mich nicht entscheiden. Natürlich habe ich die Geschichten nur für Mama und Papa und nicht für die Welt geschrieben. Was darinsteht, interessiert meine Eltern, die Welt aber muss das alles nicht interessieren. Wie soll ich wissen, was die Welt über meine Erzählungen denkt, wie bekomme ich so etwas heraus? Eigentlich ist das unmöglich, oder nicht?

Wenige Tage später erfahre ich, dass die Tageszeitung zunächst eine meiner Geschichten drucken wird, ich muss aber einverstanden sein. Was ist nun, wie soll ich mich entscheiden? Während ich noch im Gymnasium sitze, kommt mir ein Gedanke. Er hat mit Andrea zu tun, sie geht in meine Klasse, ich habe mit ihr aber noch kein Wort gewechselt (Mädchen und Jungen sprechen nicht miteinander). Ich warte, bis die Schule aus ist und gehe dann hinter Andrea her. Auf Andrea bin ich gekommen, weil sie zum Teil denselben Schulweg wie ich hat. Wir könnten zusammen gehen und uns unterhalten – das würde ich gerne tun. Aber es geht nicht, weil niemand aus unserer Klasse so etwas macht. Mädchen und Jungen gehen nicht nebeneinanderher, sie gehen getrennte Wege, das ist nun einmal so. (Und ich finde es, ehrlich gesagt, dämlich.)

Diesmal mache ich eine Ausnahme und hole Andrea ein. Ich sage »Hallo«, und dann gehe ich neben ihr her. Sie schaut zur Seite und sagt »Na?«, und es hört sich nicht schlecht an. Ich bin sehr nervös, aber ich weiß nicht, ob sie es merkt. Ich tue jedenfalls so, als wäre ich ruhig und als wäre es nichts Besonderes, wenn ich neben ihr hergehe. Dann aber sagt sie »Ist was?«, und ich werde noch aufgeregter. Ich sage: »Ja, es ist was, ich möchte Dich nämlich um etwas bitten.« Sie geht weiter und fragt: »Und das wäre?« Da antworte ich, dass ich sie bitten möchte, mir eine meiner Geschichten vorzulesen, möglichst langsam, möglichst ruhig. Und dass sie mir danach sagen solle, wie sie die Geschichte finde.

Andrea bleibt stehen und schaut mich an. Und dann fragt sie: »Du schreibst Geschichten, einfach so?« Ich nicke. Warum fragt sie? Ist es nicht in Ordnung, wenn ich Geschichten schreibe? Andrea sagt: »Jungs schreiben eigentlich keine Geschichten, das machen Mädchen.« Ich weiß nicht, was ich darauf antworten soll. Stimmt das? Schreiben Jungs keine Geschichten? Aber junge Männer, die schreiben doch viele Geschichten! Herrgott, an so etwas habe ich noch gar nicht gedacht. Dass Jungs keine Geschichten schreiben, kann ich nicht glauben, deshalb sage ich es: »Ich glaube, auch Jungs schreiben Geschichten. Sie halten sie nur geheim und zeigen sie niemandem.« »Und warum zeigst Du mir Deine Geschichten?« »Weil ich von jemandem, der mich nicht genau oder gut kennt, wissen will, ob er meine Geschichten gut oder schlecht findet.«

Andrea bleibt immer noch stehen, und ich sehe, dass sie nachdenkt. Schließlich hat sie noch eine letzte Frage: »Und warum fragst Du keinen Jungen, wie er Deine Geschichten findet?« »Weil ich glaube, dass Mädchen mehr von Geschichten verstehen. Jedenfalls lesen sie Geschichten viel besser als Jungen vor.« Andrea scheint nun genauer zu begreifen, was ich von ihr will. Jedenfalls sagt sie, sie werde meine Geschichte lesen. Aber wo sollen wir so etwas tun? Andrea sagt, wir sollten uns auf eine Bank auf dem L.-Platz setzen, das sei ein Umweg, jedoch nur ein kurzer. Ich bin einverstanden, und so gehen wir (schweigend) nebeneinander zu dem von Andrea genannten Platz und setzen uns dort auf eine leere Bank. Ich öffne meinen Ranzen und hole die Mappe mit den abgetippten Geschichten heraus. Und dann gebe ich Andrea genau jene Geschichte, die in der Tageszeitung erscheinen soll.

Bevor Andrea zu lesen beginnt, stellt sie mir aber noch eine seltsame (und, wie ich finde, peinliche) Frage. Sie fragt: »Sag mal, magst Du mich?« Ich bin darauf nicht vorbereitet, ich weiß keine Antwort. Ich könnte sagen, dass ich darüber nachdenken werde (so etwas sage ich oft zu Hause, und dann lassen mir die Eltern wahrhaftig »Zeit zum Nachdenken«). Ich vermute aber, dass Andrea es seltsam findet, wenn ich um »Zeit zum Nachdenken« bitte. Was gibt es noch nachzudenken, wenn einen jemand fragt, ob man ihn mag? Entweder ja oder nein, ganz einfach! Ich überlege kurz und sage dann: »Ja, ich mag dich.« Da nimmt Andrea mein Blatt mit der Geschichte in die Hand und sagt, bevor sie vorzulesen beginnt: »Ich mag dich auch.«

Darüber bin ich so verwirrt, dass ich während ihres Vorlesens nicht richtig zuhören kann. Andrea mag mich?! Hat sie das wirklich gesagt?! Mögen mich also auch noch andere Menschen – außer Mama und Papa?! Aber warum mögen sie mich und was im Besonderen? Ich würde Andrea jetzt am liebsten danach fragen, aber ich bin still und höre, wie sie meine Geschichte vorliest. Es dauert ein paar Minuten, dann ist sie fertig.

»Und – wie hat es Dir gefallen?«, frage ich. Andrea antwortet: »Das ist eine gute Geschichte. Keine Angeberei, nichts Albernes, aber lustig. Und man kann ihr leicht folgen, das finde ich wichtig.« Dann steht sie auf, sagt »Tschüss« und macht sich auf den Heimweg. Ich bleibe auf der Bank sitzen und schaue ihr nach. »Bis bald mal wieder!«, ruft sie mir noch über den Rücken zu. Bis bald?! Und was meint sie genau mit diesem »mal wieder«?!

Ich brauche etwas Zeit, ich muss nachdenken. Ich sitze auf der Bank und überlege: Andrea ist meine erste Leserin (Mama zählt nicht), sie würde bestimmt noch mehr von meinen Geschichten lesen. Auch die Kollegen von Papa sind meine Leser, sie haben sogar alle Geschichten freiwillig gelesen. Niemand von all meinen neuen Lesern hat behauptet, die Geschichten seien schlecht, alle haben sie vielmehr anscheinend gerne gelesen.

Also gut, ich bin damit einverstanden, dass meine Geschichte gedruckt wird. Ich stehe auf, ich gebe mir einen Ruck. Ich schicke nun meine Geschichten nach draußen, in die sogenannte Welt. Und ich bin gespannt, was die Welt damit anfangen wird.

4

Auftritte

Schreiben für viele

DREI MEINER *Miniaturen* werden in der Tageszeitung gedruckt. Sie erscheinen in einem Abstand von zwei Wochen und erzählen vom Westerwald und meinen Begegnungen mit Tieren in der Umgebung unseres Wohnhauses. Nach dem Abdruck der dritten Geschichte veröffentlicht die Zeitung zusätzlich ein Foto.

Es zeigt mich an einem Tisch (es ist eigentlich unser Küchentisch) mit einem Stift in der Hand. Angestrengt blicke ich auf ein Stück Papier, als grübelte ich darüber nach, was ich als Nächstes schreiben will. Das Foto hat ein Fotograf gemacht, der dafür eigens in unsere Wohnung gekommen ist. Er hat sich meine Werkstatt angeschaut und gesagt: »Die ist zu dunkel, die bringt nichts.« Und dann hat er bestimmt, dass ich mich an den Küchentisch setze. Die Tischplatte sieht auf dem Foto wie eine riesige Freifläche aus. Der Fotograf hat neben mich einige meiner beschriebenen Seiten gelegt.

Ich habe nie lange darüber gegrübelt, was ich als Nächstes schreiben will. Und auf meinem kleinen Tisch haben nie irgendwelche Papiere oder Seiten gelegen, wenn ich geschrieben habe. Das Foto stimmt also nicht, es zeigt

nicht die Wahrheit, sondern ein Bild, das den Schreib-
fantasien des Fotografen entsprungen ist. Danach hat
Schreiben mit Grübeln, etwas Unordnung und einer pa-
thetischen Freifläche zu tun.

Als das Foto veröffentlicht wird, hat es eine stärkere Wirkung als all meine Texte. So jedenfalls kommt es mir vor.
Unter dem Foto steht *Das Kind, das schreibt*. Außerdem
stehen dort noch einige Angaben über mein Alter, die
Schule, die ich besuche, und der abschließende Hinweis,
dass ich jeden Tag schreibe, meine Umgebung beobachte
und sie »für die Nachwelt« festhalte. Auch das ist Unsinn.
Ich habe nie etwas »für die Nachwelt« festgehalten, und
meine Texte »entströmen« auch nicht »meiner kindlichen
Feder«. Papa lacht, als er diese Angaben liest. Mama aber
sagt: »Ich hätte diese Texte nicht in die Welt geschickt.
Ich nicht.«

Ich sage dazu nichts, weil ich Papa nicht verärgern will,
der sich über die Veröffentlichung freut, sie aber gleichzeitig nicht ernst nimmt. Für ihn ist das Ganze »eine
Spielerei«, die rasch wieder vergessen sein und keine
große Rolle in unserem Leben spielen wird. Ich aber bemerke längst, dass vieles in meiner Umgebung anders
ist. Wenn ich jetzt in den Käseladen gehe, um für unsere
Familie einzukaufen, begrüßt mich die Verkäuferin laut
und sagt: »Ah, da ist ja das Kind, das schreibt. Was hat
es denn heute geschrieben?« Die anderen Kunden schau-
en mich an, und immer sind einige darunter, die nicht
verstehen, was die Verkäuferin meint. Ich stehe im Käseladen und werde von allen Seiten betrachtet, so lange, bis

die Verkäuferin zu Ende erklärt hat, dass ich ein Kind sei, das jeden Tag schreibt.

Ich erzähle Mama und Papa davon, und ich sage, dass ich solche Auftritte nicht mag. Ich empfinde sie wie eine kalte Dusche: als müsste ich gehorsam stillstehen und warten, bis man mir einen Kübel eisiges Wasser übergegossen hat. Danach kann ich wieder abziehen. Mama sagt, sie werde mit der Verkäuferin reden, und Papa schüttelt den Kopf und meint, so schlimm sei das Ganze nicht, ich solle mich freuen, dass die Menschen einen solchen Anteil an meinem Schreiben nehmen.

Ich freue mich aber nicht. Meine Texte habe ich nämlich nie für andere Menschen geschrieben, sondern nur für Mama, Papa und mich. Im Kreis meiner Familie sind sie entstanden, und nur dort gehören sie hin. Mama und Papa waren jahrelang meine aufmerksamen Leser, die etwas zu den Texten sagten und mir halfen, sie zu verbessern. Jetzt aber sagen viele andere Menschen etwas dazu, ohne dass mir das Gesagte irgendwie helfen würde. Die meisten behaupten, es sei schön, wenn ein Junge sich mit einem solchen »Hobby« beschäftige, andere fragen, ob ich die geschilderten Erlebnisse mit Tieren auch wirklich erlebt habe. Und zuletzt sind da noch die hämischen, die mich angeblich bedauern, weil meine Eltern mich auf das Schreiben hin »abgerichtet« haben.

»Spielst Du denn auch mal richtige Lausbubenspiele?«, fragen sie lächelnd, und ich antworte: »Aber ja«, obwohl ich genau weiß, dass ich mit »Lausbubenspielen« nichts zu tun haben möchte. Schon das Wort gefällt mir nicht, es hat etwas Niedliches und erweckt den Anschein, als wären Jungs in meinem Alter dazu bestimmt, sich »Spiele für ihr Alter« auszudenken: auf Bäume klettern, Kirschen aus Nachbars Garten stehlen, die Fensterscheibe eines Ladens mit einem Fußball zertrümmern. So etwas gehört zu den »Lausbubenspielen«, und ich frage mich, was daran toll sein soll. Keiner meiner Mitschüler macht so etwas, und doch gelten einige schon einfach deshalb als »richtige Lausbuben«, weil sie die Nachmittage auf den Plätzen nahe der Neusser Straße verbringen und dabei stundenlang Musik aus einem Kofferradio hören, ohne sich einen einzigen Schritt fortzubewegen.

Sehr lästig sind aber auch Menschen, die sich von mir wünschen, dass ich etwas über sie schreibe. »Schreib doch mal was über mich«, sagen sie, und dann erzählen sie, was sie so täglich tun, was sie mögen oder warum sie noch nicht verheiratet sind. Was sie erzählen, sind jedoch keine Geschichten, sondern es ist nur Gebrabbel. Ich mag ein solches Durcheinander nicht aufschreiben, deshalb frage ich sie, warum sie es nicht selbst tun. Sie antworten, sie hätten dafür keine Zeit oder sie seien »keine Schreiber«. Ich nicke, als hätte ich verstanden, aber ich verstehe solche Antworten nicht. Letztlich wollen sie nur sagen, dass sie das Schreiben als anstrengend empfinden und deshalb zu faul sind, etwas aufzuschreiben. Wenn man sich im Schreiben übt, ist das Schreiben nicht anstrengend, sondern eine Freude. Sage ich das, lachen die meisten nur und tun so, als würde ich »schwindeln«. »Schön geschwindelt«, sagen sie und wenden sich ab.

Kurz nach Erscheinen meines dritten Textes lädt mich der Redakteur der Tageszeitung, der alle drei Texte veröffentlicht hat, in die Redaktion ein. Er will mit mir allein sprechen, so hat er es zu Papa am Telefon gesagt. Papa findet das in Ordnung (die Mama aber nicht), und er begleitet mich zu dem Gebäude, in dem die Redakteure der Tageszeitung arbeiten. Dann wartet er auf mich in einem Zimmer neben dem des Redakteurs.

Der Redakteur begrüßt mich sehr freundlich und sagt, dass er zwei »Buben in meinem Alter« habe. Leider seien beide zu faul zum Schreiben, was er bedaure. Er habe schon mehrfach versucht, sie zum Schreiben zu bewegen, leider ohne jeden Erfolg. Auf dem Tisch, an dem wir beide sitzen, steht eine Flasche Limonade, die öffnet er und sagt, er habe sie eigens für mich gekauft. »Damit unsere Unterhaltung in Schwung kommt.«

Ich höre ihm zu, aber ich bin durch den großen Raum, in dem wir sitzen, abgelenkt. Auf den Regalen hinter dem Schreibtisch liegen nämlich viele Stapel Papier, anscheinend ungeordnet. Sie sehen aus, als lägen sie schon sehr lange dort und hätten bereits etwas Schimmel angesetzt. Auf dem Schreibtisch des Redakteurs steht eine Schreibmaschine, und außerdem stehen in diesem Raum noch zwei weitere Schreibmaschinen, jede auf einem eigenen, kleinen Tisch. Sie stehen da, als warteten sie darauf, sofort benutzt zu werden. Laufend muss ich sie anstarren, als würden sie gerade Kontakt mit mir aufnehmen. Sie gefallen mir, denn sie sehen sehr schön aus: tiefschwarz, mit kleinen, runden Tasten.

Der Redakteur aber spricht ununterbrochen. Er sagt, dass ihn viele Kollegen und Leser auf meine Texte angesprochen hätten. Die Veröffentlichung sei also gut und richtig gewesen. Vorher hätten ihn einige Kollegen gewarnt und die Mitarbeiterin eines Verlages, der er meine Texte gezeigt habe, habe sogar gesagt, man solle »in Ruhe reifen lassen«, was sich schon so früh als Talent zeige. Als der Redakteur das sagt, muss ich an die Texte in meinem Jugendbrevier denken, in denen vom »Missbrauch der geschlechtlichen Organe« die Rede war. Vielleicht, denke ich unwillkürlich, wollte die Mitarbeiterin des Verlages sagen, dass es auch einen Missbrauch der schreibenden Organe gibt. Und vielleicht besteht dieser Missbrauch darin, dass ich meine Texte nicht mehr für mich behalte, sondern ausstelle und veröffentliche.

Ich nehme mir vor, darüber länger nachzudenken, jetzt habe ich dazu keine Zeit. Der Redakteur will mit mir weitere Veröffentlichungen verabreden. Nun will er wissen, worüber ich sonst noch schreibe. Die Tiererzählungen seien »gut und schön« gewesen, meint er, dieses Thema sei nun aber »durch«, so dass wir uns anderen Themen zuwenden sollten. Ich erkläre ihm, für welche Rubriken ich schreibe. Ich schreibe zum Beispiel Texte über Musikstücke, über den Glauben, über Kochen, Essen und Trinken und über Sport, ich schreibe Dialoge und Szenen von der Straße auf, ich setze fertige Geschichten fort, und ich schreibe Tag für Tag an meiner Chronik.

Die Chronik interessiert ihn, und er fragt nach, was das sei. Ich erzähle es ihm, da lächelt er ziemlich schnell und behauptet, so etwas sei für eine Tageszeitung »zu brav«. »Nichts Braves oder Alltägliches, lieber etwas, das aus der Reihe tanzt«, sagt er und schaut mich genau an, als müsste ich sofort wissen und sagen, welche meiner Texte »aus der Reihe tanzen«. Als ich so angeschaut werde, weiß ich, dass keiner meiner Texte das so tut, wie es der Redakteur erwartet. Ich schreibe über das, was ich sehe und höre, aber ich schreibe keine Geschichten über besondere Ereignisse, wie sie in den Zeitungen stehen und im Fernsehen laufend vorkommen.

Ich warte einen Moment und überlege noch etwas, dann sage ich, dass ich nichts aus der Reihe Tanzendes schreibe. Am liebsten schreibe ich über meine Familie und all das, was täglich in unserer Wohnung und in der nahen Umgebung geschieht. Das aber ist nichts Besonderes, sondern genau das, was nun eben einmal passiert. »Siehst Du, mein Junge«, sagt der Redakteur, »und genau das, was nun einmal passiert, will niemand lesen.« Er hält mir dann einen kleinen Vortrag und erzählt davon, wie eine Zeitung arbeitet: wie man Themen findet, wie die Redakteure darüber sprechen, welche Artikel sie wollen und welche nicht und wie eine Zeitung im Verlauf eines Tages entsteht, bis sie am nächsten Morgen zu den Lesern gelangt.

Während er das alles erzählt, habe ich die ganze Zeit das Gefühl, er wolle eigentlich sagen: Ich erzähle dir das, damit Du siehst, dass wir von Dir etwas Anderes erwarten als das, was nun einmal passiert. Wenn Du das lieferst, werden wir Redakteure darüber sprechen und es vielleicht drucken. Alles andere aber kannst Du für Dich behalten, denn es gehört in ein Familienarchiv. Das Wort »Familienarchiv« verwendet er mehrmals, und es hört sich, wenn er es sagt, keineswegs gut an. Wenn Papa vom »Familienarchiv« spricht, klingt das Wort feierlich und strahlt auch ein wenig. Ein »Familienarchiv« aus dem Mund des Redakteurs aber ist wie eine Grabkammer, in die man alles hineinstopft, was niemand mehr lesen wird und man deshalb beiseiteräumt. Damit es irgendwo untergebracht ist und nicht weiter stört.

Ich höre ihm zu, sage aber nichts. Was soll ich noch sagen? Ich weiß genau, dass ich keine Texte von der Art, die der Redakteur erwartet, schreiben werde. Das ist aber auch weiter nicht schlimm. Warum soll ich schreiben, was ich eigentlich nicht schreiben will? So ein Schreiben macht mir keine Freude, ja, ich weiß nicht mal, ob ich so etwas überhaupt kann. Schließlich sage ich, dass ich über alles nachdenken werde, das findet der Redakteur gut und »in Ordnung«, und dann verabschiedet er mich.

Auf dem Tisch steht noch immer die Flasche Limonade, die er eigens für mich gekauft hat. Ich habe keinen Schluck getrunken, ich war einfach zu abgelenkt. Das Beste an diesem Besuch waren eindeutig die Schreibmaschinen. Kurz bevor ich das Büro des Redakteurs verlasse, schaue ich sie noch einmal an. Ich mache einen kleinen Schritt zu ihnen hin und stelle mich hinter einen der Tische, auf dem sie stehen. Und ich sage dem Redakteur, dass ich noch nie eine Schreibmaschine so aus der Nähe gesehen habe.

Ich darf mich dann an den Tisch setzen und eine Schreibmaschine berühren. Der Redakteur spannt ein Blatt ein und sagt, ich solle einmal vorsichtig mit dem Zeigefinger auf eine der Tasten tippen. Ich schaue nach und tippe ein O. Sofort erscheint der Buchstabe auf dem eingespannten Stück Papier. Er steht da wie gedruckt, fix und fertig. Er sieht weder frisch noch aufgeregt aus, und er ähnelt deshalb in nichts den Buchstaben, die ich mit der Hand schreibe. »Du schreibst doch sicher noch mit der Hand?«, fragt der Redakteur, und ich nicke. Dann sagt er, ich solle ruhig weiter mit der Hand schreiben, Handschrift sei etwas Schönes und bilde den Charakter eines Menschen auf unnachahmliche Weise ab.

Ich verstehe, was er meint, aber ich starre weiter auf die Buchstaben, die ich getippt habe: $O - r - t - h - e - i- l$. Wie seltsam! Die Buchstaben sehen aus wie Buchstaben auf einem Grabstein. Als seien sie da zum Gedenken. Als rührten sie sich nie mehr von der Stelle. Von der Hand geschriebene Buchstaben sehen ganz anders aus: wie entsprungen, wie aus dem Ofen geschlüpft, wie frische Brötchen, keins wie das andere! Und doch kann ich den Blick nicht von den getippten Buchstaben abwenden. Auf irgendeine magische Weise ziehen sie mich an. Was ist da los? Was passiert da gerade?

Ich stehe auf und will gehen, als der Redakteur sagt, ich solle ihm noch einen meiner Texte signieren. Anscheinend hat mein Sitzen vor einer Schreibmaschine ihn auf diese Idee gebracht. Er holt eine Zeitungsseite aus einem Fach und legt sie auf seinen Schreibtisch. Dann drückt er mir einen Füllfederhalter in die Hand. Ich soll unter meinen gedruckten Namen mit Handschrift meinen »Namen in voller Länge« schreiben. Vorname und Nachname. Wobei mir vielleicht aufgefallen sei, dass mein Vorname (Hanns-Josef) für den Druck zu lang sei. Außerdem störe das doppelte »N« im Vornamen »Hanns«. Viele Leser hielten so etwas für einen Druckfehler. Weshalb wir drüber nachdenken sollten, bei eventuellen weiteren Veröffentlichungen einen knapperen Vornamen zu verwenden. »Hajo« zum Beispiel. Das klinge »knackig und jugendlich«. »Hajo Ortheil«, ja, etwas in dieser Richtung.

Ich schreibe mit dem Füllfederhalter meinen »Namen in voller Länge«, aber ich schreibe nicht »Hajo«, sondern »Hanns-Josef Ortheil«. Dann verabschiede ich mich und gehe zurück in das Nachbarzimmer, in dem Papa wartet (und in einer Zeitung blättert). Wir verlassen das Zeitungsgebäude und gehen noch etwas durch die Stadt.

Es ist später Mittag, Papa sagt, er werde mich zum Essen einladen. Und dann sitzen wir zusammen in einem Brauhaus und essen zu Mittag. Papa fragt mich aber nicht danach, was der Redakteur gesagt hat, er spricht überhaupt nicht von diesem Treffen. Wir sitzen schweigsam an unserem Tisch und essen und trinken, als ginge uns beiden etwas durch den Kopf. Erst kurz bevor Papa bezahlt, sagt er dann etwas zu unserem Ausflug. Papa sagt nämlich: »Weißt Du was? Ich glaube, wir sollten das schnell vergessen. Diese Zeitungssachen sind nichts für uns. Es war ein netter Einfall, das reicht. Findest Du nicht?« Ich bin sehr erleichtert, dass Papa das sagt, und ich antworte: »Der Redakteur erwartet von mir Geschichten, in denen etwas Besonderes vorkommt. Geschichten von der Art, wie sie in der Zeitung stehen.« »Tja,« sagt Papa und steht vom Tisch auf, »das habe ich mir gedacht. Aber solche Geschichten sind nun mal nicht unser Metier. Sie waren es nie, und sie werden es auch nie sein. Du schreibst, aber Du bist weder ein kleiner Journalist noch ein kleiner Schriftsteller. Wer so etwas aus Dir machen will, ist auf einer falschen Fährte. Ein für alle Mal …«

Papa und ich verlassen danach das Brauhaus. Ich bin froh, dass Papa so etwas gesagt hat. Es nimmt mir eine Last von den Schultern. Schreiben soll Freude machen, sonst nichts. Und »Hajo« möchte ich um keinen Preis heißen. Das Einzige, was mich nach dem Gespräch mit dem Redakteur noch stark beschäftigt, ist der Anblick der Schreibmaschinen. Ich würde gern auf einer schreiben, nicht immer, aber manchmal. Ja, verdammt, ich würde gern gut tippen und auf einer Maschine schreiben können. Was aber würde ich mit einer Maschine schreiben? Etwas ganz Anderes als mit der Hand? Aber was? Und wann? Und für wen?

Ich sage Papa, dass der Redakteur mich auf einer Schreibmaschine habe tippen lassen. »Und was hast Du getippt?«, fragt Papa. »Ich habe *Ortheil* getippt«, antworte ich. Da lacht Papa und sagt: »Das wäre doch eine gute Schlagzeile: Das Kind, das schreibt, hat getippt.«

Heimliches Schreiben

ANDREA SAGT, meine Geschichten in der Zeitung seien »wunderschön«. Das finde nicht nur sie, sondern auch ihre Mutter. Nur ihr (etwas älterer) Bruder habe gesagt, so etwas sei »Schwachsinn« und bestimmt habe ich die Geschichten »irgendwo abgeschrieben«.

Es kommt jetzt häufiger vor, dass wir eine bestimmte Strecke des Schulwegs zusammen zurücklegen. Zunächst geht jeder für sich allein, dann aber begegnen wir uns und gehen vielleicht zehn Minuten nebeneinander her. Ich bemerke, dass Andrea es darauf anlegt, mit mir diese Strecke zu gehen. Geht sie vor mir her, zögert sie und blickt sich um, und wenn sie sieht, dass ich näher komme, bleibt sie stehen und kramt in ihrem Ranzen.

Ich finde es seltsam, ihr fast jeden Tag auf dem Heimweg nach der Schule zu begegnen. Meist erzählt sie etwas von zu Haus: was ihre Eltern (beide sind Lehrer) Tag für Tag tun, was sie im Fernsehen gesehen hat, welche Musik sie hört und warum sie ihren älteren Bruder nicht mag. Ich höre still zu und frage sie etwas, und sie behauptet, niemand höre ihr so gut zu wie ich.

Sie hat recht, ich höre ihr gut zu, aber ich frage mich manchmal, warum eigentlich. Wenn ich andere Menschen etwas genauer und länger kenne, höre ich ihnen immer gut zu, und meist schreibe ich auch auf, was ich gehört und darüber gedacht habe. Diese anderen Menschen sind aber mit mir durch irgendeinen Umstand verbunden. Sie sind mit mir verwandt, oder sie sind gute Bekannte der Eltern. Andrea aber kenne ich doch gar nicht, und sie ist auch sonst nicht mit mir verbunden. Und dennoch: Ich höre ihr zu.

Andrea scheint genau das sehr zu schätzen. Sie fragt, ob ich auch etwas über sie schreiben werde, und ich antworte: »Vielleicht. Wenn wir uns etwas besser kennen.« Da sagt sie, das Kennenlernen sei kein Problem, denn sie sei gern mit mir zusammen und ich anscheinend doch auch mit ihr. Ein Problem sei nur, dass wir uns heimlich weiter kennenlernen müssten, denn wenn alle Welt davon wisse, würde man uns auslachen und behaupten, wir seien »ein Paar«.

Heimlich? Was meint sie damit? Und was soll das? Warum sollen wir uns heimlich treffen? Und wo? Andrea erklärt, wir sollten uns am Nachmittag »hier und da« heimlich treffen. Und zwar dort, wo uns niemand »vermute«. Wie zum Beispiel in einer Kirche oder im Kino. Wir würden vorher verabreden, wann wir Zeit hätten für so ein Treffen, und dann würden wir einen »heimlichen Treffpunkt« vereinbaren. So könnten wir uns kennenlernen und uns »aus unserem Leben« erzählen, ohne dass irgendjemand auf der Welt davon etwas wisse.

Ich antworte, ich werde es mir überlegen, aber ich habe von Anfang an kein gutes Gefühl. Ich gehe mit Andrea gerne ein paar Minuten zusammen den Schulweg nach Hause, aber ich finde heimliche Treffen an besonderen

Treffpunkten zu aufwendig. Außerdem bin ich nicht sicher, ob ich viele ihrer Geschichten unbedingt hören möchte, und erst recht bin ich nicht sicher, ob ich solche Geschichten auch aufschreiben werde. Wenn ich sie aufschreibe, werden meine Eltern sie lesen. Sie werden mich fragen, warum ich mich mit Andrea treffe, und schon wäre die Heimlichkeit der Treffen vorbei. Oder aber: Ich müsste die Texte über Andrea verstecken, dann hätte ich zum ersten Mal in meinem Leben »heimliche Texte« geschrieben.

Als ich mit meinen Überlegungen so weit gekommen bin, spüre ich plötzlich ein seltsames Kribbeln. Es ist wahr: Ich habe noch nie etwas heimlich geschrieben. Alles von mir Geschriebene haben meine Eltern gelesen, mit mir darüber gesprochen, hier und da etwas verbessert und Anregungen gegeben. Auf den Gedanken, etwas Geschriebenes geheim zu halten, wäre ich nie gekommen. Wozu auch? Was ich schreibe, möchte ich mit meinen Eltern besprechen, sie sind meine Leser. Schriebe ich etwas Heimliches, wäre ich höchstens mein eigener Leser – und wie das gehen soll, weiß ich nicht. Ich selbst entdecke doch nichts an meinen Texten, und ich kann sie auch nicht verbessern. Heimlichen Texten könnte ich höchstens zunicken, das schon, dann wären es aber keine richtigen Texte, sondern etwas, das im Dunkeln entsteht und dort bleibt. Im Dunkel meines Kopfes, tief drinnen.

Aufregend an den Überlegungen über das Heimliche ist aber »das Heimliche« selbst. Bisher kannten meine Eltern nicht nur all meine Texte, sondern wussten auch beinahe zu jeder Minute, wo ich mich gerade befand und was ich tat. Tue ich aber nun etwas Heimliches, so wissen sie das nicht mehr. Neben dem bekannten Leben wird ein verborgenes Leben entstehen, von dem ich kein Wort verrate und in dem ich mich mit Menschen (wie Andrea) treffe, die meine Eltern nicht kennen.

Ich muss zugeben, dass diese Fantasien etwas Verlockendes haben. Das Verlockende entsteht dadurch, dass heimliche Treffen spannend sind. Man muss sich an einem geheimen Ort treffen, man führt geheime Gespräche, man erlebt eine Zeit, von der niemand sonst weiß und die man nur mit einem einzigen Menschen teilt.

Ich kenne so etwas bisher nur von der Beichte. Wenn ich in einen Beichtstuhl gehe und meine Sünden bekenne, bin ich mit jemand Fremdem allein. Noch nie habe ich meinen Eltern erzählt, was ich dort sage. Andererseits haben sie sich auch nie dafür interessiert. Was würde ich in einem Beichtstuhl schon Besonderes sagen? Richtig, ich sage nichts Besonderes, aber ich sage doch manchmal etwas, das ich zu Hause nicht gerne wiederholen würde. Wie zum Beispiel, dass ich mich über Mama ärgere, wenn sie mit Papa Französisch spricht (warum tut sie das, wenn sie doch weiß, dass ich es nicht verstehe). Oder dass ich ein Erdkunde-Schulheft bewusst verlegt habe, weil ich Erdkunde nicht mag und die fünf Kontinente nicht mit fünf unterschiedlichen Farben hineinzeichnen möchte.

So etwas (sich über die Eltern ärgern, Hausaufgaben nicht machen) sind kleine oder »lässliche Sünden«, die man mit einem Vaterunser bereut und auslöscht. Heimliche Treffen mit anderen Menschen könnten aber schon zu einer anderen Art von Sünden gehören. Was aber ist an diesen Treffen so sündhaft? Tue ich etwas Böses, wenn ich mich heimlich mit jemandem (und dann auch noch mit einem Mädchen) treffe? Die Treffen sind wohl keine Sünden, sündhaft aber könnte sein, dass ich meinen Eltern nicht davon erzähle. Erzähle ich ihnen aber davon, sind es keine heimlichen Treffen mehr, und ich kann diese Treffen dann bleiben lassen.

Ich überlege und überlege, aber ich komme zu keinem Ergebnis. Andrea bemerkt das wohl, denn sie spricht immer häufiger von unseren heimlichen Treffen und dass es ganz leicht sei, sich im Verborgenen zu treffen und wir nun endlich mal damit anfangen sollten. Schließlich glaube ich, dass ich meine Überlegungen lieber aufschreiben sollte, sonst komme ich mit ihnen nicht voran. Schreibe ich sie auf, muss ich mich festlegen, und wenn ich mich festlege, kann ich nicht ewig hin und her denken, sondern muss Klarheit gewinnen. So entschließe ich mich (»nach reiflichem Überlegen«) dazu, etwas über heimliche Treffen aufzuschreiben.

Was mir an Andrea gefällt, ist ihr Geruch. Ich kenne keinen anderen Menschen, der so stark riecht, ja, ich habe überhaupt noch nicht bemerkt, dass Menschen in dieser Art riechen. (Manchmal schwitzen Menschen und stinken, das ist aber kein Geruch wie der, den ich jetzt meine.) Andreas Geruch kommt aus ihren Kleidern, und er entsteht in ihrer Wohnung. Die ganze Wohnung und ihr ganzes Leben zu Haus trägt sie in Form ihres Geruchs mit sich herum.

Andreas Geruch ist sehr warm, wie eine Wolke. Vielleicht ist darin auch etwas von dem Parfüm, das ihre Mutter angeblich benutzt (Andrea hat mir davon erzählt und den Namen des Parfüms genannt, ich habe ihn aber leider nicht behalten). Gehe ich eine Weile neben Andrea her, habe ich das Gefühl, auch ein bisschen so zu riechen wie sie. Haben wir uns getrennt, schnuppere ich an meinen Händen, aber da ist nichts. Ich habe mich getäuscht, oder der Geruch ist mit Andrea verschwunden. Habe ich eigentlich auch einen Geruch?

Andrea trägt fast immer Kleider und nur selten Hosen (Hosen trägt sie an Tagen, an denen sie Sportunterricht hat). Und sie trägt fast jeden Tag ein anderes Kleid. Alle Kleider sind hell, viele gelb, und sie enden über den Knien. Gehe ich hinter ihr her, sehe ich ihre nackten Beine und die kurzen weißen Strümpfe in ihren ebenfalls hellen, farbigen Schuhen. Warum gefallen mir die kurzen weißen Strümpfe so? Ich starre sie häufig an, ich bekomme den Blick nicht von ihnen los. Dabei sind es doch ganz normale Strümpfe (die allerdings nur von wenigen Mädchen getragen werden).

Treffen und Begegnungen mit einem Mädchen sind für mich neu. Ich habe nie daran gedacht, denn die Jungs in meiner Klasse und in meinem Alter treffen sich nicht mit Mädchen. Sie spielen Fußball, hören Musik, und einige rauchen heimlich Zigaretten oder trinken Kölsch. Die Heimlichkeiten der Jungs bestehen genau darin: in Zigaretten, Musik und Kölsch. Aus all diesen Heimlichkeiten mache ich mir nicht viel. Ich habe einmal an einer Zigarette gezogen, ich habe einmal an einem Glas Kölsch genippt — weder das eine noch das andere fand ich aufregend, und erst recht halte ich nichts von der Musik, die von den Jungs in meinem Alter ge-

hört wird. (Im Grunde ertrage ich sie sogar nicht, sie verursacht Schwindel, Kopfschmerzen und Fluchtgedanken.)

Jungs in meinem Alter haben über Mädchen eine ganz eindeutige Meinung. Sie sagen, Mädchen seien ganz anders als Jungs und wünschten sich, was Jungs sich nie wünschen würden. Zum Beispiel wünschten sie sich, Jungs zu küssen. Für Mädchen sei das Küssen das Größte. Würden sie einen Jungen küssen, hätten sie ihn erobert und könnten ihn von diesem Moment an beherrschen. Jungs, die sich küssen ließen, seien keine Jungs mehr, sondern Diener und Gehilfen der Mädchen. Sie würden dann nicht mehr rauchen oder trinken und müssten genau jene Musik hören, die auch die Mädchen mögen. Mädchen hörten Schlager, Jungs aber hörten viel härtere Sachen.

Ich glaube nicht, dass Andrea mich küssen möchte. Ich vermute eher, dass sie mir pausenlos von ihrem Zuhause erzählen wird. Sprechen wir miteinander, redet sie fast immer davon. Anscheinend erzählt sie das, was sie mir erzählt, zu Hause nicht. So dringen die Erzählungen nicht nach außen, sondern bleiben irgendwie in ihr stecken. Ich habe ihr schon oft geraten, sie aufzuschreiben, aber Andrea sagt sehr entschieden: »Nein, nein! Ich werde so etwas niemals aufschreiben!« Das aber verstehe ich nicht. Aufschreiben wäre das Einfachste, denn Andrea wäre die Erzählungen dann fürs Erste los und müsste nicht dauernd an sie denken. Andererseits geht »Aufschreiben« anscheinend genau deshalb nicht: weil Andrea die Geschichten dann fürs Erste los wäre. Sie möchte sie aber nicht los sein, sondern unbedingt weiter an sie denken. Man könnte sagen: Andrea möchte die Geschichten in ihrem Kopf dauernd um und um wälzen. Ohne Unterbrechung. Immer von neuem. Und genau das ist mir absolut fremd.

Ich habe mich entschieden, mich mit Andrea an einem Nachmittag heimlich zu treffen. Gefällt es mir nicht, werde ich ihr das erklären und mich kein zweites Mal treffen.

Letztlich bin ich durch einen einfachen Gedanken zu meinem Entschluss gekommen. Ich habe so gedacht: Alle Jungs in meinem Alter tun etwas Heimliches. Was sie heimlich tun (rauchen, Kölsch trinken, Musik hören), tue ich nicht. Fragt mich der Priester im Beichtstuhl, ob ich so etwas tue und beichten möchte, sage ich: »Ich rauche nicht, und ich trinke auch keinen Alkohol.« (Von Musik versteht der Priester nichts und fragt deshalb auch nicht danach.) Darauf fragt mich der Priester, welche »Unkeuschheit« ich begangen habe. (Mit »Unkeuschheit« ist der »Missbrauch der geschlechtlichen Organe« gemeint.) Ich antworte wahrheitsgemäß, dass ich keine Unkeuschheit und keinen Missbrauch der geschlechtlichen Organe begangen habe. »Ehrenwort?«, fragt der Priester. Und ich antworte: »Ehrenwort!« Danach aber sagt der Priester einen Satz, den ich gar nicht mag. Er sagt nämlich: »Du bist ein braver Junge. Mach weiter so!« Als »brav« bezeichnet zu werden, ist nicht schön. Ein »braver Junge« zu sein, ist noch schlimmer, denn es ist herablassend und erniedrigend. »Brave Jungs« sind nämlich langweilig und eklig. Mag manches, was ich tue, auch »brav« sein, meinetwegen, ein ganz und gar »braver Junge« möchte ich aber auf keinen Fall sein. Da ich weder rauche noch trinke, noch Unkeuschheiten begehe, sollte ich mir irgendeine Heimlichkeit erlauben. Eine Heimlichkeit gegen das Bravsein. Ein heimliches Treffen mit Andrea.

Als ich das alles aufgeschrieben habe, bin ich richtig stolz. Wieder einmal hat das Schreiben geholfen: Aus bloßen Überlegungen (mit dem üblichen Hin und Her) sind klare Gedanken mit einem Ergebnis geworden. Ein erster hingeschriebener Satz fordert nämlich den nächsten heraus. Der nächste greift ihn auf, führt ihn weiter oder entgegnet ihm. Dann kommt der dritte Satz, der den beiden ersten Sätzen eine Richtung gibt. Und schon beginnen die folgenden Sätze, diese Richtung aufzunehmen und die Überlegungen zu leiten und zur Ordnung zu rufen. Genau das nennt man eine gelungene »Reflexion«. (Papa hat es mir oft genug erklärt.)

Fraglich bleibt nur, was nun mit diesen *Reflexionen* geschehen soll. Im Normalfall hätte ich eine neue Rubrik angelegt: *Heimliche Treffen*. Das ist jedoch diesmal unmöglich, da meine Eltern solche Texte nicht lesen sollen. Was aber dann? Heimliche Texte über heimliche Treffen gehören versteckt, das ist klar. Wo aber soll ich sie verstecken? Sie in meiner Werkstatt unterzubringen, erscheint mir zu gefährlich. Ich muss sie also außerhalb der Werkstatt an einem Ort verstecken, wo sie niemand vermutet. Schließlich fällt mir nur der Keller ein. Dort gibt es einen Küchenschrank, in dem die Eltern allerhand alte Sachen aufbewahren. Es gibt Kisten mit Briefen und Fotografien (aus der Zeit vor meinem Leben), und es gibt Spielzeug, mit dem nicht ich, sondern meine gestorbenen Brüder gespielt haben.

Ich verstecke meine Reflexionen zum Thema *Heimliche Treffen* in einer Kiste. Sie verschwinden zwischen Zeitungsausschnitten und alten Postkarten. Um sie zu finden, müsste man gezielt nach ihnen suchen, so gut sind sie nun versteckt. Dieses Problem habe ich also gelöst.

Und doch habe ich nach all diesen Vorgängen und Überlegungen weiter kein gutes Gefühl. Ich habe ein neues, ganz anderes Schreiben entdeckt. Und ich habe den (vorläufigen) Verdacht, dass es das seltsamste Schreiben überhaupt ist. Kein Schreiben für meine Eltern oder für viele oder für andere, sondern ein Schreiben nur für mich allein.

Schreiben und Tippen

ALLMÄHLICH VERÄNDERT sich das Leben meiner Familie. Es verändert sich nicht stark, aber auch die kleinen Veränderungen hinterlassen ihre Spuren. Mama zum Beispiel arbeitet jetzt an den Nachmittagen in der Leihbücherei in der Nähe unserer Kirche, aus der ich noch immer viele meiner Lektüren beziehe. Mittags jedoch ist sie nach wie vor für einige Zeit zu Hause, und wir essen zusammen.

Nachmittags aber bin ich oft allein, und an manchen Abenden gehen die Eltern aus, so dass ich dann ebenfalls allein bin. Mama und Papa gehen ins Theater (was mich langweilt, deshalb gehe ich nicht mit), oder sie treffen sich mit Freunden zu einem Abendessen. Sehr selten gehen sie ins Kino, und wenn sie in ein Konzert gehen, nehmen sie mich mit (wenn ich Lust dazu habe). Bin ich aber allein zu Hause, kommt mir diese abendliche Zeit wie eine seltsame Freizeit vor. Für die Schule arbeite ich dann nicht mehr, eher schreibe oder lese ich noch etwas, klebe Fotografien ein oder höre Musik.

Klavierunterricht erhalte ich nicht mehr von meiner Mutter, sondern von einem bekannten und sehr guten Klavierlehrer, der mit mir nicht nur die Stücke, die ich gerade übe, bespricht, sondern auch andere, die ich unbedingt kennen sollte. Es macht mir Spaß, solche Stücke mit ihm durchzugehen, wir »analysieren« sie (wie er es nennt), und ich lerne immer genauer, wie große Komponisten ihre Stücke aufgebaut haben.

Durch diesen Unterricht angeregt, übe ich viel mehr als früher. Manchmal sind es sogar einige Stunden am Tag. Deswegen muss ich andere Tätigkeiten vernachlässigen (wie zum Beispiel das Fußballtraining). Das macht aber nichts, denn ich habe endgültig erkannt, dass ich kein Talent zum Fußballspielen habe.

Ich gehe also nicht mehr zum Training, wohl aber zum Fußballplatz, um mir dann und wann das Training oder ein Spiel der Jungs in meinem Alter anzuschauen. Das ist interessant, weil ich die meisten etwas kenne und daher weiß, wie sie spielen und worin ihr jeweiliger Ehrgeiz besteht. Ich sitze am Spielfeldrand und unterhalte mich in den Pausen oder nach dem Training mit ihnen. Manchmal helfe ich dem Jugendtrainer auch ein wenig, indem ich die Bälle aus dem Vereinsheim hole, die Trikots verteile oder den Jungs etwas zu trinken bringe. Sie haben sich daran gewöhnt, dass ich oft etwas aufschreibe, niemand faucht mich deshalb mehr an, im Gegenteil, sie fragen manchmal sogar nach, was ich alles notiert habe.

Eine Veränderung besteht auch in meiner neuen Beweglichkeit. Die Eltern haben mir nämlich ein gebrauchtes Fahrrad geschenkt, mit dem ich längere Strecken auch weiter weg von unserer Wohnung zurücklegen kann. Am liebsten fahre ich zum Rhein und dann immer weiter an seinem Ufer nach Süden entlang. Ich komme in Gegenden, die man dem Wuchern der Natur überlassen hat, und ich fahre über schmale Pfade und setze irgendwo mit einer kleinen Fähre über ans andere, rechtsrheinische Ufer.

Dieses Fahrradfahren gefällt mir sehr, vor allem gefällt mir daran, dass ich einmal auf andere Art als sonst allein sein kann. Zuhause oder in der engeren Umgebung unserer Wohnung bin ich zwar auch allein, ich empfinde es aber nicht als richtiges Alleinsein. Wenn ich während des Fahrradfahrens richtig allein sein will, mache ich einen Halt, setze mich hin, schaue auf den Fluss und denke nach. Es kommt auch vor, dass ich ins Träumen gerate.

Wovon träume ich? Vom Unterwegssein, von langen Wanderungen durch die Welt, wie ich sie aus den Büchern der Entdecker kenne. Ich spüre dann häufig eine starke Sehnsucht nach der Ferne. In der Ferne wartet ein anderes Leben als das, das ich kenne. Am liebsten würde ich es mit Papa erkunden. Dann wäre ich in der Ferne zwar nicht allein, käme aber rascher voran und vor allem auf eine Art, dass ich viele Entdeckungen machen würde. Auf die Entdeckungen käme es auf Reisen an, und allein würde ich solche Entdeckungen (noch) nicht machen können.

Ich nehme mir vor, Papa bald einmal auf eine solche Reise oder Wanderung anzusprechen. Dass Mama uns begleiten wird, kann ich mir nicht vorstellen. Mama würde nicht wandern oder Tag und Nacht in der Fremde unterwegs sein wollen. Vielleicht würde sie aber zum Endpunkt unserer Reise fahren, um uns dort in Empfang zu nehmen, einige Tage mit uns zu verbringen und wieder mit uns nach Hause zu fahren. Ich lege eine Rubrik mit dem Thema *Reisen* an und schreibe:

Zu Hause (in Köln und im Westerwald) ist es sehr schön. Die Schönheit zeigt sich auch darin, dass ich mich an beiden Orten sehr wohl fühle und gerne aufhalte. Durch das Fahrradfahren habe ich jedoch neue und fremde Orte kennengelernt. In ihnen möchte ich nicht leben, aber ich möchte sie gerne erforschen.

Worin könnte das Erforschen bestehen? Im genauen Hinschauen darauf, wie die Menschen dort wohnen, wie sie arbeiten, worüber sie sprechen, was sie essen und trinken und was ihre Vorfahren an den Orten, an denen sie leben, erlebt haben. Früher gab es in der Schule das Fach »Heimatkunde«, Lehrer G. hat dieses Fach unterrichtet. Er war ein guter Lehrer, das muss ich sagen, denn er hat mit uns genau solche Forschungen rund um unsere Schule betrieben, wie ich sie gerne in der Fremde betreiben würde. Eine »Heimatkunde der Fremde«.

Fraglich ist aber (und das ist eben das Problem), ob sich die Fremde wirklich ganz ähnlich wie die Heimat erkunden und erfor-

schen lässt. Was zum Beispiel schreibe ich über fremde Menschen, die ich doch gar nicht kenne und von denen ich selbst nach kurzen Kontakten nicht genau wissen kann, was und wie sie denken?

Reisen besteht vor allem aus solchen kurzen Kontakten. Man ist ein oder zwei Tage an einem Ort, und dann zieht man weiter. Ich vermute stark, dass ich einen Ort in so kurzer Zeit nicht mit den passenden, treffenden Wörtern zu fassen bekomme. Vielleicht ist es sogar so, dass ich gar nichts höre, keine Wörter, keine Stimmen, keine Sprache. Was aber soll ich dann über einen fremden Ort sagen? Und wie soll ich ihn beschreiben, wenn ich ihn nur kurz durchlaufen habe?

Die Heimat besteht aus dem, was man in seiner allernächsten Umgebung mag und liebt: bestimmte Menschen, Straßen, Plätze, Gebäude, Bäume und Pflanzen. Das alles ist aber mit ganz bestimmten Wörtern und mit einem ganz bestimmten Vokabular verbunden. Wer einen Ort nur flüchtig und kurz besucht, wird diese Wörter vielleicht nie erfahren und finden.

Sollten Papa und ich also anders reisen, als man gewöhnlich reist? Indem wir lange an einem fremden Ort bleiben? Ich werde Papa fragen, er weiß darauf bestimmt eine Antwort.

Die stärkste Veränderung in meinem Leben (und Schreiben) besteht aber nicht in der wachsenden Sehnsucht nach der Erforschung von etwas Fremdem, sondern darin, dass Mama und Papa mir eine Schreibmaschine geschenkt haben. Sie ist schwarz und hat kleine Tasten, wie die Schreibmaschinen im Büro des Zeitungsredakteurs. Vorne, auf ihrem Brustkasten, steht ihr Name (*Triumph*), und weiter steht dort, dass sie aus Nürnberg kommt. Sie ist frisch poliert und glänzt und steckt den Tag über in einem schwarzen Kasten.

Nimmt man ihn ab, riecht es merkwürdig, als hätte die Maschine in ihrem Kasten geschwitzt. Es riecht nach Öl oder Fett, und die kleinen, runden Tasten scheinen zu blinken. Die Schreibmaschine hat winzige Hämmerchen (wie ein Cembalo), die bei Berührung der Tasten aufs Papier springen und dort einen Abdruck hinterlassen. Zwischen ihnen und dem Papier lauert nämlich ein schwarzrotes Farbband, das dem Abdruck auf dem Papier erst die besondere Farbe verleiht. So erscheinen die Buchstaben klar und deutlich in schwarzer oder roter Farbe und sehen alle gleich aus.

Papa sagt, ich solle mir mit der Schreibmaschine Zeit lassen. Auch in Zukunft würden wir nämlich alle Texte mit der Hand schreiben. Die Schreibmaschine sei nicht für das eigentliche Schreiben, sondern nur für das Abtippen bestimmt. Abtippen würden wir bestimmte Texte, die wir mit Hilfe des Kohlepapiers mehrfach kopieren und aufheben. Solche Texte seien ganz besondere Texte, die wir in eigenen Ordnern sammeln und damit besonders würdigen. Möglich sei auch, dass wir Kopien verschenkten. Die Verwandten (wie zum Beispiel der Großvater im Westerwald) würden sich darüber sehr freuen. Durch die Schreibmaschinenschrift machten wir es ihnen leichter, einen meiner Texte zu lesen. Aber auch andere Menschen könnten dann meine Texte lesen, als wären sie gedruckt.

Mama findet es auch gut, dass zum Beispiel der Großvater meine Texte auf diese Weise zu lesen bekommt. Sie
ist aber streng dagegen, dass wir sie wieder an Papas Kollegen oder sonstige Freunde verteilen. »Und erst recht
bekommt der Herr Redakteur sie nicht mehr zu sehen!
Keine Texte mehr in der Zeitung! Aus diesen Erfahrungen haben wir ein für alle Mal gelernt!«

Mama möchte nie mehr auf »das Kind, das schreibt«, angesprochen werden, sie kann es nicht mehr hören. Und
auch ich bin es gründlich satt, so angesprochen und über
mein Schreiben ausgefragt zu werden. Deshalb lässt Papa
dem Redakteur über Telefon die Nachricht zukommen,
dass ich vorerst keine weiteren Texte für die Zeitung
schreiben werde. »Nicht vorerst, sondern nie mehr!«,
sagt Mama. »Vorerst genügt!«, sagt Papa, »man darf
nichts ausschließen, das darf man nie!«

Ich selbst schließe es aber aus, denn die Veröffentlichung
der Texte hat nur für »viel Theater« (Mama) gesorgt, mir
aber nicht weitergeholfen. Was habe ich von den Kom-
mentaren und Fragen der Menschen gelernt, die meine
Texte gelesen haben? Dass es schön und gut ist, wenn ein
Junge wie ich eine solche Beschäftigung hat. Dass eine
solche Beschäftigung »von der Straße weg« führt. Und
dass noch viel mehr Jungs in meinem Alter aufschreiben
sollten, was sie beobachten und sehen. Mehr als so ein
albernes Zeug haben die Leute meist nicht zu meinen
Texten gesagt, so dass ich den Eindruck erhielt, dass sie
die Texte höchstens überflogen, aber nicht langsam und
gründlich gelesen haben. Hätten sie das wirklich getan,

hätten sie andere Fragen gestellt: Hattest Du gar keine Angst vor der Blindschleiche? Hast Du einmal heimlich mit dem Luftgewehr Deines Vaters geschossen? Begleitest Du Deinen Vater manchmal zur Jagd?

Nun gut, wir haben das Kapitel »Veröffentlichen in der Zeitung« nach Meinung von Papa und Mama »abgehakt und erledigt«. Wir denken nicht mehr daran, und wir sprechen auch nicht mehr darüber. Wenn Mama während des Einkaufens oder während ihrer Arbeit in der Leihbücherei darauf angesprochen wird, antwortet sie: »Ich weiß nicht, wovon Sie reden.« Papa findet diese Wendung (oder »Floskel«) etwas lächerlich, und er sagt, er antworte seit neustem: »Ich weiß, was Sie meinen, aber ich will nicht darüber sprechen. Man soll mit großen Talenten vorsichtig umgehen und ihr Talent nicht zerreden.« Das nun wiederum findet Mama lächerlich, vor allem die »Floskel« vom »großen Talent« gefällt ihr nicht. Sie sagt, Papa solle mir keine Flausen in den Kopf setzen. Stattdessen sollten wir zurückkehren zum einfachen, bescheidenen Schreiben und Üben. Auf dem Papier und auf dem Klavier.

Sind Papa und Mama abends nicht da, übe ich auf der Schreibmaschine. Es ist ein seltsames, halb vertrautes, halb neues Gefühl. Vertraut ist mir nämlich der rasche Anschlag der Tasten, den ich vom Klavierüben her kenne. Und so springen und hüpfen die kleinen Hämmerchen, von meinen Fingern geschlagen und getrieben, schon bald eilig aufs Papier und hinterlassen dort so lange und gerade Zeilen, wie ich sie mit der Handschrift nicht hinbekomme.

Neu aber ist, dass die getippte Schrift vor meinen Augen davonfliegt, so dass ich oft das Gefühl habe, diese Schrift sei schneller als mein Denken. Noch tippe ich mit der Maschine keine eigenen Texte, sondern fremde Texte aus einem Buch ab (wie zum Beispiel Texte aus einem Lexikon). Mit diesem Abschreiben komme ich immer besser zurecht, allerdings tippe ich nur mit den beiden Zeigefingern und benutze nicht alle zehn Finger, wie es angeblich besser sein soll und richtig wäre. Gute Sekretärinnen, sagt Papa, schreiben nur mit zehn Fingern, und das in einem unglaublichen Tempo. Er kenne eine Sekretärin, die jeden Satz, den er diktiere, so schnell aufs Papier bringe, dass der Satz bereits dort stehe, bevor er ihn ganz ausgesprochen und beendet habe.

Genau dieses Tempo der Schrift mit Hilfe der Maschine irritiert mich. Ich nehme mir deshalb vor, niemals mit zehn Fingern, sondern immer nur mit den beiden Zeigefingern zu schreiben. Dann eilt das Tippen meinem Denken nicht davon, sondern begleitet es. (Bis heute habe ich mich an diese Art des Tippens gehalten, selbst an einem Laptop tippe ich mit zwei Fingern, was unter lauter gut erzogenen Zehnfinger-Tippern, zum Beispiel in ICE-Zügen, einen skurrilen, altmodischen Eindruck macht.)

Das Tippen bringt jedoch noch ein anderes Problem mit sich. Versuche ich nämlich, einen eigenen, gerade entstehenden Text zu tippen, so lenkt mich das Tippen jedes Mal ab. Habe ich also zum Beispiel den Satz »Ich tippe gerade auf meiner neuen Schreibmaschine« im Kopf, so rattern die Hämmerchen diesen Satz heftig und deutlich aufs Papier. Ist der Text auf diese Weise getippt, scheinen die Hämmerchen mir zuzurufen: »Na und? Wie geht es weiter? Auf, los, mach doch!«

Das Tippen der Hämmerchen, ihre schnörkellose, harte und fordernde Art machen mich unruhig. Ich mag es nicht, dass die Hämmerchen so auf sich aufmerksam machen. Sie sollen mich in Ruhe nachdenken und Satz für Satz schreiben lassen, anstatt mich herumzukommandieren. Was haben sie mir überhaupt zu sagen? Sie sollten Gehilfen des Schreibens und keine Wichtigtuer der Schrift sein. Zum ersten Mal denke ich länger über das Schreiben nach, und so ist es Zeit für eine neue Rubrik (*Schreiben*):

Das Schreiben mit der Hand ist für mich genau das richtige Schreiben. Bevor ich damit anfange, überlege ich, welchen Stift ich nehme und welches Papier (welche Sorte, welches Format). Das aber reicht schon zum Schreiben. Das weiße Papier löscht die vielen, noch überall herumstreunenden Gedanken und fordert Konzentration. Dann setzt der Stift an und bringt erste Ordnung in das Gewimmel. Ich schreibe einige Wörter, sie ergeben eine Linie und eine Folge, und schon entsteht langsam ein gründlich erarbeiteter Text.

Das Schreiben mit der Maschine stört meine Konzentration. Wenn ich damit schreibe, kommt es mir vor, als übernähme die Maschine das Schreiben. Nicht ich diktiere ihr meinen Text, sondern sie redet mit oder übernimmt sogar die Herrschaft über ihn. »Schreib das doch groß!«, flüstert sie, oder: »Nicht so viele Buchstaben in einer Zeile! Und das G bitte groß! Und vor und nach ›merkwürdig‹ bitte jeweils zwei Häkchen!«

Ich würde mich gar nicht wundern, wenn die Schreibmaschine mit der Zeit ein eigenes Leben entwickelt und mich am frühen Morgen zum Schreiben begrüßt. Zum Glück steckt sie noch in ihrem schwarzen Schwitzkasten, aber wenn sie hört, dass ich wach bin, poltert sie schon: »Mach auf! Lass mich raus! Ich will schreiben!« Erlöse ich sie und hole sie aus ihrem Gefängnis, strahlt sie und sendet dieses Strahlen ins ganze Zimmer. Sie ist der Mittelpunkt, sie will jetzt schreiben, unbedingt, irgendwas. Berühre ich sie jetzt nicht gleich und auf der Stelle, wird sie giftig und bösartig und verkündet, ich sei es nicht wert, von ihr geholfen zu bekommen. Und außerdem hätte ich keine Ideen. Mal wieder nicht. Wie an so vielen Morgenden nicht.

Dass ich vor dem Schreiben keine Ideen habe, ist noch nie vorgekommen. Sollte ich aber mit der Maschine anfangen zu tippen, könnte das durchaus passieren. Ich würde dasitzen und die kleinen Hämmerchen anstarren. Und die Hämmerchen würden feixen und mich verhöhnen: »Lass uns einfach mal springen! Wir übernehmen die Arbeit für Dich! Uns fällt immer was ein!«

Mir ist jetzt klar, dass ich die Maschine nur zum Abtippen von Texten und damit genau so verwenden werde, wie Papa es vorgeschlagen hat. Tagsüber, wenn ich meine Texte mit der Hand schreibe, bleibt sie in ihrem Verlies. An den Abenden aber könnte ich manchmal einige meiner mit der Hand geschriebenen Texte abtippen. Langsam und vorerst nur zum Spaß. Mal sehen, was dann passiert.

Ich habe mit dem Abtippen von einigen meiner Miniaturen begonnen. Dabei habe ich langsam getippt, Wort für Wort, Satz für Satz. Ich habe jedes Wort und jeden Satz mehrmals laut vor mich hin gesprochen, als spräche ich zu einer Sekretärin und diktierte ihr meinen Text. Die Schreibmaschine musste mir folgen, Buchstabe für Buchstabe. Für jeden Text habe ich eine neue Seite genommen. Meine Miniaturen standen, nachdem sie getippt waren, am oberen Rand. Sie sahen aus, als wären sie verhungert. Gut wäre es, wenn die Buchstaben größer sein könnten. Getippt aber wirken sie wie magere Gesellen, die sich in der Eiswüste des weißen Papiers verirrt haben.

Seltsam. Ich habe mich dabei ertappt, die Schreibmaschine anzuherrschen. Als zwei Hämmerchen beim Tippen übereinander herfielen und sich verhakten, habe ich gerufen: »Ihr saublöden Dinger, Ihr! Was seid Ihr doch so saublöd!« Als ich das hörte, dachte ich: »Du bist nicht mehr gescheit! Hör sofort auf mit der Tipperei!« Ich habe den schwarzen Kasten geholt und über die Maschine gestülpt – und die Sache für diesmal beendet.

Mit Maschinen in einem Raum zu leben, ist nicht gut. Obwohl es tote Dinger sind, machen sie wie lebende auf sich aufmerksam und erfordern Pflege und sogar Ansprache. Das Klavier ist übrigens keine Maschine. Das Klavier ist ein gewaltiges Wesen, halb Mensch, halb Tier. Das Klavier ist ein Minotaurus.

Erfinden

NACH DEN großen Ferien beginnt eine neue Fußballsaison. Ich gehe zum Fußballplatz und begrüße die Jungs in meinem Alter, die in den Ferien nicht wie ich ganz in der Nähe (im Westerwald), sondern zum großen Teil »im Ausland« (Holland, Österreich, Italien) gewesen sind. Sie erzählen von diesen Aufenthalten, als hätten sie Gott weiß was erlebt, und als ich sage, ich sei die ganze Zeit im Westerwald gewesen, schauen sie mich mitleidig an und sagen: »Wie langweilig!«

Dass wir (noch) keine Ferien im Ausland machen, haben Papa und Mama so beschlossen. Im Westerwald gibt es rund um unser Haus weiter sehr viel zu tun, auch deshalb fahren wir hin, und außerdem genießen wir es, längere Zeit und damit am Stück dort sein zu können. Es ist unglaublich, wie viel ich in diesen Wochen in der Jagdhütte schreibe. Papa lässt mich das oft allein tun und liest nur noch die Texte, die Tag für Tag entstehen. Er verbessert weiter die Rechtschreibung und die Grammatik, aber ich mache in dieser Hinsicht inzwischen viel weniger Fehler.

Einige Texte, die im Westerwald spielen, tippe ich ab und schenke sie den Verwandten. Sie sagen aber (außer dem Großvater) nichts Besonderes dazu, sondern behaupten nur, ich sei »wirklich fleißig«. So etwas wie »Fleiß« in eine Verbindung zum Schreiben zu bringen, gefällt mir nicht. Die Landarbeiter, die mit Papa in unserem großen Garten schuften, sind wirklich fleißig, ich aber doch nicht. Das mit dem »Fleiß« wird nur so dahergesagt, damit man etwas gesagt hat, treffend und genau ist es nicht. Aber das ist ja das Problem mit dem ewigen Sprechen und Reden: dass es meist nicht genau und treffend, sondern nur so dahergesagt ist. (Man könnte es also auch bleiben lassen.)

Die Jungs in meinem Alter haben zu Beginn der Saison richtig Lust auf das Training. Der Jugendtrainer lässt sie aber nicht sofort mit dem Ball spielen, sondern jagt sie über den Platz, damit sie »Kondition tanken«. Sie müssen viele Runden laufen, über kleine Hürden springen und im Zickzack (ohne Ball) zwischen einigen Stangen herumkurven. Die meisten geraten rasch außer Atem, und dann stöhnen sie und werden bockig (»Was soll der Mist?«). Sie erhalten dann vom Jugendtrainer einen ersten Verweis. Wer drei Verweise bekommen hat, muss an den Spielfeldrand und erhält eine Strafe (wie etwa die Außenlinien des Platzes mit Kreide nachziehen). Während einer solchen Strafarbeit sagt keiner mehr einen Ton, die meisten schauen dann zu Boden und kommen später reumütig wieder zurück auf den Platz (»Trainer, ich entschuldige mich«, müssen sie auch noch sagen).

Ich schreibe auf, was zu Beginn der neuen Saison passiert. Oben auf die erste Seite einer neuen Rubrik schreibe ich *Die neue Saison* und nehme mir vor, das Training und die Spiele dieser Saison festzuhalten. Ich will aufschreiben, was und wie lange trainiert wurde, und ich will darüber schreiben, was die Jungs in meinem Alter sagen, wie jeder einzelne trainiert und spielt und wie die ganze Saison verläuft.

Ich spreche darüber mit dem Jugendtrainer, und er findet es eine sehr gute Idee, die ganze Saison schriftlich festzuhalten. »Das wird eine sehr nützliche Dokumentation«, meint er, und außerdem sagt er, dass er dann und wann einen Blick in diese Dokumentation werfen wird: um den

Überblick nicht zu verlieren. Um auf eventuelle Fehler oder Mängel im Training zu stoßen. Um sich »ein Bild zu verschaffen«. Ich frage ihn, ob er mir Materialien (Bücher, Trainingsprogramme) leihen kann, auf die ich in meiner Dokumentation eingehen oder hinweisen könnte. Da tut er erstaunt und fragt: »Welche Bücher meinst Du? Fußball hat nichts mit Büchern zu tun, Fußball ist eine Herzenssache.«

Ich finde diese Antwort enttäuschend (und auch etwas dämlich: als hätten »Herzenssachen« nichts mit Büchern zu tun!), aber der Jugendtrainer ist nun einmal ein Mann, der wenig oder gar nicht liest, auch sonst nicht, außerhalb des Fußballs. Nicht einmal eine Zeitung liest er (er könnte doch immerhin die Sportberichte lesen), stattdessen behauptet er, dass in Zeitungen nur die zu Wort kämen, die immer schon »das Sagen haben«. Ich habe entgegnet, dass er doch während des Trainings und während der Spiele auch »das Sagen« habe und deshalb eigentlich ebenfalls in einer Zeitung vorkommen müsse. Da hat er nur blöde gelacht und geantwortet, so weit komme es noch, dass er Interviews gebe, nein, von ihm erfahre man kein einziges Wort. »Was hier auf dem Platz alles geschieht, bleibt unter uns, verstanden?!«, sagt er, und als ich nicke, hakt er nach: »Das betrifft auch Deine Dokumentation! Die ist nichts für die Welt, sondern nur etwas für uns. Verstanden?!«

Jaja, ist schon gut, ich habe verstanden. Ich nicke wieder und sage nichts mehr, sonst wird er zornig. Er braust leicht auf, und wenn die Jungs ein Spiel verloren haben, steht er schnaufend in der Kabine, mit hochrotem Kopf, und sagt: »Das war heute gar nichts, verstanden?! Das war peinlich, Ihr habt Euch blamiert, verstanden?! Und, schlimmer noch: Ihr habt mich blamiert, mich, Euren Trainer! Verstanden?!« Nach jedem »Verstanden?!« müssen die Jungs »Jawohl, Trainer!« sagen. Wenn sie es zu leise sagen, müssen sie es lauter wiederholen. Und wenn sie es immer noch zu leise sagen, müssen sie es ein weiteres Mal wiederholen.

Dreimal hintereinander »Jawohl, Trainer!« zu sagen, ist eindeutig Unsinn, aber auch das sage ich lieber nicht, weil der Trainer dann vielleicht »das Vertrauen zu mir verliert«. (Diese Formel ist die schlimmste, die er gebraucht. Alle paar Tage verliert er zu einem der Jungs »das Vertrauen«. Sie müssen sich im Training besonders anstrengen, dann können sie »das Vertrauen wiedergewinnen«. Das geht aber meist schnell, denn es gibt nicht genügend Jungs für die Spiele gegen die anderen Mannschaften, so dass der Trainer keinen lange pausieren lassen und ihm längerfristig »das Vertrauen entziehen« kann.)

Das erste Spiel der Saison gegen die Mannschaft aus der Südstadt geht 2:7 verloren. Es regnet, und gleich in der dritten Minute lässt Norbert, der Torhüter, den Ball abspringen, so dass der gegnerische Mittelstürmer mühelos einschießen kann. In der neunten Minute steht es 0:2, und wieder hat Norbert den entscheidenden Fehler gemacht. Der Trainer nimmt ihn aus dem Tor und stellt Peter hinein, dadurch wird es aber nicht besser. Unsere

Mannschaft hat keinen guten Torhüter, das wissen die gegnerischen Mannschaften und nutzen es aus. Wenn es regnet, schießen sie laufend aufs Tor, und alle paar Minuten kann unser Torwart den Ball nicht festhalten und »es klingelt im Gebälk«.

Dass es »im Gebälk klingelt« ist Fußballsprache. Alle Jungs sprechen sie, und sie sprechen auf dem Platz nur diese Sprache, keine sonst. »Da hat es wieder im Gebälk geklingelt«, sagen sie und wischen sich mit der Hand über den Mund, als bestünde die Fußballsprache aus lauter fettigen oder öligen Wörtern. Genau diesen Eindruck habe ich auch: Fußballsprache hat etwas Fettiges, Öliges, und sie wirkt, als hätte man gerade in ein deftiges Stück Fleisch (Rind, Lamm) gebissen und müsse deshalb rasch auch etwas Deftiges sagen. Etwas, das aus den Eingeweiden kommt. Etwas Störrisches, Uriges.

Ich verwende die störrischen, urigen Wörter in meinen Texten nicht. Wenn ich sie einmal gebrauche, setze ich sie in Anführungszeichen, um zu zeigen, dass es nicht meine Wörter sind. Stattdessen erfinde ich, was die Jungs auf dem Platz rufen, und mit meinen Erfindungen sorge ich dafür, dass etwas Spannung und Dramatik ins Spiel kommt. Wie aber geht das?

Schon gleich nach den ersten Wochen habe ich beim Wiederlesen meiner Notizen zum Thema *Die Neue Saison* bemerkt, dass sie sehr langweilig sind. Ich habe diese Texte mehrmals gelesen und mich gefragt, wodurch diese Langeweile entsteht:

3. September. Trainingsbeginn: 16 Uhr. Konditionstraining (zehn Runden laufen, Gymnastik). Freistoß- und Elfmetertraining. Der Trainer: »Ihr könnt keine Freistöße schießen, das üben wir jetzt, bis Ihr blau werdet!« Die Jungs schießen Freistöße aus 20, 18 und 16 Metern. Norbert steht im Tor und hält fast jeden Ball, die Hälfte der Schüsse geht neben das Tor. »Ihr könnt es einfach nicht, ich hab's ja gesagt!«, ruft der Trainer. Und dann schießt er selbst: dreimal übers Tor. Das aber kräftig und ordentlich. (»Mit Schmackes!«)

5. September. Spielbeginn: 11 Uhr. Gegner: Die rechtsrheinischen Jungs aus Deutz. Norbert steht wieder im Tor und hält etwas besser. Fast 15 Minuten hält er »den Kasten sauber«, dann steht es 0:1. Günter bekommt schon nach 20 Minuten kaum noch Luft und humpelt nach draußen (er hat Seitenstechen), und Wolfgang ruft mehrmals, er brauche etwas zu trinken, er verdurste fast. »So ein Quatsch!«, sagt der Trainer (nur zu mir), und dann flüstert er: »Das Weichei lassen wir jetzt ganz fachmännisch verdursten!«

Während der Lektüre solcher Texte fällt mir auf, dass Fußball in ihnen nicht wie ein Spiel wirkt, das Freude macht. Immerzu ist von harten Sachen, Strafen oder Kontrollen die Rede. Ein Leser, der von diesem Sport nichts versteht, könnte denken, die Jungs befänden sich in einem Straflager und würden Tag und Nacht geknebelt. Diese Stimmung (oder »Atmosphäre«, wie Papa sagen würde) macht die Texte langweilig. Man liest sie mit Verdruss und so, als schmeckten sie sauer oder bitter. Nirgends macht einer mal einen Scherz oder sagt etwas Übermütiges, Freches, vielmehr hat der Trainer das al-

leinige Sagen. Er wirkt wie ein Befehlshaber oder wie ein
»Kommandeur«.

Das denke ich, schreibe es aber nicht hin. Würde der
Trainer das lesen, bekäme ich sicher für mindestens zwei
Wochen »Platzverbot«.

Weiter: Ich schreibe über das, was auf dem Platz während des Trainings oder während eines Spiels »passiert«,
ich schreibe aber nicht über die Jungs. Meine Texte sind
»Protokolle« (wie es der Trainer empfohlen und eigentlich auch verlangt hat). Bloße Protokolle dessen, was
»passiert«, sind besonders langweilig. Sie sind voller Zahlen und Fakten und halten nur das Gerüst von Ereignissen fest, nicht aber, was die Spieler und die Zuschauer
während eines Spiels beschäftigt.

Gute Frage: Was beschäftigt die Spieler? Die Spieler sind
mit sich selbst und den anderen beschäftigt. Innerhalb
einer Mannschaft bilden sie Gruppen, schließen Freund-
schaften, pflegen Feindschaften und verheimlichen das
möglichst dem Trainer. Der Trainer soll denken, alles sei prima und in Ordnung, in Wahrheit aber toben
»hinter den Kulissen« kleine Kämpfe. Steht Norbert im
Tor, schlägt er den Ball grundsätzlich nicht auf Wolfgang (auch wenn der frei herumsteht). Hat Wolfgang den
Ball, flankt er nicht zu einem Mitspieler, sondern will zunächst einmal zeigen, wie gut er dribbeln kann. Jeder
Spieler spielt so im Grunde sein eigenes Spiel. Schafft
es der Trainer nicht, die Feindschaften und Eigenheiten
der Spieler abzubauen, verliert eine Mannschaft fast je-

des Spiel (2:7 oder 3:9 – das waren die Ergebnisse unserer ersten beiden Spiele, die uns zum »verhöhnten Schlusslicht der Liga, bravo Jungs!« (Trainer) machten).

Nach diesen beiden Spielen vermute ich, dass es noch lange so weitergehen wird. Die Jungs sprechen nicht miteinander und erst recht nicht mit dem Trainer. Manchmal habe ich den Eindruck, sie wollen ihn ärgern (weil sie ihn fast alle nicht mögen). Deshalb laufen sie nicht richtig, spielen sich nicht die Bälle zu und machen »lauter alberne Mätzchen« (Trainer). Ihr Vergnügen am Spiel besteht darin, möglichst hoch zu verlieren, ans Gewinnen denken sie schon lange nicht mehr. »Ihr habt euch aufgegeben!«, schimpft der Trainer, und die Jungs schauen stumm zu Boden. Sind sie später aber ohne den Trainer allein in der Kabine, grinsen sie oder grölen »Wir haben uns aufgegeben! Und wie!«

Weil ich das alles (anders als der Trainer) mitbekomme und weiß, verliere ich bald die Lust an meinen Texten. Warum soll ich Protokolle über die Unlust der Jungs am Spiel schreiben? Und warum soll ich überhaupt langweilige Texte schreiben? (»Nichts ist schlimmer als langweilige Texte«, hat Papa immer wieder gesagt.) Da ich so früh aber nicht aufgeben will, verändere ich das Vorhaben: Ich schreibe weiter Protokolle, wie sie der Trainer lesen möchte, aber nur kurz und knapp und gerade das Nötigste, damit man »den Überblick« behält und sich an die Fakten erinnert. Daneben aber schreibe ich eine Geschichte, die von den Ereignissen ganz anders erzählt. Ich erzähle von ihnen nämlich so, dass ich etwas hinzuerfinde. Hinzu?! Erfinde ich etwas hinzu?! Wie geht denn das?!

10. September. Peter und Wolfgang treffen sich heimlich am L.-Platz, Peter hat um dieses Treffen gebeten. Beide mögen sich nicht, aber Wolfgang ist neugierig, was Peter mit ihm zu bereden hat. Deshalb erscheint er, obwohl er Peter nicht mag. Peter sagt »Hallo, Wolfgang!«, und Wolfgang antwortet: »Hallo!« Dann sagt Peter: »Ich finde, wir sollten uns einmal aussprechen. Denn so geht es nicht weiter. Wir verlieren jedes Spiel, und das ist nicht mehr zum Lachen.« Wolfgang antwortet zunächst nicht, er denkt nach, denn er ist von dem, was Peter gesagt hat, überrascht. Schließlich sagt er: »Du weißt, es liegt am Trainer. Wir können da wenig machen.« Peter schüttelt den Kopf und wird lauter: »Nein, am Trainer liegt es nicht nur. Es liegt auch an uns. Wir geben uns keine Mühe, und wir spielen nicht wirklich zusammen. Du weißt das genau. Du willst es nur nicht zugeben.« Wolfgang schweigt wieder eine Weile, dann fragt er: »Und was sollen wir tun? Hast Du eine Idee?«

Das ist der Anfang meiner Geschichte. Sie heißt nicht *Die Neue Saison*, sondern *Wir Jungs wollen gewinnen*. Natürlich ist es nicht vorgekommen, dass Wolfgang und Peter sich heimlich am L.-Platz getroffen haben. Sie denken gar nicht daran, sie bleiben lieber verfeindet. (Woher rührt eigentlich ihre Feindschaft? Ich weiß es nicht genau. Sie können sich einfach »nicht riechen«.) Im günstigsten Fall aber hätte es vorkommen können, dass die beiden sich getroffen hätten. Sie hätten vereinbart, besser miteinander umzugehen, und sie hätten die Jungs, die zu ihnen gehören und mit ihnen eine Gruppe bilden, zur Seite genommen. So hätten alle Jungs miteinander gesprochen. Sie hätten vereinbart, sich auch außerhalb des Trainings zu treffen und – zusätzlich zum normalen Training – anderswo zu trainieren. Und – ja … und?

An dieser Stelle komme ich selbst ins Spiel. Denn natürlich wissen die Jungs, dass wiederum ich von ihren Feindschaften weiß. Ich gehöre zu ihnen (und nicht zum Trainer), aber ich bin »ein Außenstehender«, ich trainiere und spiele nicht mit. Was also bin ich genau? Ich bin der »Zweittrainer«! Als »Zweittrainer« bin ich der Trainer, der die Jungs versteht und den sie mögen. Sie reden mit ihm, sie machen Scherze, und sie sagen, er solle sie nicht so »herumkommandieren«, schließlich bringe er selbst »kein Bein auf den Platz«. Das alles lässt sich der »Zweittrainer« sagen, denn es ist nur ein Scherz. Er weiß selbst, dass er nicht gut Fußball spielt, andererseits versteht er aber etwas vom Fußball. Er mag die Jungs, er kommandiert sie nicht herum, er schaut sich genau an, wie sie spielen, und gibt ihnen gute Ratschläge. Für jeden einzelnen erfindet er ein eigenes Training. Er hat die Übersicht (und nicht »den Überblick«), mit seiner Hilfe gewinnen die Jungs ein Spiel nach dem andern.

14. Oktober. Das Spiel gegen die »Schwarzen Teufel« aus Ehrenfeld beginnt um 10 Uhr. Die Jungs sind dort die Gastmannschaft und laufen in besonders sauberen Trikots auf. »Da kommen die Saubermänner!« rufen die Zuschauer in Ehrenfeld, »macht sie dunkel, schickt sie heim!« Aber die Jungs lassen sich durch solche Pöbeleien nicht irritieren. Die Ehrenfelder sind die beste Mannschaft der Liga, das wissen sie, und in Ehrenfeld geht es rauer zu

als irgendwo sonst. Genau darauf hat sie der Zweittrainer ein-
gestellt. »Ihr bekommt jetzt von mir zu hören, was ihr sonst nie
von mir zu hören bekommt!«, hat er während des letzten Trai-
nings gesagt. Und dann hat er die Jungs einen nach dem andern
während des Trainings angeschrien und deftig beleidigt: »Nor-
bert, Du Memme!« »Peter, Du Weichei!« »Hey, Jungs, was seid
Ihr bloß für trübe Tassen! Eure Schuhe kann man beim Laufen
sohlen, so langsam seid Ihr!« Durch solche (natürlich nicht ernst
gemeinten) Sprüche hat er die Jungs auf die Gehässigkeiten der
Ehrenfelder vorbereitet und sie gleichzeitig »bissig« gemacht.

Außerdem hat er von ihnen verlangt, dass sie während des Spiels
keinen Ton sagen. Sie sollen schweigen – wer den Mund aufmacht,
hat schon verloren. Und die Jungs halten sich daran. Auf dem
Ehrenfelder Platz laufen sie schweigend und schnaufend hinter
dem Ball her. Kein Ton, kein Wort, keine Geste. Sie spielen, als
wären sie eine Taubstummenmannschaft. Und genau das bringt
den Gegner völlig durcheinander. »Was ist los? Seid ihr taub?«,
brüllen die Ehrenfelder. Sie verstehen nicht, was mit den Nippesern
los ist, sie denken nach, geraten ins Grübeln und wirken nicht mehr
konzentriert. Das Spiel endet 1:4, die Nippeser gewinnen, dank
der gnadenlos guten Taktik des Zweittrainers.

Auch das ist alles erfunden. Das Spiel gegen die Mannschaft aus Ehrenfeld geht 1:9 verloren, und ich protokol-
liere alle neun Tore der Gegner, indem ich vermerke,
wann die Tore gefallen sind und wer sie geschossen hat.
Halte ich das Protokollierte gegen das Erfundene, ist sofort klar, welches der interessantere Text ist. Das Erfundene ist spannend, abwechslungsreich und »sprüht von
Ideen« (eine von Papas Anforderungen an gute Texte).

Das Protokollierte ist langweilig, traurig und eintönig (und völlig »ideenlos«).

Ich schreibe die Geschichte *Wir Jungs wollen gewinnen* daher immer weiter. Sie macht mir großen Spaß, denn ich kann in jedem Kapitel etwas Neues erfinden. Seltsam ist aber, dass sich die Jungs in meiner Geschichte allmählich verwandeln. Peter ist nach einer gewissen Zeit nicht mehr der Peter, den ich kenne – und so geht es auch mit den anderen Jungs. Sie nehmen andere Eigenschaften an, werden freundlicher, lustiger, hilfsbereiter, haben Humor, lachen viel und denken sich neben dem Fußballspiel noch andere gemeinsame Beschäftigungen (und »Abenteuer«) aus. So verreisen sie in den Ferien gemeinsam und übernachten in einer Jugendherberge. So trainieren sie neben dem Fußball auch Schwimmen und tragen im Schwimmen Wettkämpfe aus.

In meiner Geschichte führen sie ein munteres Leben. Sie rauchen und trinken nicht, sie hören auch keine blöde Musik, sie bleiben vielmehr ganz unter sich, so wie die *Fünf Freunde* in den Büchern von Enid Blyton. Von diesen Geschichten habe ich ein wenig gelernt: wie man von mehreren Personen gleichzeitig erzählt, wie man ein Abenteuer aufbaut, wie man einer Geschichte Spannung verleiht und wie man die Personen sprechen lässt.

In meiner Rubrik *Wie Geschichten sein sollen* notiere ich:

Ich schreibe an meiner ersten längeren Geschichte. Dabei halte ich mich an die Jungs, die ich vom Fußball gut kenne. Sie sind die Figuren oder Personen in meiner Geschichte. Weil ich sie gut kenne, weiß ich, was sie tun, wie sie reden und auf bestimmte Ereignisse reagieren.

Das zu wissen, hilft sehr, denn so habe ich immer etwas vor Augen. Ohne etwas vor Augen zu haben, könnte ich nicht erzählen. Ich könnte also zum Beispiel nicht von Männern erzählen, die einen Sturm in der Sahara erleben. Das wäre zwar spannend, aber ich könnte es nicht erzählen.

Wie würde ich denn von den Männern während des Sturms in der Sahara erzählen? Ich würde schreiben: »Der Sand flog in dichten Wolken über die Ebene. Die Männer konnten kaum noch etwas sehen. Sie duckten sich und schauten auf den Boden, damit der Sand ihnen nicht ins Gesicht flog. Den richtigen Weg hatten sie längst verloren. Sie schoben sich Meter für Meter durch den Sturm, ohne große Hoffnung, das Ziel noch zu erreichen ...«

Solche »freien Erfindungen« sind zwar nicht schlecht, ich mag sie aber nicht. Schreiben kann ich sie nämlich nur, weil ich so wie Karl May schreibe. Karl May ist ein »freier Erfinder«. Er schließt die Augen, stellt sich die Sahara und einen Sandsturm vor – und erzählt einfach drauflos. Das geht, weil Karl May den Sandsturm wirklich sieht oder weil er Männer kennt, die einen solchen Sandsturm erlebt haben. Bestimmt hat er auch Bücher über Sandstürme in der Sahara gelesen, so dass er weiß, wie es dort zugeht.

Schließe ich aber die Augen, um mir einen Sandsturm in der Sahara vorzustellen, sehe ich nichts. Ich habe kein Bild von der Sahara, und ich kenne auch keine Männer, die einmal dort waren.

Natürlich könnte ich in Büchern nachlesen, wie sich ein Sandsturm in der Sahara entwickelt. Dann aber würde ich von etwas erzählen, das ich weder sehe noch irgendwoher kenne, sondern nur aus Büchern erfahren habe. Das aber werde ich niemals tun. Es interessiert mich nicht.

Ich bin also kein »freier Erfinder« (wie Karl May), sondern ich brauche zum Erfinden Menschen, Dinge und Ereignisse aus meinem Leben. Wenn ich die Augen schließe, sehe ich das alles vor mir. Und dann träume ich: Ich träume, wie die mir bekannten Menschen und Dinge etwas Besonderes, Interessantes und Schönes erleben.

Kommt mein Traum erst einmal in Gang, macht es großes Vergnügen, immer weiter zu träumen. Ich träume ein großes Traumland, das sich immer weiter von dem bekannten Leben entfernt.

Das Träumen habe ich während meiner einsamen Fahrradfahrten am Rhein entlang gelernt. Begonnen aber habe ich damit im Westerwald, in der Nähe der Jagdhütte. Ich erinnere mich genau, wie das war. Ich habe sie nach einer Schreibstunde mit Papa verlassen und mich in den Wald unter eine Buche gelegt. Da ging das Träumen mit Geschichten los.

Hat das Träumen etwas mit der Zeit, in der ich stumm war, zu tun? Ich vermute es, aber ich weiß nicht, was.

Schreiben auf Reisen

ICH SPRECHE Papa auf meine Idee an, mit ihm verreisen zu wollen. Und ich frage ihn, wie man eigentlich auf Reisen schreibe, wenn einem alles fremd ist. Papa antwortet, dass er eine solche Reise bereits im Kopf habe und dass sie uns an die Mosel führen werde. Er habe nämlich vor, mit mir die Mosel entlangzuwandern, von Koblenz nach Trier, alles zu Fuß. Gingen wir zu Fuß, würden wir die Gegend genau und langsam erkunden. Mit dem Zug zu fahren, führe nur zu flüchtigen Eindrücken, und selbst das Fahrradfahren sei für ein gründliches Kennenlernen der Gegend zu schnell. Da Mama nicht gern so lange Strecken zu Fuß gehe und sowieso lieber in den Westerwald fahre, machten wir diese Reise zu zweit. »Was hältst Du davon?« Ich halte sehr viel davon, ja, ich freue mich sehr. An der Mosel entlangzuwandern, stelle ich mir abenteuerlich vor.

Papa und ich – wir schauen uns eine Karte der Moselgegend an. Wir können immer direkt am Fluss entlanggehen. Deshalb brauchen wir keine Landkarten oder sonstige Hilfen, die uns den Weg zeigen. Gehen wir nicht zu schnell, bekommen wir viel von der Gegend mit. Und wenn wir in kleine Ortschaften kommen, sprechen wir mit den Menschen und befragen sie. So habe ich genügend Stoff für mein Schreiben.

Papa sagt, ich sei auf eine solche Reise gut vorbereitet. Längst beherrschte ich viele verschiedene Formen des

Schreibens. Nun müsse ich mir unterwegs nur noch überlegen, welche Form ich an welchem Tag und an welchem Ort jeweils benutzen und »anwenden« möchte. Das sei die einzige Schwierigkeit während einer Reise: auf die unterschiedlichen Umgebungen rasch und ohne langes Nachdenken zu reagieren. »Ich verstehe«, sage ich, und dann wiederhole ich noch einen Satz der Mama: »Langes Herumsitzen und Nachdenken sind oft nur ein Ausdruck dafür, dass einem nichts einfällt.«

Nicht lange nachdenken, schnell reagieren! Und natürlich: jeden Tag aufschreiben und »dokumentieren«. Daneben fotografieren! (Leider kann ich noch immer nicht zeichnen.) Wir sind etwa zehn Tage unterwegs, da brauche ich ausreichend Papier. Also nehme ich dreißig Kellnerblöcke mit weißen Notizzetteln und fünfzig Seiten Papier DINA5 mit. In meinem Mäppchen liegen Blei- und Buntstifte, ein Kuli, ein Füllfederhalter und die kleine Lupe. Und all das kommt in meine schwarze Umhängetasche, mit der ich auch in Köln während meiner Fahrradtouren unterwegs bin. Es kann losgehen, ich bin im Schreiben gut trainiert. Und ich bin gespannt, wie das Schreiben auf Reisen geht.

Als wir im Zug, der uns nach Koblenz bringen wird, sitzen, fange ich mit meinen Notizen an. Ich benutze meine Umhängetasche als Unterlage und lege einen Kellnerblock obenauf. Im Bahnhof ging alles reichlich schnell. Ich kam nicht dazu, mir die Umgebung lange anzuschauen. Also notiere ich nicht in ganzen Sätzen, sondern nur kurz, was ich gerade mitbekommen habe:

Der Mann mit der roten Mütze
Die Pfeife des Mannes mit der roten Mütze
Der schrille Pfiff
»Achtung, Achtung! Zug auf Gleis 1 a fährt sofort ab! Bitte
Vorsicht an der Bahnsteigkante!«

Mich stört, dass ich von unserer Abfahrt nicht länger erzählen kann. Das würde ich am liebsten tun: von dem, was wir erleben, so erzählen, als befänden Papa und ich uns in einer Geschichte. Hinzuerfinden würde ich nichts, aber ich würde nicht nur notieren und Eindrücke festhalten, sondern so von einer Reise erzählen, wie Karl May es mit seinen erfundenen Personen tut: *Wir brachen in Bagdad im frühen Morgengrauen auf. Unsere Pferde hatten ausreichend getrunken und gingen bald eine flotte Gangart ...*

Mir ist aber schnell klar, dass so etwas nicht geht. Ich kann nicht auf meine Umgebung achten und gleichzeitig an einer Erzählung schreiben. Um das zu können, müsste ich schon während der Reise in jedem einzelnen Moment wissen, was in die Erzählung hinein soll und was nicht. Daher müsste ich alles, was ich sehe, daraufhin prüfen, wie ich es in die Erzählung packe. Das aber ist nicht nur anstrengend, sondern verdirbt auch das Reisen. Die ganze Zeit würde ich mit lauter Überlegungen über mein Erzählen im Kopf herumlaufen.

Besser ist es, wenn ich zunächst einmal auf die kleinen Formen des Schreibens, die ich kenne, zurückgreife. Wie zum Beispiel das Aufzeichnen von Dialogen. Kurz nach unserer Abfahrt in Köln notiere ich:

Papa: Willst Du zum Fenster rausschauen, oder wollen wir Karten spielen?

Ich: Ich möchte erst zum Fenster rausschauen und dann Karten spielen.

Solche kurzen Notizen zu machen – das geht. Ich schaue mir die Umgebung genau an, und dann schreibe ich in gewissen Abständen etwas auf. Nichts Langes, das mein Sehen stört oder behindert, sondern Eindrücke und Details, die ich aufgeschnappt habe. Jede Notiz kommt auf eine Seite, die Rückseite der Notizzettel bleibt wie immer leer. Als wir in Koblenz ankommen, habe ich fünf Seiten notiert. Auf jedem Notizzettel steht oben das Datum und direkt darunter, zu welcher Uhrzeit ich die jeweilige Notiz gemacht habe. Indem ich das festhalte, können die losen Zettel nie durcheinandergeraten. Ich kann sie vielmehr jederzeit in der Reihenfolge ihrer Entstehung ordnen.

Koblenz ist der Ausgangspunkt unserer Reise. Ich muss an die Mama denken, die zurückgeblieben ist. Ich würde gern auch etwas für die Mama schreiben, aber ich weiß nicht wie. Ich frage Papa, wie ich auch etwas für die Mama schreiben könnte, da kommt Papa auf den guten Einfall, dass ich ihr von unserer Reise Postkarten schreibe. Im Koblenzer Bahnhof kaufen wir die erste und frankieren sie auch gleich. Und dann setze ich mich noch im Bahnhof hin und schreibe der Mama eine Karte:

Liebe Mama, ich sitze im Koblenzer Hauptbahnhof und schreibe Dir: Wir sind gut angekommen! Im Zug habe ich aus dem

Fenster geschaut, und dann habe ich mit Papa Karten gespielt.
Zum Schluss hat Papa eine Zeitung gelesen, und ich habe etwas
aufgeschrieben und gekritzelt. In Koblenz gibt es ein »astreines
Sommerwetter«, wie Papa eben gesagt hat. Wir denken beide an
Dich. Dein Bub

Ich werfe die Postkarte noch am Bahnhof in einen Brief-
kasten. Die Idee, Mama Karten zu schreiben, gefällt mir
sehr. Mit Hilfe der Karten kann ich der Mama immer ein
kleines Stück Weg schildern. Aneinandergereiht könnten
die Postkarten am Ende die gesamte Wegstrecke in ihrem
Verlauf abbilden. Außerdem kann ich auf einer Postkarte das Wichtigste kurz zusammenfassen. Auf ihr notiere
ich keine Eindrücke, sondern erzähle von der Reise in ge-
drängter Form. So habe ich doch eine Möglichkeit gefunden, etwas zu erzählen, wenn auch nur knapp.

Durch die Postkarten halte ich den Kontakt zu Mama.
Sie wird jede Karte mehrmals lesen: kurz nach dem Empfang, am Mittag vor dem Essen und während des Tages,
wenn sie an uns denkt. Sie wird sich vorstellen, was wir
gerade erleben, sie wird uns ein wenig sehen und hören.
Auf diese Weise wird sie auch aus der Ferne etwas von
dem mitbekommen, was wir erleben.

Eine Postkarte ist viel besser als ein Telefongespräch. Ein
solches Gespräch dauert höchstens ein paar Minuten und
geht rasch vorüber. Da man sich während des Gesprächs
beeilen muss, gerät man in Panik und redet lauter Un-
sortiertes. Man stammelt, wiederholt sich und spricht,
wenn man steckenbleibt, über das Wetter. An ein Tele-

fongespräch erinnert man sich nicht gut, eine Postkarte aber kann man sich immer wieder anschauen, den Text lesen und das bunte Bild auf ihrer Vorderseite betrachten.

(Niemand aus unserer Familie telefoniert gern oder lange. Papa mag Telefonieren überhaupt nicht, und Mama macht sich vor dem Telefonieren oft eine kleine Notiz, was sie sagen oder besprechen will. Unser schwarzes Telefon steht im Flur. Wenn man telefonieren will, muss man das im Stehen tun. So ermüdet man bald und hört auf zu telefonieren.)

Die bunten Bilder auf den Postkarten sind nicht gerade schön. Am besten wäre es, wenn sich auf der Vorderseite einer Karte ein Foto befände, das wir selbst gemacht haben. Dann bekäme Mama nicht irgendwelche bunten Bildchen zu sehen, sondern die Gegend, wie wir sie sehen. Ich sage das zu Papa, und er meint, wir würden unsere Fotos nach unserer Rückkehr schnell entwickeln lassen. Danach würden wir sie (wie üblich) auf große schwarze Kartons kleben. Unter die Fotos könnte ich dann mit einem weißen Stift etwas schreiben. »Denk an diese Möglichkeit«, sagt Papa, »aber lass es auf Dich zukommen. Es könnte viel Arbeit werden.«

Nein, das Schreiben ist keine »Arbeit«, sondern eine Abwechslung, schließlich kann ich ja nicht laufend gehen, stehen, essen, trinken, weitergehen, stehen, sehen, essen, trinken, laufen, schnaufen … Das wäre furchtbar langweilig und eintönig. Erst das Schreiben bringt in das

Leben die nötige Abwechslung, viele Gedanken und auch reichlich Freude. Ja, es stimmt: Schreibe ich, freue ich mich viel stärker über das gerade Erlebte, als wenn ich nicht schreiben würde. Deshalb (und gerade auch deshalb!) schreibe ich doch: weil das Schreiben große Freude macht!

Papa und ich gehen vom Koblenzer Hauptbahnhof an den Rhein. Dort erlebe ich zum ersten Mal das Fremde der Gegend. Es erscheint in Gestalt von Namen und Wörtern, die ich noch nie gehört habe:

»Cröver Nacktarsch«
»Zeller Schwarze Katz«
»Bullayer Brautrock«

Ich frage Papa, was ich mit solchen Namen machen soll. Ich könnte sie aufschreiben, möchte das aber eigentlich nicht. Schriebe ich sie einfach nur auf, blieben sie weiterhin fremd und ständen dann wie fremde, nicht abgeholte Gesellen in meinem Text. Was also tun? Papa antwortet, ich solle das Fremde erforschen. Und wie? Indem ich jemanden befrage. Und wen? Zuerst ihn selbst. Und dann? Wenn er selbst das Fremde nicht erklären könne, müsse ich Menschen in unserer Umgebung befragen. Aber wen? Menschen am Wegrand, Menschen, denen wir begegneten.

Ich soll mit Menschen am Wegrand sprechen? Einfach so? Ich soll »wildfremde« (wie Mama sagen würde) Menschen anhalten und befragen? Papa sagt, genau das solle ich während unserer Reise tun und üben. Zuerst müsse ich die Angst vor fremden Menschen verlieren. Keiner von ihnen wolle mir etwas tun oder sei ungehalten, wenn er von einem Jungen in meinem Alter angesprochen werde. Fast alle Menschen würden sich vielmehr darüber freuen. Sie würden gerne und bereitwillig antworten. Einige würden mich sogar mitnehmen und mir etwas von ihrem Leben zeigen. Keine Angst also und keine Schüchternheit!

Ich verstehe. Papa sagt all das, weil ich »zur Schüchternheit neige«. Die verdammte Schüchternheit ist ein Rest meiner stummen Tage. Ich gehe einfach nicht gern auf Menschen zu, sondern bleibe lieber für mich. Lange Zeit (die ganze Zeit meiner Stummheit über) habe ich erlebt, wie Menschen mich dumm angeredet, verhöhnt oder sogar beleidigt haben. Weil ich nicht antworten konnte, habe ich mich abgewendet und bin »meiner Wege gegangen« (Papa). Ich habe niemanden böse angeschaut und niemanden wegen seiner blöden Redensarten verdroschen, nein, ich bin nur »meiner Wege gegangen« (Papa). Am Ende ging ich fremden Menschen schon von vornherein möglichst aus dem Weg. Ich machte richtige Umwege oder schlug mich »in die Büsche« (Papa). Bloß niemandem begegnen, bloß von niemandem angesprochen werden! So habe ich lange genug gelebt, so lange, dass mir dieses Verhalten »in Fleisch und Blut« (Mama) übergegangen ist.

So seltsam es klingt: Während unserer Reise muss ich erst richtig üben und lernen, mit fremden Menschen zu sprechen. Ich muss meinen ganzen Mut zusammennehmen und auf sie zugehen. Ich muss sie begrüßen und sie höflich und langsam etwas fragen. Und ich darf das nicht leise und ängstlich tun, sondern muss so laut und deutlich sprechen, als hätte ich nie etwas anderes getan.

Die Wendung »Du musst sprechen und auftreten, als hättest Du nie etwas anderes getan« stammt von Papa. Er glaubt fest daran, dass ich das während unserer Reise bald lerne. »Und das wäre ein großer Erfolg!«, sagt Papa und schaut nicht mich an, sondern in die Ferne, als wollte er mich nicht unter Druck setzen.

»Wer so gut schreibt wie Du, sollte Selbstbewusstsein genug haben, mit fremden Menschen zu sprechen«, sagt Papa außerdem. Ich überlege kurz, ob er recht hat, aber ich komme rasch zu dem Ergebnis, dass er nicht recht hat. Warum soll jemand, der gut schreiben kann, ebenso gut mit fremden Menschen sprechen können? Das eine hat mit dem andern nicht das Geringste zu tun. Da bin ich vollkommen sicher. Ich will schon in dieser Richtung antworten, da mache ich den Mund aber doch wieder zu. Ich möchte zu Beginn unserer Reise nicht mit Papa streiten. Und ich möchte nicht »den altklugen Besserwisser herauskehren« (Papa). Besserwisser sind unerträglich, das ist klar, und Altklugsein ist auch nicht gerade eine Freude (obwohl es manchmal sein muss, und zwar dann, wenn die Erwachsenen etwas allzu Falsches reden oder tun und davon noch überzeugt scheinen).

Gut. Ich fange also gleich damit an, das Fremde zu erforschen, und frage Papa, was die Namen der Weinsorten bedeuten. Papa weiß es zum Glück, so dass ich es mir vorerst ersparen kann, andere Menschen zu fragen. Er antwortet:

Ich: Was sind das für seltsame Namen?
Papa: Das sind Namen von Weinlagen. Cröv, Zell und Bullay
sind Orte an der Mosel, wo Wein angebaut wird.
Ich: Und Nacktarsch und Schwarze Katz und Brautrock?
Papa: Wie es zu diesen Namen kommt, erzähle ich Dir, wenn
wir in Cröv, Zell und Bullay angekommen sind.

Ich schreibe diesen Dialog auf und merke mir, dass Papa mir später noch mehr über Weinnamen erzählen wird. Vielleicht werde ich eine Liste solcher Namen anlegen und in jedem Ort, den wir durchwandern, notieren, welche Weine mit welchen Namen dort angebaut werden. Papa könnte von diesen Weinen trinken (»einen Schluck nehmen«, sagt Papa dazu), und ich könnte aufschreiben, wie die verschiedenen Weine ihm schmecken (gibt es Noten für Weine?).

Schon am ersten Tag unserer Reise bemerke ich, dass »schreibend unterwegs sein« ganz anders verläuft als das Schreiben zu Hause (und damit in einer bekannten Umgebung). Unterwegs hat man alle paar Minuten eine Frage, weil man etwas nicht versteht und auf Themen stößt, von denen man überhaupt keine Ahnung hat. An der Mosel zum Beispiel ist ein großes Thema der Weinbau. Und damit geht auch schon das Fragen los: Warum baut man ausgerechnet an der Mosel Wein an? Warum trinken die Moselbewohner mehr Wein als Wasser und erst recht

— 300 —

mehr Wein als Bier? Verändert sie das Weintrinken? Werden sie dadurch ganz andere Menschen als zum Beispiel die Kölner, die fast ausschließlich Kölsch trinken? Wann hat die Geschichte mit dem Wein angefangen? Und wie baut man Wein an?

Ich nenne Papa diese Fragen, und er bleibt stehen. Dann sagt er, es sei natürlich am einfachsten, ein Buch über den Weinanbau an der Mosel zu lesen. Das würden mir jedenfalls viele Menschen empfehlen. Er selbst – und nun sage er etwas, das mich vielleicht erstaune – empfehle das aber nicht. Wir sollten vielmehr anders vorgehen, indem wir diese Fragen den Menschen vor Ort stellten. Wir sollten sie aber nicht nur einmal danach befragen, sondern immer wieder: die verschiedensten Menschen an den unterschiedlichsten Orten. So erhielten wir mit der Zeit ein sehr genaues Bild, das wir nicht aus »toten Büchern«, sondern aus den Köpfen der Menschen erhalten hätten.

Papa meint, dass wir auf diese Weise ein Thema »lebendig erkunden«. Wenn wir das getan und uns ein lebendiges, buntes Bild gemacht hätten, könnten wir immer noch in Büchern nachlesen, was sie dazu sagen. Wirklich etwas Neues? Oder etwas anderes? Vielleicht sogar etwas Falsches?

Papa ist Büchern gegenüber sehr misstrauisch. Ich kenne keinen anderen Menschen, bei dem das so ist. Nimmt Papa ein Buch in die Hand, hat er gleich den Verdacht, man wolle »ihm etwas vormachen«. Das kommt daher, dass Papa viele Dinge und Zusammenhänge aus eigener Anschauung sehr genau kennt. Liest er dann darüber etwas in einem Buch, stimmen viele Details nicht mit dem überein, was er längst weiß. Dann läuft er mit dem geöffneten Buch in der Hand zu Mama und ruft (ziemlich laut): »Hör Dir das an! Dieser Esel verwechselt Hainbuchen mit Akazien!« Mama sagt dazu nichts, sondern lächelt nur etwas, aber Papa ruft weiter: »Ist das nicht lachhaft?! Richtig lachhaft?!« Mama lächelt weiter und sagt: »Unglaublich lachhaft! Aber nun beruhige Dich!«

Papa aber beruhigt sich nicht. Weil er so viele Fehler und Unstimmigkeiten in Büchern entdeckt, ist sein Misstrauen mit der Zeit immer mehr gewachsen. Viele Erzählungen und Romane liest er höchstens an und legt sie dann weg, weil sie ganz »unglaubliche, lachhafte« Dinge behaupten.

Daran erinnere ich mich, als Papa davon abrät, gleich zu Büchern zu greifen. Wir erkunden alles »auf eigene Faust«. Wir fragen und »machen uns unseren Reim auf die Welt«. Ich frage Papa, ob es denn wirklich überhaupt keinen Schriftsteller gebe, der so erzähle, wie er es verlange: fehlerlos und genau. Da bleibt Papa wieder stehen und sagt, doch, es gebe einen. Es sei ein amerikanischer Schriftsteller, und dieser Schriftsteller schreibe deshalb so fehlerlos und genau, weil er genau so mit der Fremde und der Welt umgehe wie wir jetzt auf der Moselreise. Er befrage die Menschen direkt vor Ort, er mache sich »einen Reim auf ihr Leben«. Und er schreibe das alles mit genau den richtigen, treffenden und passenden Worten auf. »Ohne Theater zu machen! Ohne Drumherum! Vielmehr einfach, klar und präzise!«

Und dann ist es so weit, und ich höre zum ersten Mal den Namen des Schriftstellers, von dem ich wenig später Buch für Buch lesen werde. Er heißt Ernest Hemingway und ist in der Tat ein amerikanischer Schriftsteller.

Während der Moselreise erfahre ich vorerst nur seinen Namen. Seltsam ist, dass ich genau diesen Namen fast jeden Tag mehrmals im Kopf habe. Ich bin sehr neugierig darauf, wie Hemingway schreibt und wie er es im Einzelnen tut. Unterwegs frage ich Papa, ob er mir nicht in einer Buchhandlung ein Hemingway-Buch kaufen kann. Ich würde es an den Abenden lesen. Papa aber möchte das nicht. Es könnte mein Schreiben auf unserer Reise durcheinanderbringen. Und es könnte noch anderen Schaden anrichten. Ich solle mir keine Sorgen machen, schon bald werde er mir ein Hemingway-Buch schenken. Versprochen!

Ich finde, dass es sehr hilfreich ist, jetzt schon zu wissen, dass es einen Schriftsteller wie Hemingway gab. Einer, der alle Ansprüche von Papa an das Schreiben erfüllt! Einer, der klar, genau und einfach schreibt, so, wie es sein soll. Und einer, der nur über Menschen und Dinge schreibt, die er genau genug (und damit »aus eigener Anschauung«) kennt. Während unserer Reise denke ich das oft, und wenn ich einen schwachen Moment habe und nicht mutig genug auf die Menschen zugehe, rede ich mir ein, ich sei der junge Hemingway und müsse die Fremde erkunden. Wie nennt man eigentlich gute, junge Schriftsteller, die eine Fremde erkunden? Papa sagt, man nenne sie »Reporter«. Hemingway sei zunächst ein ausgezeichneter Reporter und später ein noch besserer Schriftsteller gewesen. Aber nun – genug davon, genug Hemingway! »Selbst ist der Mann!«

Während der zehn Tage unserer Reise beschreibe ich so viele Zettel, dass ich sie am Ende nicht mehr zählen kann. Die DINA5- Seiten beschreibe ich nicht, sondern klebe »Materialien« darauf: Postkarten, kleine Rechnungen, Fahrkarten (für die Fahrt mit einer Fähre auf der Mosel), alles, was mir an interessantem Papier in die Hände gerät. (Und das ist – sehr zu meinem Erstaunen – an jedem Tag eine Menge!)

Als wir nach den zehn Tagen Wanderung (die mir unglaublich gut gefallen haben) in Trier ankommen, gibt es eine Überraschung. Papa hat mir nämlich während der Wanderung nicht gesagt, dass uns dort die Mama erwartet. Wir treffen sie in einer von uns gemieteten Wohnung und schauen uns mit ihr zusammen Trier an.

Dadurch aber wird das Schreiben auf Reisen nochmal ein Stück komplizierter, weil ich jetzt zusätzlich aufschreibe, was die Mama zu allem sagt, was wir sehen. Manchmal komme ich mit dem Schreiben nicht mehr hinter dem Erlebten hinterher, aber das macht nichts. (Schließlich übe ich ja noch und bin noch kein Hemingway.)

Während unserer Rückfahrt nach Köln zeige ich Mama, wie viel ich geschrieben habe. Sie sagt zu Papa, diese Menge Papier sei »Zeichen einer Überforderung«, Papa aber antwortet (etwas aufgebracht), das sei Quatsch und »geradezu lachhaft«. Und dann erzählt er davon, wie viel ich während dieser Reise gelernt habe: Wie es in Koblenz losgegangen sei mit dem Befragen der Menschen, wie ich es immer besser gemacht habe, wie freundlich und interessiert ich gewesen sei, und wie jeder (»aber auch jeder Tag«) eine »Fundgrube von Neuem und Interessantem« gewesen sei. Da schaut Mama mich noch einmal an und fragt: »War es denn wirklich nicht alles zu viel?« Und ich sage: »Nein, wirklich nicht. Du musst Dir nicht immer solche Sorgen machen. Das Schreiben macht mir doch Freude.« Papa aber beendet die Szene und sagt: »Na bitte. Das sind meine Worte: Das Schreiben macht ihm Freude, und Du machst Dir zu viele Sorgen.«

In den Wochen nach unserer Reise überlege ich, was ich mit den vielen Notizen und Fotografien anstellen soll. Da kommt mir ein guter (»tollkühner«) Gedanke. Ich könnte all meine Notizen dazu verwenden, eine lange Reiseerzählung zu schreiben. Nicht wie Karl May mit lauter erfundenen Gestalten und Geschichten, sondern mit Papa und mir (als Hauptfiguren) und mit lauter erlebten und damit wahren Geschichten. Wie geht das? Wie lege ich los? Ohne langes Überlegen, einfach mit dem ersten Satz, den ich weiß:

Wir sind gegen zehn Uhr in Koblenz angekommen und haben unsere Rucksäcke und Taschen gleich in ein Schließfach gepackt, zum Glück gibt es in Koblenz genügend Schließfächer. Dann haben wir den Bahnhof verlassen und festgestellt, dass es in Koblenz ein schönes Sommerwetter gab, wie wir es uns gewünscht hatten. »Was für ein schönes Sommerwetter«, hat Papa gesagt, und ich habe gesagt, dass wir am besten gleich an den Rhein gehen sollten, weil es dort zusammen mit dem schönen Wetter am schönsten sei.

Als ich das hinschreibe, weiß ich sofort, dass dies der richtige Anfang und dass es nun einfach ist, diese Reiseerzählung weiterzuschreiben. Ich brauche dafür nur etwas Zeit, wie viel ahne ich nicht. (Erst später erkenne ich, dass ich ein halbes Jahr brauche.) Ich schreibe also die Geschichte unserer Moselwanderung, und in meine Erzählung hinein klebe ich Fotos und hier und da einen »Original-Notizzettel« meiner *Reflexionen*. Die Texte der Postkarten an die Mama schreibe ich ab und füge sie da, wo sie hingehören, ein.

Das Ganze (es sind schließlich über zweihundert Seiten) schenke ich Papa an Weihnachten. Er schüttelt den Kopf und kann nicht glauben, dass ich meine erste, lange Reiseerzählung geschrieben habe. Und dann sagt er wahrhaftig den Satz, den sonst nur die Mama sagt: »Hast Du Dir nicht zu viel Arbeit gemacht?« Ich muss lachen und sage ihm, dass sonst nur die Mama so etwas sagt. Da aber umarmt mich Papa und bedankt sich sehr und sagt, dass er diesen wunderbaren Text Seite für Seite ganz langsam in der Jagdhütte lesen werde. »Das wird ein Fest!«, sagt Papa und schnäuzt sich. Und als ich genauer hingucke (was ich eigentlich nicht tun will), sehe ich, dass Papas

Augen beide feucht sind. Sie sind feucht vor Freude, ja, wirklich, Papas Augen leuchten und schimmern vor lauter Glück.

Schreiben zu zweit

ICH TREFFE mich mit Andrea heimlich an einem Nachmittag in einer kleinen Kirche am Rhein. Draußen ist schönes Wetter, aber wir bleiben nicht draußen, damit wir nicht gesehen werden. Drinnen in der Kirche ist kein Mensch, und wir setzen uns nebeneinander in die letzte Reihe. Und was nun?

Andrea trägt wieder ein hellgelbes Kleid und kurze, weiße Socken. Sie sitzt dicht neben mir und seufzt etwas, als hätte sie hierher einen langen Weg zurückgelegt. Ich weiß aber, dass das nicht so ist. Andrea ist mit ihrem Fahrrad gekommen, und für den Weg von ihrem Zuhause bis hierher, zur Kirche, braucht sie nicht einmal fünf Minuten. Auch ich bin mit dem Fahrrad gekommen. Wir könnten also zusammen auf unseren Rädern den Rhein entlangfahren, genau das will Andrea aber nicht. In einem solchen Fall fühlt sie sich »neugierigen Blicken ausgesetzt«.

Ich weiß nicht, welche Blicke sie meint, denn ich glaube nicht, dass sich jemand für ein Mädchen und einen Jungen etwa im gleichen Alter interessiert, die auf ihren Rädern den Rhein entlangfahren. Hielte uns irgendwer an und fragte uns blöde, was wir gerade zusammen tun (aber warum sollte uns jemand anhalten?), könnten wir sagen, dass wir die Gegend erkunden und dass diese Erkundung eine Aufgabe für die Schule und damit eine Schularbeit sei. Ich habe meine Umhängetasche dabei, darin befinden sich viele Zettel und Stifte. Die könnten wir vorzeigen und so beweisen, dass wir arbeiten. Aber, noch einmal: Warum sollte uns jemand befragen? Wer beschäftigt sich mit einem Mädchen und einem Jungen auf Tour?

Ich habe darüber nachgedacht, warum Andrea sich mit mir nicht in der Umgebung zeigen will. Und ich bin zu dem Ergebnis gekommen, dass sie etwas Heimlichtuerisches hat. Häufig sagt sie »Psst! Sag das nicht zu laut!«, oder auch »Das sage ich nur Dir!« oder sogar »Das wissen jetzt nur wir zwei«. In all diesen Fällen geht es aber um nichts Besonderes oder Wichtiges oder Geheimes, sondern um alltägliche Dinge. Andrea aber tut so, als verriete sie mir lauter Geheimnisse. Sie beginnt zu flüstern, streckt den Kopf zu mir hin, legt den Zeigefinger auf ihre Lippen und spricht plötzlich ganz langsam. Manchmal verstehe ich wegen der geringen Lautstärke und des langsamen Sprechens nicht, was sie sagt, aber ich frage nicht nach. Ich nicke nur, und ich merke, dass mir wirklich der Mund offen steht.

Ich vermute, Andrea möchte, dass ich ihr nicht nur meine einfache Aufmerksamkeit, sondern sogar meine gespannte, angestrengte Aufmerksamkeit schenke. Sie möchte mich auf ihre Worte und Sätze fixieren, so dass ich mich ganz und gar auf sie konzentriere. Flüstern tun sonst nur die Priester am Altar, während des Gottesdienstes. Sie flüstern in besonders wichtigen Momenten, und während sie flüstern, wird es in der Kirche sehr still. Die Gläubigen beten und denken an nichts anderes mehr als den Herrgott und das, was der Priester gerade flüstert. Andrea will, dass ich ähnlich intensiv auf ihre Worte achte und dass ich an sie denke.

Die seltsame Frage »Denkst Du manchmal an mich?«, hat sie schon mehrmals auf unserem Schulweg gestellt. Ich finde es schwer, darauf zu antworten. Denke ich manchmal an Andrea? Ja, natürlich. Aber ich denke an sie nicht mehr als an andere Menschen, die ich kenne. Eigentlich denke ich auch nicht an sie, sondern an das, was sie einmal gesagt hat. Ich gehe ihren Wörtern und Sätzen nach, das tue ich schon, aber ich denke nicht pausenlos an Andrea.

Genau das aber scheint Andrea zu erwarten. Ich soll nicht an ihre Sätze, sondern an sie selbst denken. Ich soll mir vorstellen, wie sie aussieht und was sie tut. Ich soll »ihr Bild im Kopf haben«, und das anscheinend den halben Tag. »Hast Du manchmal mein Bild im Kopf?« fragt sie mich, und ich werde verlegen und sage erst einmal nichts. Dann frage ich (so ehrlich wie möglich): »Was meinst Du damit?« Und sie antwortet: »Hast Du mein Bild im Kopf, wenn Du allein bist?« Ich nicke und sage »Ja, schon«, und dann fragt sie mich, ob sie mir ein Foto schenken solle. Ein Foto von sich selbst, eines, das sie besonders schön findet, eines, auf dem sie das dunkelblaue, festliche Kleid mit der weißen Schleife trägt.

Ich war einverstanden damit, dass sie mir dieses Foto schenkt. Ich hätte aber vorsichtiger sein sollen. Denn auf diesem Foto sieht Andrea viel schöner aus als in Wirklichkeit. Sie trägt nicht nur das dunkelblaue Kleid mit der Schleife, sondern hat ihre Haare auch zu einem Pferdeschwanz zusammengebunden. Er liegt über ihrer rechten Schulter und betont dadurch ihr offenes, fröhlich wirkendes Gesicht, das leicht glänzt. Sie trägt wieder weiße, kurze Socken und ein dunkelrotes Paar Schuhe, insgesamt ist es ein seltsames Foto.

Gerade weil es aber so seltsam ist, schaue ich es häufiger an. Ich nehme es aus meiner Umhängetasche und blicke darauf, ich studiere Andrea und die Besonderheiten ihres Aussehens. Während ich das tue, geraten meine Gedanken durcheinander. Ich denke zum Beispiel daran, Andrea nicht nur zu betrachten, sondern auch zu berühren. Wie aber würde ich das tun? Und wo würde ich sie berühren? Ich würde sie von ihrer Schleife befreien, so dass das dunkelblaue Kleid weit ausschwingen würde. Ich würde den blöden Pferdeschwanz öffnen, so dass ihre Haare zu beiden Seiten des Gesichts lose herunterfielen. Und – ja, ich muss es zugeben: Ich würde ihr die kurzen, weißen Socken ausziehen, eine nach der andern. Mit offenen Haaren, schleifenlos und mit nackten Füssen stelle ich mir Andrea noch viel hübscher vor. »Bildhübsch« – würde sie selbst so etwas nennen.

Wir sitzen nebeneinander in der hintersten Bank der recht dunklen Kirche, und ich bekomme den Blick nicht von ihren Socken los. Zum Glück merkt sie das nicht, denn es könnte sein, dass sie selbst die Socken sofort ausziehen würde, wenn ich sie darum bäte. »Ich finde es toll, dass Du mich um so etwas bittest«, würde sie sagen. Und während sie die Socken langsam abstreift, würde sie hinzufügen: »Ich kenne keinen Jungen in Deinem Alter, der von einem Mädchen so etwas verlangt.«

Diesen Satz hat sie auf unseren Schulwegen schon mehrmals gesagt, aber ich habe nicht immer verstanden, worauf er sich bezog. Ich hatte nämlich eigentlich nichts »von ihr verlangt«, ich hatte sie höchstens gebeten, mir von sich zu erzählen oder mir etwas von zu Hause mitzubringen, das sie besonders mag. Im Grunde habe ich mit Andrea ganz ähnlich gesprochen, wie ich es mit den Menschen an der Mosel getan habe. Die haben jedoch dazu nichts gesagt, sondern fanden es normal und richtig, dass ich so mit ihnen sprach. In Andreas Augen aber beweisen meine Bitten und Fragen, dass ich mich »für sie interessiere«. »Du interessierst Dich für mich, stimmt's?«, fragt sie, und ich antworte (wieder etwas ausweichend und verlegen): »Ja, so kann man es sagen.«

In die hinterste Reihe der Kirche hat sie mir diesmal etwas ganz Besonderes mitgebracht. Sie holt es so vorsichtig aus ihrer rot-weiß gestreiften Tasche, als wäre es zerbrechlich oder sogar ein Schatz. Ich sehe sofort, was es ist, es ist ein Fotoalbum. Sie streicht mit der rechten Hand über den Einband, und dann öffnet sie es und sagt:

»Ich zeige Dir jetzt mein Zuhause.« Was will sie mir zeigen? Ihre Familie? Mutter und Vater und ihren Bruder? Nein, die nicht, denn die erscheinen nicht auf den vielen Fotografien. Nicht um die Familie und damit die Menschen geht es, sondern um das nackte Zuhause: Die einzelnen Zimmer, die Möbel, all die Gegenstände, die sich in diesen Räumen befinden.

Ich frage, wer das alles so genau fotografiert hat, Raum für Raum, Detail für Detail, da antwortet Andrea, dass ein Freund ihres Vaters Fotograf sei und auf Wunsch ihres Vaters diese Aufnahmen gemacht habe. Ich sage, dass mir diese Idee gefalle, denn, ja, diese Idee gefällt mir wirklich. Ich finde sie sogar interessant, und zwar so interessant, dass ich mir vorstellen könnte, dasselbe Vorhaben auch in unserer Wohnung zu verwirklichen. Nicht mit Fotografien, aber mit Wörtern. Ich könnte ..., ja ..., das ginge vielleicht ... – ich könnte kleine Porträts unserer Zimmer schreiben: Wie sie aussehen, was sich darin alles befindet und welchen Eindruck sie auf mich machen.

Ich stelle mir das vor und höre Andrea einen Moment nicht zu. Da spüre ich plötzlich, dass sie mich berührt. Sie legt die Finger ihrer rechten Hand kurz auf meinen rechten Arm, und dann fährt sie mit ihnen diesen Arm ein Stück entlang. Ganz langsam, von oben nach unten und wieder zurück. Sie schaut sich diese Berührung an, sie blickt sehr genau hin, und es sieht aus, als wäre sie eine nachdenkliche, ernste Ärztin, die den Arm ihres Patienten auf kleine Wunden hin untersucht.

Ich kann nicht sagen, dass mir diese Berührung unangenehm wäre, nein, das ist sie nicht. Sie beschäftigt mich vielmehr in ganz anderem Sinn. Kaum hat Andrea nämlich damit angefangen, frage ich mich, wer mich jemals auf diese Weise berührt hat. Höchstens meine Mutter, mein Vater jedenfalls nicht. Aber: Hat meine Mutter mich wirklich jemals so seltsam berührt? Nein, eigentlich auch nicht. Sie hat mich in jüngeren Jahren häufig gestreichelt, sie hat mich am Kopf, an den Armen und (wenn ich mich zum Beispiel verletzt hatte) an den wunden Körperpartien berührt. Aber ... – aber sie hat dabei gesprochen und sich nicht so wie Andrea in die Berührung vertieft.

Wenn ich mich richtig erinnere, hat mich nur ab und zu eine Ärztin auf diese Weise berührt. Ich meine die Hausärztin, die unsere Familie betreut und die mit Mama befreundet ist (sie gehen manchmal zusammen aus). Während der zweimal jährlich stattfindenden Untersuchungen berührt mich diese Ärztin genau so: vorsichtig, umsichtig, als achtete sie auf jedes Detail meines Körpers, der sich irgendwo entzündet oder etwas Krankmachendes ausgebildet haben könnte.

Ich lasse mir die Berührung gefallen, sie ist angenehm weich und – wie soll ich sagen? Nein, ich habe dafür noch nicht die richtigen Wörter. Ich spüre jedenfalls, dass mir ein Schauer den Rücken hinaufzieht, es ist wie ein kurzes Rieseln, als besprengte jemand den Rücken mit einem kleinen Guss kalten Wassers. Dann ist es aber schon wieder vorbei, und die entsprechenden Rückenpartien beginnen zu brennen. So etwas Seltsames!

— 313 —

Als die Berührung vorbei ist, schaut Andrea mich von der Seite an. Anscheinend beobachtet sie, wie ich reagiere. Mein Gott, wie soll ich denn reagieren? Soll ich etwas sagen? Soll ich zurückschauen? Irgendetwas sollte mir einfallen. Mir fällt aber nichts ein, und so sage ich nur: »Wollen wir uns das Album jetzt anschauen?« Andrea wendet den Blick von mir ab und streicht mit der rechten Hand wieder über den Einband des Albums. Es sieht genauso aus wie das Streicheln und Berühren meines Arms: vorsichtig, langsam. Hat mein Arm etwas mit dem Album zu tun? Ich stelle mir diese Frage wirklich, und als ich sie stelle, denke ich fast gleichzeitig: Das alles hier ist richtiger Irrsinn. Wohin bist Du geraten?

Am liebsten würde ich aufstehen und ein paar Schritte durch die Kirche machen. Noch lieber würde ich nach draußen gehen und mich »auf mein Fahrrad schwingen«. Am allerliebsten würde ich auf meinem Fahrrad den Rhein entlangfahren. Andrea aber beginnt zu flüstern und sagt: »Wir fangen mit der Diele an.« Mit der Diele?! Meint sie wirklich die Diele in ihrem Haus?!

Ja, so ist es, sie meint die Diele in ihrem Haus, die auf dem ersten Foto des Albums zu sehen ist. In der Diele hängt ein »wunderschöner, alter Spiegel« (Andrea), und rechts von ihm gibt es halbrunde Kleider- und Huthaken. Links vom Spiegel hängen die Kleider und Hüte der Erwachsenen, rechts die der Kinder. »Schau, mein schwarzer Mantel, erkennst Du ihn?« Unter dem Spiegel befindet sich ein »Flurschränkchen«, das hat Andreas Mama »mit in den Hausstand gebracht«. Und rechts vom Flurschränkchen steht ein Schirmständer, in dem sich vier Schirme unterschiedlicher Größe befinden (»Der mit den Punkten ist meiner, erkennst Du ihn?«).

Ich antworte und sage »Ja, ich erkenne ihn«, denn ich erkenne ihn wirklich. Warum soll ich aber all das anschauen und erkennen? Sind diese vielen Fotos mit all den Raumdetails nicht langweilig und eigentlich uninteressant? Ich starre auf ein Bild nach dem andern und frage mich das, aber ich komme so schnell zu keinem Ergebnis. Es ist nämlich wieder etwas Seltsames, das ich bisher so nicht kannte, im Spiel. Ich meine Andreas Flüstern.

In der kleinen Kirche hallt dieses Flüstern nach und wirkt dadurch besonders geheimnisvoll. Es ist, als spräche Andrea von etwas sehr Heiligem oder als würde ich gerade in die innersten Zusammenhänge ihres Lebens eingeführt, von denen niemand außer mir jemals etwas erfahren wird. Eigentlich schauen wir uns nur öde Wandbespannungen (»die hat Mama entworfen«), Truhen, Hocker und Fußmatten an – in Wirklichkeit aber geht es um Dinge und Räume, die Andrea vor meinen Augen durchleuchtet. Sie durchleuchtet sie bis auf – bis auf was? Bis auf den Grund? Bis auf welchen Grund? Sie durchleuchtet sie bis auf den Grund ihres eigenen Empfindens und Fühlens.

Die kleine Wandvase mit den drei gelben Tulpen: »ist süß«. Das Tischchen mit der Schale für Visitenkarten: »steht im Weg«. Das Henkelkörbchen neben der Schale mit den Visitenkarten: »hätte einen helleren Ort verdient«. Andrea deutet auf all diese Dinge und kommentiert sie. Jedes erhält einen neuen Platz, und dieser Platz befindet sich irgendwo in ihrem Innern. Das meine ich mit »Durchleuchten«: Andrea nimmt sich die Dinge und Räume vor und prüft sie daraufhin, was sie für sie bedeuten und ausmachen. Man könnte sagen: Sie gibt den anscheinend toten Dingen »eine Seele«.

Ich habe mir nicht vorstellen können, dass einem Menschen so viel zu den toten Dingen in einer Wohnung einfällt. Würde ich intensiver nachfragen, erzählte Andrea mir die Geschichte jedes einzelnen Gegenstandes: wer ihn warum und wo gekauft hat und wie sie ihn benutzt. Manchmal frage ich nach, und jedes Mal bin ich wieder darüber erstaunt, was ich alles zu hören bekomme. Wenn Andrea sich über das Fotoalbum beugt, wird sie zu einer guten Erzählerin. Ich höre zu, und in meinem Kopf schreibt es mit:

Die Küche ist das Revier von Mama und mir, mein Vater oder mein Bruder haben da nichts zu suchen. Mama trägt dort eine Schürze, und auch ich trage dort oft eine Schürze. Du solltest mich sehen, wie ich eine Schürze trage! Ich ziehe die Socken aus, binde die Schürze fest und laufe barfuß durch die Küche!

Mama freut sich, wenn ich ihr helfe. Ich helfe ihr eigentlich aber nicht nur, sondern mache vieles auch selbst. Dienstags kommen Mama und Papa – und zum Glück auch mein Bruder – nicht zum Mittagessen. Das steht im Eisschrank, und ich brauche es bloß zu erwärmen. Das kann ich natürlich allein, aber ich kann auch selbständig kochen.

Was gefällt mir in der Küche am meisten? Schwer zu sagen, aber ich glaube, es ist der Herd. Schau, es ist ein alter Gasherd. Mit einem silbern glänzenden Ofenrohr, mit einem großen Bratofen und einem Aschenkasten! Erkennst Du den Gasanzünder? Vor dem habe ich oft etwas Angst. Ich nehme ihn nicht gern in die Hand, denn er sieht gefährlich und fremd aus. Außerdem ist er schwer zu benutzen, er rutscht oft aus der Hand, oder er tut nicht das, was ich will. Ich mag ihn einfach nicht.

Schön ist auch der große Küchenschrank, den wische ich manchmal ab, weil er von Dunst und Qualm eine schmierige Haut bekommt. Erkennst Du seine glänzende Platte mit den seltsamen Mustern? Sie ist hellgrau und weiß, und die Platte ist aus echtem Marmor. Mama hat sie einbauen lassen, und sie sagt, das sei eine gute Idee gewesen, denn Marmor ist leicht abwaschbar.

So erzählt Andrea, und wir sitzen weiter in der hintersten Reihe der kleinen Kirche am Rhein, und ich bemerke nicht, wie die Zeit vergeht. Später erst sehe ich, dass wir für die Diele, den Flur und die Küche beinahe zwei Stunden gebraucht haben. Ich kenne jetzt wirklich jedes Detail, und ich kann mir vorstellen, wie Andrea wohnt. »Jetzt weißt Du sehr viel von mir«, sagt sie zum Schluss, als sie das Album schließt.

Ich nicke wieder, und es kommt mir vor, als wüsste ich wirklich fast alles, zumindest über den Flur, die Diele, die Küche. Aber das stimmt nicht. Ich weiß zwar eine Menge über die Dinge und Räume, und ich weiß auch einiges von den Menschen, die sie bewohnen. Mir fehlt aber noch etwas Entscheidendes, ohne das all diese Details nicht in Bewegung geraten: Mir fehlt eine Geschichte. Sie bestünde aus den alltäglichen Ereignissen in diesen Räumen, und sie erzählte von den dort wohnenden Menschen und ihren Erlebnissen. Dann erst wäre das Bild, das ich mir zu machen versuche, vollständig. Und erst dann könnte ich von Andrea und ihrer Familie schreiben und erzählen. (Denn genau das will sie ja erreichen.)

Was für ein seltsames, neues Erzählen! Im Grunde schreiben Andrea und ich zusammen an einer Geschichte. Andrea beginnt mit dem Berichten, Sortieren und Erzählen, und ich frage nach und forme das von ihr Berichtete und Erzählte um zu etwas Schriftlichem. Mündlich erzählt Andrea sehr gut, schriftlich aber kann sie es nicht. (Das werde ich nie begreifen, niemals, ich verstehe es einfach nicht: dass viele Menschen sehr gut mündlich erzählen, sobald sie aber einen Stift in die Hand nehmen, zu zittern beginnen. Etwas macht ihnen furchtbare Angst und bringt sie vollkommen durcheinander! Aber was bloß?! Ich hätte darauf sehr gern eine Antwort.)

Wieder schaut Andrea mich von der Seite aus an. Ich schaue zurück und frage sie, ob wir noch eine halbe Stunde am Rhein entlangfahren sollen. Dazu hätte ich nämlich jetzt große Lust. Sie blickt etwas enttäuscht, als reagierte ich nicht richtig, und dann fragt sie: »Haben Dir meine Geschichten denn gar nicht gefallen?« Ich antworte, dass sie mir sehr gut gefallen haben und dass ich Wort für Wort im Kopf habe. »Wirst Du sie aufschreiben?«, fragt Andrea, und ich sage: »Vielleicht.« »Warum nur

— 318 —

vielleicht?« »Weil noch etwas zum Aufschreiben fehlt, etwas Wichtiges, etwas Entscheidendes.« »Und was?!« »Ich erkläre es Dir weiter unten am Rhein.«

Ich sehe genau, dass sie mich nicht auf ihrem Fahrrad begleiten möchte (ihr stecken die alten Vorbehalte im Kopf: Man könnte uns sehen!). Und ich sehe weiter, wie sie beim Verlassen der Kirche angestrengt nachdenkt. Sie senkt den Kopf, sie blickt auf den Boden, und dann bindet sie die Haare zu einem Pferdeschwanz (wie schnell das doch geht! Ich nahm an, es würde viel länger dauern). Der Pferdeschwanz (spüre ich sofort) ist das Signal zum Aufbruch. »In Ordnung«, sagt sie, »dann fahren wir noch eine halbe Stunde am Rhein entlang!«

Ich weiß, dass sie jetzt sehr neugierig ist. Wahrscheinlich ist sie »unbändig« neugierig, was meint: Sie besteht nur noch aus Neugier, sie denkt an nichts anderes mehr, sie muss sich fast übergeben, so neugierig ist sie. Sie radelt nicht neben, sondern vor mir her. Dabei tritt sie energisch in die Pedale. Es soll nicht so aussehen, als unternähmen wir einen luftigen Ausflug. Es soll vielmehr so wirken, als hätten wir ein Ziel oder einen Auftrag. Ich trete selbst nicht gern energisch in die Pedale (ich mag die Leute nicht, die aus jeder Bewegung gleich einen Sport machen wollen, mit Tempo, Überholen und all dem Getue). Aber ich gebe mir Mühe, von ihr nicht abgehängt zu werden. Das sähe dämlich aus: Ein Junge, der von einem wild trampelnden Mädchen im gelben Kleid (und mit kurzen, weißen Socken) abgehängt wird!

Während wir so dahinsausen, denke ich an ihre Küchenerzählung. Andrea trägt eine Schürze, und sie ist barfuß. Davon hätte ich gerne einmal ein Foto! Soll ich ihr das sagen? Nein, lieber nicht, sonst beschenkt sie mich alle paar Tage vielleicht mit Dutzenden solcher Fotografien. Und wo sollte ich die wieder verstecken? Im Keller?!

Nach kaum einer Viertelstunde hält Andrea direkt am Rheinufer neben einer Bank. Sie stellt das Fahrrad ab und setzt sich sofort. Ich tue dasselbe, und so sitzen wir wieder nebeneinander und schauen jetzt auf den Rhein. »Also, was ist? Was fehlt?!«, fragt Andrea. Und ich antworte: »Es fehlt, was ihr in Eurer Wohnung erlebt. Es fehlen die Erlebnisse, Ereignisse und damit auch die Gefühle.« – »Welche Gefühle?« – »Gefühle wie Mögen oder Nichtmögen, Zuneigung oder Abneigung, solche Sachen.« – »Wie zum Beispiel?« – »Wie zum Beispiel die Sache mit Deinem Bruder. Von ihm sprichst Du immer so, als könntest Du ihn kein bisschen leiden. Stimmt das? Oder was ist da los?«

Es ist sehr still, und ich warte. Ich sage jetzt nichts mehr, denn Andrea denkt intensiv nach. Sie schaut weiter auf den Fluss, und dann sagt sie: »Ich hasse meinen Bruder, ich hasse ihn mehr als jeden anderen Menschen. Er ist gemein und hässlich zu mir. Kein Mensch ist so wie er. Wenn er mir begegnet, sagt er ›Na, Du Früchtchen! Wäre es nicht bald Zeit für richtige Lockenwickler?‹ Oder er sagt: ›Hast Du eigentlich schon Deine Tage? Und wenn ja, was tust Du dagegen?‹ Wie kann einen jemand so kränken? Und immerzu nur Fieses und Ekliges zu einem sagen? Verstehst Du das?«

Ich antworte nicht, denn mir fällt dazu nichts ein. Natürlich verstehe ich ihren Bruder nicht. Was er sagt und redet, ist mir sehr fremd (und außerdem verstehe ich nicht alles: Was meint er mit »den Tagen«, welche »Tage«?). Ich möchte das aber nicht kommentieren. Und so frage ich lieber weiter: »Und was ist mit Deinen Eltern? Die magst Du doch sicher. Die wirst Du doch mögen.«

Es ist wieder still, aber diesmal anders als gerade zuvor. Ich spüre, dass etwas in Andrea vorgeht. Etwas Explosives, etwas, das gleich ausbrechen wird. Und dann bricht es wahrhaftig aus, denn sie wird plötzlich ganz laut: »Du hast kein Recht, mich danach zu fragen! Es geht Dich nichts an! Was mit meinen Eltern und mir ist, das ist geheim! Ich werde Dir nie davon erzählen! Und Du wirst es nie erfahren!«

Sie springt auf und steigt auf ihr Fahrrad. Sie verabschiedet sich nicht, sondern fährt sofort davon. Ich bleibe am Rhein zurück und bin überrascht, welche starken Gefühle ich in ihr ausgelöst habe. Was ist denn los? Warum ist die Stimmung so gekippt? Ich habe sie doch nicht gekränkt, jedenfalls wollte ich das auf keinen Fall.

Ich werde »es« also nie erfahren! Welches »es« meint sie? Gibt es da etwas Geheimes, Verborgenes, vielleicht sogar Schlimmes? Ich werde »es« nicht erfahren ... – dieser Satz geht mir durch den Kopf. Nun gut, ich werde nicht weiter nachfragen, denn ich brauche »es« auch nicht zu erfahren. Vielleicht *will* ich »es« auch nicht erfahren. Vielleicht will ich etwas ganz anderes. Vielleicht will ich meine eigene

Geschichte schreiben: Mit einem eigenen »es«, mit einem »es«, das ich erfunden und mir ausgedacht habe:

Ich heiße Andrea S. Ich wohne mit meinen Eltern und meinem Bruder in einer Wohnung im Norden Kölns. Meine Eltern sind von Beruf beide Lehrer, das heißt: Meine Mutter ist eine Lehrerin und mein Vater ein Lehrer. Meine Mutter ist besser in ihrem Beruf als mein Vater, denn sie ist Konrektorin der Schule, in der auch mein Vater arbeitet. Mein Vater brächte es nie zum Konrektor, das ärgert ihn, und manchmal ärgert ihn meine Mutter noch zusätzlich und sagt: »Du hast es ja nicht einmal zum Konrektor gebracht ...«

Kunstvoll schreiben

ICH BIN durcheinander. Die seltsame Begegnung mit Andrea hat mir gezeigt, dass ich über mein Schreiben nachdenken sollte. Früher habe ich ausschließlich über die Menschen und Dinge geschrieben, die ich aus unserem Haushalt und seiner nächsten Umgebung gut kannte. Ich hatte Mama und Papa, die nahen Verwandten, unsere beiden Wohnungen und die Straßen und Plätze in der Nähe genau vor Augen. In diesen Räumen kannte ich mich sehr aus, und das hatte beim Schreiben zur Folge, dass ich mir nie überlegen musste, was ich als Nächstes schrieb. Ich konnte mich auf meine Beobachtungen und die Bilder der Menschen und Dinge verlassen. Schloss ich (wie üblich) vor dem Schreiben die Augen, so bauten sich die vertrauten Szenen vor mir auf. Ich brauchte sie nur noch in Bewegung zu versetzen, dann ging es mit dem Erzählen los.

Inzwischen schreibe ich aber längst auch an anderen Geschichten. An der Mosel habe ich von Menschen und Dingen geschrieben, deren Kenntnis ich mir durch Beobachten und Nachfragen erworben habe. Dabei musste ich mich darauf verlassen, was die Fremde und die fremden Menschen mir zeigten und sagten. Ich habe bei diesem Schreiben darauf geachtet, nicht so zu tun, als wüsste ich alles aus eigener Anschauung. Vielmehr habe ich die Menschen, die mir etwas erzählten, mit in meine Erzählungen eingebaut. Dadurch wurde deutlich, woher ich mein Wissen bezog. So habe ich, wie Papa sagte, »exakt wie ein Reporter« geschrieben. Ich habe wiedergegeben, was ich erfahren und gelernt habe, und ich habe die Umstände und Hintergründe dieser Erfahrungen nicht verschleiert, sondern offen dargestellt.

Im Fall der Moselreise hat mir das alles eingeleuchtet und mir gezeigt, wie ich mein Schreiben ausbauen und erweitern kann. Dann aber kamen die Geschichten über den Fußball und die Jungs in meinem Alter hinzu. Natürlich konnte ich mich auch hier auf meine Beobachtungen und Kenntnisse verlassen. Die Erzählungen von den Jungs, die gewinnen wollen, drifteten aber in ihrem Verlauf immer mehr ins Erfundene ab. Ich schrieb nicht mehr auf, was passiert war, sondern ich dachte mir spannende und auf starke Erlebnisse hin ausgerichtete Geschichten aus. Darin kämpften die Jungs wie Helden aus einem Kinderbuch jede Woche um den Sieg. Sie überwanden Hindernisse (wie Krankheiten, Übelkeit oder andere körperliche Einschränkungen), sie »wuchsen über sich selbst hinaus«, und sie eilten wie in einem einzigen, beflügelten Sturmlauf auf ein großes Ziel zu: den Gewinn der Meisterschaft und den Aufstieg in die nächsthöhere Liga.

Das zu erzählen, machte mir durchaus Spaß, aber ich konnte nicht übersehen, dass mir dabei manchmal nicht wohl war. Etwas Fremdes, Eigensinniges war bei diesem Erzählen mit im Spiel, etwas, das nicht ganz und gar mit mir zu tun hatte, wohl aber beim Schreiben mitredete. Es meldete sich zu Beginn jeder Geschichte versteckt und aus dem Hintergrund zu Wort, und es flüsterte mir zu: »Erzähle spannend! Lass die Jungs etwas Besonderes erleben! Denk Dir etwas aus, das man nicht Tag für Tag erlebt und das die meisten Leser nicht erwarten!« Während des Schreibens brachte mich diese fremde Stimme dazu, immer tollere, frei erfundene Geschichten zu entwerfen. Ich ließ einen der Jungs einen Tag im Trainingslager der deutschen Nationalmannschaft verbringen (bei einem Wettbewerb hatte er das Siegerlos gezogen), von wo er mit lauter packenden Erzählungen zurückkam. Oder ich gönnte einem anderen einen Auftritt als junger Rundfunkreporter, der zusammen mit einem richtigen Reporter ein Spiel des 1.FC Köln kommentieren durfte (*Peter war zwei Stunden früher als sonst wach geworden. Heute war der große Tag da. Zusammen mit Reporter Fredi Schmitz durfte er ein Spiel des 1.FC kommentieren. Peter war so aufgeregt wie noch nie. Als ihn seine Mutter am Frühstückstisch begrüßte, wirkte er* abwesend. »*Was ist mir Dir?*«, *fragte seine Mutter. Peter aber schwieg, er bekam keinen Bissen herunter* … usw.)

Wenn ich so erzählte, hatte ich keine Probleme mit der Geschichte und ihrer Handlung, im Gegenteil, die Geschichte schnurrte nur so vor sich hin. Das Seltsame war nur, dass ich während dieses Abschnurrens gar nicht anwesend war. Die Geschichte und ihre Handlung spielten vielmehr ihr eigenes Spiel, Satz für Satz trat aus irgendeinem Dunkel meines Kopfes an die Oberfläche, blitzte kurz auf und verschwand wieder im Nichts. Nach einem solchen Schreiben hatte ich rote Ohren und spürte eine beträchtliche Wärme (und manchmal sogar Hitze). Die Geschichte war mit mir »über Stock und Stein« galoppiert und hatte mich schließlich abgeworfen. Was ich geschrieben hatte, war im Grunde gar nicht von mir. Die Geschichte hatte sich ihre Handlung vielmehr selbst ausgedacht.

Auch im Fall von Andrea meldete das Fremde, Eigensinnige, das beim Schreiben mitredete, sich zu Wort. Ich schrieb die Geschichte, die ich begonnen hatte, weiter, und es machte mir Spaß, lauter fiese Szenen zu erfinden. Andreas Mutter schneidet Andrea die Haare, schneidet dabei aber den halben Pferdeschwanz ab. Andreas Vater will den Rasen mähen und gerät mit dem großen Zeh unter den Mäher. Andreas Bruder meldet sich bei einem Fußballverein an, wird jedoch wegen Übergewicht nicht aufgenommen. Waren die Geschichten von den Fußball spielenden Jungs Jubelgeschichten, so erfand ich für Andrea und ihre Familie Geschichten, die aus lauter Fehlgriffen und Missgeschicken bestanden. (Darin bestand meine kleine Rache.)

Wegen alldem bin ich nun durcheinander. Ich habe das Gefühl, als wäre mein Schreiben »auf eine schiefe Bahn« geraten, und ich überlege mir ernsthaft, ob ich mit dieser Art des Schreibens nicht aufhören sollte. Es macht nämlich keinen richtigen Spaß, sondern es verschafft ein Vergnügen, das sich nur kurz meldet und rasch wieder vergeht.

Ich denke nach, wie ich aus dieser Verirrung wieder herausfinden könnte, da fällt mir Hemingways Name ein. Hatte Papa mir nicht versprochen, mir ein Buch von diesem amerikanischen Schriftsteller zu kaufen? Papa vergisst so etwas eigentlich nicht, hat er es diesmal vergessen? Ich glaube nicht, aber ich will ihn auch nicht fragen oder drängen. Deshalb gehe ich einfach in eine Buchhandlung und frage dort nach, ob sie ein Buch von Hemingway vorrätig haben. Ja, sie haben nicht nur eins, sondern viele Bücher vorrätig. Die Buchhändlerin holt sie aus dem Regal und legt sie nebeneinander vor mich hin. Ich frage, ob ich sie anschauen und durchblättern darf. »Das darfst Du«, antwortet sie, »aber sei vorsichtig und blättre langsam und mit spitzen Fingern um, damit die Seiten nicht zerreißen.«

Zum Glück entfernt sie sich dann und lässt mich mit meinen spitzen Fingern allein. (Worauf die Erwachsenen alles kommen!) Ich sehe schnell, dass unter den Hemingway-Büchern mehrere umfangreiche Romane, aber auch

Bücher mit vielen kurzen Erzählungen sind. Ich blättere die mit den kurzen Erzählungen langsam durch, und ich lese einige von ihnen an. Viele handeln von einem Jungen mit Namen Nick Adams, der mit seinem Vater (einem Arzt) oder auch allein unterwegs ist. Er durchstreift »die freie Landschaft«, und er fühlt sich dabei anscheinend sehr wohl. Es passiert nichts Besonderes, Ungewöhnliches, nein, überhaupt nicht. Hemingway erzählt davon, wie der Junge am frühen Morgen aus seinem Zelt kriecht, wie er Forellen angelt oder wie er mit seinem Vater in einem Boot über den See fährt.

Geschichten in dieser Art habe ich noch nie gelesen. Sie sind nicht spannend, sondern langsam und sehr genau. Sie bleiben laufend stehen und schauen sich um: Was ist da gerade? Wie sieht es am Himmel oder auf der Erde aus? Wo genau steht die Sonne aus? »Strahlt« sie, »leuchtet« sie oder »scheint« sie? Wie lautet das richtige Wort für diesen ganz bestimmten Zustand: frühmorgens, nach einer Nacht im Zelt, wenn die Sonne noch am Horizont »kauert«?

Wie der junge Nick Adams sich durch die Natur und die Landschaft bewegt, gefällt mir. Es erinnert mich stark an den Westerwald und daran, wie ich mich auch oft durch seine Gegenden bewege. Dass Nick Adams häufig nur mit seinem Vater unterwegs ist, kommt mir schon beinahe selbstverständlich und kaum noch erstaunlich vor: ja, genauso (oder jedenfalls sehr ähnlich) bewege ich mich auf Wanderungen, Ausflügen und Reisen auch mit meinem Vater. Dabei wird nicht ununterbrochen geredet, sondern nur, wenn man sich gegenseitig auf etwas aufmerksam machen will. »Man soll die schöne Natur nicht totquasseln«, hat Papa einmal gesagt, und er meinte damit: Man soll die richtigen Worte für das finden, was man sieht und beobachtet.

Ich bleibe über eine Stunde in der Buchhandlung und bin erneut durcheinander. Neben dem spannenden und voraneilenden Schreiben gibt es also auch ein genaues, langsames, das oft auf der Stelle verweilt und die Stimmungen der Umgebung einsaugt. In solchen Geschichten sprechen die Menschen nicht viel, so dass man als Leser nachdenken und überlegen muss, was gerade in ihnen vorgeht. Ist ein solches Schreiben nicht genau für mich geschaffen? Und hat es nicht (auf seltsame, mich beunruhigende Weise) mit meinen stummen Jahren als kleiner Junge zu tun?

In diesen Jahren kam es mir so vor, als stünde alles um mich herum still. Es gab keine »Handlung«, ja, es gab im Grunde gar keine Geschichten. Ich hatte keine Vorstellung davon, was die Menschen über längere Zeiträume hinweg erlebten. Sie standen irgendwo herum, sprachen miteinander und verschwanden wieder. Daneben gab es vor allem eine einzige, große Stille. Ein Horchen auf die Welt, ein kurzes Ausatmen, das Leben wie in einem dunklen Zelt, aus dem ich am Morgen herauskrieche, um ein wenig von der Sonne am Horizont mitzubekommen. »Guten Morgen, wie geht es Dir heute?« »Wollen wir jetzt frühstücken?« Das konnte ich schon noch verstehen, danach aber wurde es schwierig. Fremde Stimmen meldeten sich, und schon sagte jemand etwas, dem ich nicht richtig folgen konnte. »Temperaturschwankungen« – was war das? Und was war denn ein »Arbeitsmarkt«, auf dem es dann auch noch »gedrosselt zuging«?

Ich begreife, und es ist wie eine Erlösung: In Hemingways Erzählungen bewegen sich die Menschen ein wenig so, wie ich mich als stummes Kind bewegt habe. Sie reden fast nichts, sie schauen sich vieles genau an, und sie bleiben viel stehen, um die Welt zu begreifen. Dabei werden sie weder in Jubel- noch in Ekelgeschichten (mit lauter Missgeschicken) verwickelt. Sie werden überhaupt in gar nichts »verwickelt«, sondern sind »einfach nur da«. Als Lebewesen ohne reißerische Handlung: ängstlich, furchtsam, vor der Welt »auf der Hut«.

Auf dem Heimweg nehme ich mir vor, weder an meinen Fußballgeschichten noch an den Geschichten über Andreas Familie weiterzuschreiben. Wohin bin ich mit diesem Schreiben denn bloß geraten? Ich bin ein »Fabulierer« geworden, der das selbst Erlebte hinter dem Erfundenen verbirgt und zurückstellt. Genau andersherum sollte es sein: Das selbst Erlebte sollte dominieren, und das Erfundene darf nur einen sehr kleinen Teil ausmachen.

Ich höre vorerst auf, an Geschichten zu arbeiten, und kehre wieder zu meinen »Miniaturen« zurück. Ich schreibe über *Eine Stunde am Rhein* oder über den *Markt am S.-Platz*. Ich gehe oder fahre irgendwohin, halte mich an bestimmten Orten längere Zeit auf, schaue, was passiert, und schildere das. So genau, wie ich kann.

Und dann passiert es, und Papa kommt an einem Abend mit einem Buch von Ernest Hemingway nach Hause. Es heißt *Paris – ein Fest fürs Leben*, und es hat einen dunkelgrauen Umschlag mit lauter schwarzen Zeichnungen, auf denen Menschen, Straßen und Plätze von Paris abgebildet sind. Das Grau lässt alles wie im Regen erscheinen, und als ich das Buch aufschlage, scheint es genau diesen Eindruck zu bestätigen, denn ich lese: *Dann war das schlechte Wetter da. Wenn der Herbst vorbei war, würde es von einem Tag zum anderen kommen. Nachts mussten wir die Fenster wegen des Regens schließen, und der kalte Wind würde die Blätter von den Bäumen der place Contrescarpe abstreifen. Die Blätter lagen durchweicht im Regen, und der Wind trieb den Regen gegen den großen grünen Autobus an der Endstation ...*

Ich freue mich über dieses Buch sehr, und ich sage es Papa, und Papa antwortet: »Ich lasse Dich damit allein. Du wirst schon selbst sehen, wie es ist. Sag es mir irgendwann einmal. Und sag mir auch, wenn es Dir nicht gefällt. Es *muss* Dir nicht gefallen.« Ich nicke und nehme das Buch mit in meine Kammer. Es ist früher Abend, draußen regnet es, ich schlage das Buch wieder auf, streiche mit dem Handrücken über die geöffnete Seite, setze mich, mache das Licht auf meinem Schreibtisch an und lese den Anfang der Geschichte noch einmal. Langsam, nicht eilend! Satz für Satz! Was ist das für ein Erzählen?

Es gibt das schlechte Wetter, und es gibt den Regen. Das alles kommt aber nicht nur in einem einzigen Satz vor, sondern in mehreren. Das schlechte Wetter kommt von einem Tag auf den andern (das muss man aus Erfahrung wissen), und wenn es da ist, schließt man nachts die Fenster (das weiß man nicht aus Erfahrung, sondern man weiß es schon immer, es ist selbstverständlich). Warum erzählt es Hemingway aber, wenn es doch selbstverständlich ist? Er zieht die Bremse, er will nicht gleich weitererzählen. Er verweilt beim Regen und schaut zu, was der Regen und das schlechte Wetter noch alles mit einem tun: Der kalte Wind streift die Blätter der Bäume ab, die Blätter liegen durchweicht im Regen, und der Wind treibt den Regen gegen einen Autobus. Und das alles passiert an einem bestimmten Ort: am place Contrescarpe!

Mein Gott, wie gern würde ich dort wohnen, wo das schlechte Wetter, Regen und Wind so etwas machen und man sich bei schlechtem Wetter, Regen und Wind anscheinend noch wohlfühlt! In Hemingways Geschichte (*Ein gutes Café auf der place St-Michel*) zieht sich der Erzähler bei schlechtem Wetter in ein Café zurück. Er erlebt dort nichts Aufregendes, sondern er will dort einfach nur schreiben. Er bestellt einen *café au lait* (was ist das?), und dann schreibt er nicht über Paris, sondern an einer Geschichte, die in Michigan und damit in Amerika spielt. Er will diese Geschichte erzählen, doch er schreibt vorher noch einige sehr merkwürdige Sätze, die bei mir ein langes Nachdenken auslösen: *Ich hatte bereits als Junge, als Jüngling und als junger Mann das Ende des Herbstes kommen sehen, und an einem Ort konnte man besser darüber schreiben als an einem anderen. Ich dachte, das nenne man »sich umpflanzen«, und es konnte für Menschen ebenso notwendig sein wie für andere wachsende Dinge.*

Wenn ich diese Sätze richtig verstand, dann wollte Hemingway sagen, dass man über einen Schatz genauer Beobachtungen aus den verschiedenen Lebensaltern verfügte. Diese Beobachtungen waren mit bestimmten Orten verbunden. Dort hatte man sie gemacht, dort konnte man aber vielleicht nicht besonders gut über sie schreiben! Hemingway lebte als Junge und junger Mann in Amerika, jetzt aber sitzt er mitten in Paris in einem Café. Die Beobachtungen über den Herbst hat er in seiner Kindheit und Jugend gemacht, jetzt steigen sie wieder hoch und führen dazu, dass er sie genau beschreiben kann. Ein eigentlich fremder Ort (wie Paris) lockt die alten Beobachtungen hervor, und Hemingway schreibt über das schlechte Wetter und den Herbst von Paris, indem er seine Eindrücke von diesem Pariser Herbst mit den Herbsteindrücken aus seiner Kindheit verbindet.

Wie genial! Hemingway verbindet das früher Erlebte mit dem gerade Erlebten! Und dieses »Verbinden« tritt an die Stelle des »Erfindens«. Das Pariser Wetter ist keine »Erfindung«, sondern eine (wie sagt er?) … – ein »Umpflanzen«. Er pflanzt etwas früher Erlebtes in etwas gegenwärtig Gesehenes! Das ist die Lösung! Das befreit mich von dem ewigen Erfinden!

An diesem Abend lese ich drei seiner Paris-Geschichten. Ich lese sie mehrmals, und ich achte auf jedes Wort. Langsam glaube ich zu verstehen, dass es noch ein anderes Erzählen gibt, ein kunstvolles, eines, das sich die Welt nicht zurechtlegt und sie mit Handlungen überschüttet, sondern eines, das sich die Welt in ruhigen Bewegungen einverleibt. So dass man als Leser nach dem Lesen solcher Geschichten ganz voll ist von ihren Stimmungen und »Atmosphären« (Papa).

Papa fragt mich lange Zeit nicht, wie und ob mir die Geschichten Hemingways gefallen. Erst an einem Sonntagnachmittag kommen wir auf dieses Thema. Wir sind zusammen auf die Galopprennbahn von Weidenpesch gegangen (wohin Papa sehr gerne geht, mit mir zusammen, aber auch allein). Das Vergnügen an dieser Rennbahn besteht für ihn nicht im Verfolgen der Rennen, sondern im Beobachten von alldem, was dort passiert. Er schaut sich die Pferde an (einige Jockeys kennt er persönlich und wechselt mit ihnen ein paar wenige Worte), oder er geht einfach nur an der leeren Rennbahn entlang und blinzelt in die Sonne. Es riecht nach frisch gemähtem Gras, und die Sonne ist schwach und schaut wie aus weiter Ferne durch die Sträucher rings um die Rennbahn.

Ich stehe neben Papa, und ich fühle mich wohl wie seit langem nicht mehr. Und dann sage ich: »Es riecht nach frisch gemähtem Gras, und der Wind weht ziemlich heftig. Die Sträucher auf der anderen Seite der Rennbahn biegen sich, und die Trikots der Jockeys flattern, wenn sie ihre Pferde besteigen.«

Papa steht neben mir und hört zu. Und dann sagt er einen seiner merkwürdigen Sätze (die ich nicht mehr vergessen habe). Er räuspert sich vorher (was meist schon ein Zeichen dafür ist, dass ein besonderer Satz folgt) und flüstert: »Sag das noch einmal!«

Es ist ziemlich still, aber ich höre den Wind. Das Gras riecht immer stärker, die Jockeys lassen die Pferde sich warm laufen. Und ich sage: *Es riecht nach frisch gemähtem Gras, und der Wind weht ziemlich heftig. Die Sträucher auf der anderen Seite der Rennbahn biegen sich, und die Trikots der Jockeys flattern, wenn sie ihre Pferde besteigen.*

Als ich das zum zweiten Mal sage, bemerke ich erst, dass ich ein wenig wie Hemingway erzähle. Hemingway sitzt jetzt in meinem Kopf, wir schreiben zu zweit, und ich habe schon ein wenig von ihm gelernt. Ich warte darauf, dass Papa etwas sagt, und dann sagt er: *Wir gingen, nachdem ich frühmorgens gearbeitet hatte, in diesem Jahr und anderen Jahren noch häufig zum Rennen; und es machte Hadley Spaß, und manchmal fand sie es herrlich.*

Ich höre ihm zu, und ich weiß, er sagt gerade den Anfang einer Hemingway-Geschichte auf. Sie heißt *Das Ende einer Beschäftigung*, und sie steht in dem Paris-Buch, das Papa mir geschenkt hat. Papa räuspert sich wieder, und dann sagt er, dass er darauf vertraut habe, dass ich Hemingway als meinen neuen Lehrer begreife, denn er selbst könne mir nicht mehr viel beibringen. »Hemingway ist die beste Schule, die es gibt!«, sagt Papa, und dann schweigt er und schaut auf die Rennbahn, wo sich die Pferde weiter warm laufen.

Ich schweige auch und schaue, denn ich habe jetzt genau verstanden, was Papa mit Hemingway und mir vorhatte. Er hat mich mit einem neuen Lehrer im Schreiben bekannt gemacht. Dann aber sage ich: »Papa, wann fahren wir hin?« Papa schaut weiter geradeaus und fragt zurück: »Du meinst – nach Paris?« Und ich antworte: »Ja, nach Paris!« Und Papa sagt: »Wir müssen erst zu zweit nach Berlin! Und nach Berlin geht es dann nach Paris! Versprochen!«

Über Vergangenes schreiben

ICH BEGEGNE Andrea nicht mehr auf dem Heimweg von der Schule nach Hause. Anscheinend hat sie mir meine Fragen doch sehr übel genommen. Auch während der Schulstunden schaut sie nicht mehr (wie früher) zu mir, sondern schaut demonstrativ woandershin. Ich nehme mit ihr auch keinen Kontakt auf, denn ich möchte mich nicht entschuldigen. Hat sie es nicht darauf angelegt, so befragt zu werden? Und was ist schon Böses oder Kränkendes an ein paar einfachen Fragen? Ich lasse das alles »auf sich beruhen«, und ich denke immer weniger daran. Meine Notizen zur Andrea-Geschichte sind in unserem Keller verschwunden, wo es im Küchenschrank viele Materialien gibt, die mit der Zeit gealtert sind. Einige sind sogar schon sehr alt, wie zum Beispiel die Fotos, auf denen die Eltern noch ein junges Paar sind, das gerade geheiratet hat und aus dem Westerwald nach Berlin gezogen ist.

Von ihren ersten gemeinsamen Jahren in Berlin sprechen sie aber nie. Nur durch die Fotos und einige Andeutungen, die manchmal eher nebenher gemacht werden, weiß ich, dass es diese Berliner Jahre gegeben hat. Meine Eltern haben im Herbst 1939 geheiratet, und genau in diesem Herbst hat Papa eine Stelle als Vermessungsingenieur bei der Deutschen Reichsbahn erhalten. Deshalb sind die Eltern aus dem kleinen westerwäldischen Ort, in dem sie aufgewachsen sind, gleich in das riesengroße Berlin gezogen. Dort haben sie bis zum Kriegsende gelebt. Danach aber sind sie rasch wieder nach Köln (und damit auch in den Westerwald) zurückgekommen. Sie haben es in Berlin nicht mehr ausgehalten, denn in Berlin haben sie keineswegs sechs schöne erste Jahre ihrer Ehe, sondern den Zweiten Weltkrieg erlebt.

So viel weiß ich, und ich weiß auch, dass die Jahre in Berlin sehr schlimm gewesen sein müssen. Nicht die riesengroße Stadt war schlimm, sondern der Krieg mit seinen Bombenangriffen und all dem anderen Schrecklichen, was er mit sich brachte. Davon erzählen die Eltern jedoch nicht. Wenn die Rede auf Berlin kommt (Papa erwähnt manchmal ein Detail und sagt dann zum Beispiel: »In Berlin isst man das schon am frühen Morgen«), reagiert Mama darauf nicht. Berlin ist in unserer Familie niemals ein Thema, aber es wird dann doch eines. Immer wieder haben nämlich frühere Berliner Freunde Mama und Papa eingeladen, sie in Berlin zu besuchen. Sie möchten die Eltern, die sie in den Kriegsjahren kennengelernt haben, wiedersehen. Und sie möchten einige der Gegenstände loswerden, die Mama nach dem Umzug aus Berlin nach Köln (den sie allein organisiert hat, weil Papa damals Soldat und nicht in Berlin war) dort zurückgelassen hat. Diese Gegenstände (ich erfahre nicht, um was es sich handelt) sollen abgeholt und nach Köln zurückgebracht werden – das ist anscheinend ein weiteres Anliegen der Berliner Freunde.

Deshalb muss über Berlin gesprochen werden, die Berliner Freunde der Eltern drängen. Beinahe zwanzig Jahre sind nach dem Kriegsende vergangen, doch die Eltern zieht noch immer nichts nach Berlin. »Nie wieder Berlin!«, sagt Mama, und sie bleibt auch dabei, als Papa sie mehrmals auffordert, mit dorthinzufahren. »Du solltest Dich noch *einmal* sehen lassen«, sagt er, aber es ist nichts zu machen, und die Mama sagt nur: »Ich fahre nie wieder dorthin. Da kannst Du tun und machen, was Du willst!«

So fahren Papa und ich schließlich zu zweit. Diesmal wird es aber nicht (wie im Fall der Moselreise) eine Ferienreise zu unserem Vergnügen, sondern eine Reise in die Vergangenheit. Berlin ist nämlich nichts Fremdes (wie die Gegenden an der Mosel), sondern teilweise auch etwas Vertrautes. Mir ist es natürlich nicht vertraut, denn ich war nie in Berlin. Papa aber ist vieles vertraut, und genau dieses Vertraute suchen wir vor allem auf und wohnen auch dort.

Auf diese Weise lerne ich die Wohnung kennen, in der die Eltern während des Krieges gelebt haben, und ich gehe (manchmal auch allein) in der Umgebung dieser Wohnung spazieren. Ein wenig ist es so, als ginge ich in Köln in der unmittelbaren Umgebung unserer Wohnung umher, denn ich habe »im Hinterkopf« Geschichten und

Erzählungen, die ich von Papa in Berlin vor Ort zu hören bekomme. Dadurch wird die (eigentlich langweilige) Umgebung der elterlichen Wohnung lebendig: Ich weiß, wo Mama eingekauft hat, ich lerne die S-Bahn-Station kennen, von der aus die Eltern immer ins Zentrum der Stadt gefahren sind, und ich gehe mit Papa durch den *Botanischen Garten*, in dem sich Mama und Papa oft aufgehalten haben.

Noch durch etwas anderes erhält die Umgebung rund um die elterliche Wohnung Leben. Ich meine die Haushaltsbücher von Mama, die Papa und ich in einem der Koffer, die sie in Berlin zurückgelassen hat, entdecken. In ihnen befinden sich lauter Wertgegenstände und Dokumente, und außerdem eben die Haushaltsbücher, die sie Tag für Tag in Berlin geführt hat. Sie hat Ausgaben und Einnahmen exakt eingetragen, und sie hat daneben auch Aufzeichnungen über das gemacht, was sie täglich erlebt hat. Die gesamten sechs Kriegsjahre sind in diesen Kladden gespeichert, mit den (anfänglich) noch schönen Momenten (Abende am Wannsee, das nächtliche Berlin am Potsdamer Platz) und mit den vielen furchtbaren Ereignissen in den Bombenjahren.

Während einem der ersten Bombenangriffe haben die Eltern ihr erstes Kind, einen Sohn, verloren. Sein Grab befindet sich auf einem Berliner Friedhof. Dann aber haben sie ein zweites Kind bekommen, und dieses Kind haben sie ganz ähnlich wie mich genannt. Es hieß Karl-Josef. Ich schreibe: »Es hieß« und nicht »es heißt«, denn dieses zweite Kind ist später im Westerwald, nach der Rückkehr der Mutter aus Berlin, beim Einmarsch der Amerikaner durch eine Granate mitten in den Kopf ums Leben gekommen. Nicht die Amerikaner haben diese Granate abgefeuert, sondern deutsche Soldaten, die im Westerwald bis zur letzten Kriegssekunde kämpften und Granaten auf Häuser und Bauernhöfe abfeuerten, in denen ihre Landsleute lebten und auf das baldige Ende des Krieges hofften. (Ich will davon hier nicht weitererzählen.)

In Berlin bin ich während unseres Aufenthalts meinem Bruder Karl-Josef begegnet. Ich habe in einer der Kladden von Mama nämlich ein Foto entdeckt, das mir bei längerer Betrachtung ein Foto meines Bruders zu sein schien. Er sitzt auf einem Rasenstück in der Sonne und schaut den Betrachter direkt an. Hinter ihm sitzt Papa auf dem Boden und trägt ein gestreiftes Hemd und eine gestreifte Hose (als befände er sich in einem Krankenhaus). Und noch weiter, ganz hinten, sitzt im schattigen Dunkel die Mama auf einer Bank.

Das Foto meines Bruders hat mich zum Weinen gebracht, einfach so, schon beim ersten Betrachten. Plötzlich wusste ich nicht nur von ihm, sondern sah ihn auch ganz direkt vor mir, fast zum Anfassen nah. Hinzu kam, dass er genau meine blonden Haare und auch genau meine Kopfform hatte, ja, das Foto erschreckte mich, weil dieser Bruder auch sonst genauso aussah wie ich.

Ich habe das Foto immer wieder anschauen müssen, und ich habe es in meinem Schulmäppchen versteckt, ohne es Papa zu zeigen. Papa wirkte in Berlin sehr »aufgewühlt«, oft erinnerte er sich an die Vergangenheit, und meist waren es schlimme Erlebnisse, die wieder näher rückten und ihn bestürmten. Da half es wenig, dass wir einige der alten Freunde trafen, die uns herzlich empfingen. Den alten Freunden haftete viel von dem früheren Leben an, und wenn sie vom früheren Leben zu erzählen begannen (»erinnerst Du Dich? War das nicht toll?«), wurde Papa schweigsam und ließ diese Erzählungen über sich ergehen, ohne sich zu beteiligen.

Ich wäre nie auf die Idee gekommen, ihm das Foto zu zeigen, denn gerade dieses Foto, auf dem er sich anscheinend während des Krieges in einem Lazarett befindet und Besuch von Mama und seinem zweiten Sohn erhält, hätte ihn bestimmt stark an das Vergangene erinnert (und vielleicht auch zum Weinen gebracht). Papa weint fast nie, er hat nur manchmal gerötete oder feuchte Augen, aber auch das reicht schon aus, um auch mich zum Weinen zu bringen. Fast immer haben solche Momente mit der Vergangenheit zu tun, so dass ich oft gedacht habe, dass die Vergangenheit in unserer Familie eine viel größere Rolle spielt als in anderen Familien. Die nämlich denken kaum an das Vergangene, während in unserer Familie viel an die Vergangenheit gedacht, aber wenig von ihr geredet wird. (Ich weiß nicht, ob Mama und Papa häufig miteinander darüber reden. In meiner Anwesenheit tun sie es jedenfalls nie.)

Gerade weil nie über die Vergangenheit geredet wird und sie doch gegenwärtig ist (nach dem Tod ihres zweiten Kindes haben Mama und Papa in der Nachkriegszeit ihren dritten und vierten Sohn verloren), hat sie etwas stark Anziehendes. Das spüre selbst ich, der ich doch fast nichts von ihr ahne oder weiß. Seit unserem Berlinaufenthalt (über den ich später auch eine Reiseerzählung für Papa schreibe, es wird aber eine ganz anderer Art als die über die Moselreise) weiß ich etwas mehr von der Vergangenheit. Ich weiß zum Beispiel etwas darüber, wie die Mama Tag für Tag in Berlin verbracht, woran sie gedacht, was sie gearbeitet und mit wem sie gesprochen hat (mit einigen Mitbewohnern konnte man anscheinend »offen reden«, mit anderen nicht). All das steht in ihren Kladden, sie hat es in ihrer schönen Handschrift festgehalten, und manchmal gibt es in den Kladden auch eingeklebte Zeitungsausschnitte oder andere Papiere, die vom früheren Leben berichten. (Was mich an meine Chronik erinnert, so dass ich mich frage: Führe ich mit meiner Chronik Mamas Berliner Haushaltsbücher weiter? Sind meine Aufzeichnungen eine Fortsetzung von Mamas Aufzeichnungen?)

Nach unserer Rückkehr nach Köln kommt mir dann ein aufregender Gedanke. Ich überlege nämlich, ob ich nicht Geschichten über das frühere Berliner Leben der Eltern schreiben könnte. Ich würde mich an Mamas Aufzeichnungen halten und sie zu kleinen Erzählungen umarbeiten.

Nicht lange nachdenken, es sofort versuchen! Ich versuche es, und es fällt zu Beginn auch nicht schwer, denn ich erzähle so, als erzählte die Mama:

— 341 —

Ich bin früh aufgestanden, um mit der S-Bahn in die Stadt zu fahren. Es ist gutes Wetter, und ich will mich in den Kaufhäusern nach Weihnachtsschmuck umsehen. Es wird unser erstes gemeinsames Weihnachten werden, das will gut vorbereitet sein ...

Von Papa kann ich so nicht erzählen, er hat keine Aufzeichnungen gemacht, und außerdem war er später Soldat und lebte nicht mehr mit Mama Tag für Tag in der gemeinsamen Wohnung. Von Papa gibt es »Briefe aus dem Krieg«, die hat Mama gesammelt und mit einem roten Schnipsgummi zusammengebunden. Ich habe auch in diesen Briefen gelesen, sie aber so schlecht verstanden, dass ich sie wieder beiseitegelegt habe. Um sie richtig zu verstehen, müsste ich viel mehr über den Krieg wissen. Ich müsste wissen, wo sich Papa genau aufgehalten hat, wer die anderen Soldaten in seiner Nähe waren und was sie genau im Krieg gemacht haben. Und ich müsste noch viel mehr wissen: Warum dieser verdammte Krieg überhaupt entstanden ist und was alles los war in Deutschland, bevor ich zur Welt gekommen bin.

Darüber weiß ich nur sehr wenig und das wenige auch nur aus Büchern (und nicht aus der Schule). Die Bücher helfen mir für meine Geschichten aber nicht weiter, sie tragen zu ihnen nichts bei, denn sie enthalten keinen Erzähl-, sondern Wissensstoff. Die Haushaltsbücher von Mama sind dagegen Erzählstoff, aber ich bemerke bald, dass ich bloß große Partien dieser Aufzeichnungen abschreibe und durch einige neue Handlungsmomente ergänze. Mama fährt in solchen Fällen zum Beispiel nicht allein mit der S-Bahn, sondern wird von einer befreundeten Mitbewohnerin begleitet. Beide durchstreifen die Kaufhäuser und unterhalten sich über Mode. (Es gibt Modebilder in Mamas Kladden, sie sind dort eingeklebt, an ihnen kann ich mich orientieren.)

Vergleiche ich meine Geschichten mit Mamas Aufzeichnungen, so gefallen mir ihre Aufzeichnungen viel besser, obwohl sie keine Geschichten sind. Sie sind kürzer, direkter und klarer, während die von mir hinzuerfundenen Partien wie Spielereien wirken. Ich erzähle in ihnen nicht davon, was ich erlebt und selbst gesehen habe. Ich bemühe mich vielmehr, mit Mamas Augen das Vergangene zu sehen und zu beschreiben. Und das geht letztlich nicht so, wie ich dachte. Ich schreibe ab und garniere Mamas Aufzeichnungen mit ein paar Einfällen, von denen ich nicht einmal weiß, ob sie nicht völlig unglaubwürdig sind.

Nach einigen Versuchen weiß ich, dass ich das Vergangene (noch?) nicht beschreiben und nicht von ihm erzählen kann. Das Vergangene ist eine weitere große Fremde. Um sie kennenzulernen, müsste ich mich mit Menschen zusammensetzen, die diese Fremde selbst erlebt haben. Es wäre ganz ähnlich wie an der Mosel: Die Fremde (diesmal die Vergangenheit) erfahre ich, indem ich Menschen von ihr erzählen lasse und sie befrage. Nur dann komme ich ihr etwas näher.

Was mir schließlich von all diesen Versuchen und Überlegungen bleibt, ist vor allem das Foto meines Bruders. Ich betrachte es jeden Tag, und es ist immer in meiner

Nähe, ja, es ist mir sogar so nah, dass ich mit ihm rede. Ich rede mit diesem Foto, weil ich meinen Bruder sehr vermisse, und ich denke genau das sehr oft und sage: »Es ist zum Verzweifeln.«

Als alles Denken und Überlegen nichts bringt, setze ich mich hin und schreibe Briefe an meinen Bruder. Ich schreibe ihm fast täglich, ich rede mit ihm und erzähle ihm »aus meinem Leben«, und ich frage mich, ob er mich nicht von irgendwoher sieht und begleitet, so dass ich ihm gar nicht so genau von meinem Leben erzählen müsste. Ich weiß es nicht, kein Mensch weiß über solche Dinge Bescheid. Da hilft nur, es zu glauben. Ja, ich glaube daran, dass mein gestorbener Bruder meine Briefe liest und meine Worte hört. Und so schreibe ich in diesem festen Glauben weiter:

Lieber Karl-Josef, ich wette, Du wunderst Dich, warum ich jeden Morgen so früh aufstehe. Ich tue das schon seit sehr vielen Jahren, und es macht mir nichts aus. Einige der Jungs aus meiner Klasse stehen fast zwei Stunden später auf, putzen sich rasch die Zähne, schlingen ein Brötchen herunter und laufen in die Schule. Ich habe dann schon eine Menge geschrieben. Warum ich so viel schreibe? Weil es mich für den ganzen weiteren Tag beruhigt. Und weil es fast jedesmal viel Freude macht.

Wenn Du noch am Leben wärst, würden wir beide schreiben, Du und ich. Du wärst allerdings fast zehn Jahre älter und würdest ganz andere Geschichten schreiben als ich. Bessere, mit viel mehr Erfahrung. Vielleicht würdest Du mir auch beibringen, besser und klarer zu schreiben. Jedenfalls würden wir beide über das

Schreiben sprechen, und vielleicht würde es uns beiden zusammen gelingen, etwas über die Vergangenheit zu schreiben.

Lieber Karl-Josef, manchmal vermisse ich Dich sehr. Ich denke an Dich, und mir treten die Tränen in die Augen. Warum ist er nicht da?, frage ich mich. Warum machen wir nicht etwas zusammen? Ich sehne mich danach, mit Dir etwas zusammen zu machen, denn ich habe eigentlich keinen Menschen, mit dem ich so gut befreundet bin, dass ich mit ihm Tag für Tag etwas zusammen mache. Natürlich mache ich etwas mit Papa und Mama, und wir erleben vieles gemeinsam. Das ist aber nicht dasselbe wie das, was ich mit einem sehr guten (oder besten) Freund erleben würde. Viele meiner Schulkameraden haben solche besten Freunde. Ich habe keinen, ich habe nie einen gehabt.

Lieber Karl-Josef, seit ich etwas älter bin, Fahrrad fahre und an den Abenden manchmal in unserer Wohnung allein bin, spüre ich das Alleinsein. Früher war ich auch manchmal allein, aber es war nicht spürbar. Jetzt aber spüre ich es, es tut manchmal weh, und ich sage mir: Du bist nicht nur allein, Du bist einsam.

Ich glaube, dass einen nur wenige Menschen von der Einsamkeit befreien können. Papa und Mama natürlich. Auch der Herr Jesus und seine Mutter Maria können es, wenn man fest an sie glaubt. Von meiner Einsamkeit, denke ich manchmal, könntest auch Du mich befreien, ja, Du könntest es, ganz bestimmt.

Lieber Karl-Josef, ich gehe heute ins Stadion und schaue mir ein Spiel des FC an. Zwei meiner Schulkameraden kommen mit. Ich würde alles darum geben, wenn Du auch mitkommen würdest. Wir würden in die Sonne blinzeln und uns über Papa unterhalten, ja, ich würde mich gerne mit Dir einmal über Papa unterhalten. Kein Mensch unterhält sich mit mir über Papa, dabei ist Papa jemand, über den man sich sehr gut unterhalten könnte. Wir würden darüber sprechen, was uns an Papa so gefällt, und wir würden viel entdecken, Du das eine, ich das andere.

Lieber Bruder, ich habe heute Abend Klaviervorspiel. Ich spiele als Dritter und Letzter, und ich spiele das »Italienische Konzert« von Johann Sebastian Bach, das Du sicher gut kennst. Den ersten und zweiten Satz beherrsche ich tadellos, da kann nichts passieren. Der dritte aber ist schnell und höllisch schwer. Kannst Du mir beistehen und helfen (wenn es Dir irgend möglich ist, ich will Dich aber wirklich nicht drängen)? Ich habe Dich nämlich zu meinem Schutzengel ernannt.

Lieber Bruder, ich habe das »Italienische Konzert« von Johann Sebastian Bach tadellos hinbekommen. Ich danke Dir sehr, Du hast mir geholfen. Vor dem Spielen habe ich an Dich gedacht, und danach war alles viel einfacher. Ein wenig leben wir also doch zusammen, obwohl Du nicht mehr auf der Erde bist. Vielleicht ist es auch einfacher (und schöner?), gar nicht mehr auf der Erde zu sein. Vielleicht ist die Erde gar nicht so schön und lebenswert, wie ich es als Junge noch glaube. Und vielleicht gibt es irgendwo auch ein anderes Leben, das von all dem Bösen, das es auf der Erde gibt, befreit ist. Ich weiß das nicht, kein Mensch weiß es. Ich weiß aber jetzt, dass Du in meiner Nähe bist.

Lieber Bruder, ich erzähle Dir jetzt von lauter Heimlichkeiten, ja, ich erzähle Dir meine heimlichen Geschichten. Ich bin sehr erleichtert, dass ich sie endlich erzählen kann. Ich habe sie in unserem Keller versteckt, dort, wo sich auch viele Unterlagen zu Dei-

nem Leben befinden. Ich will genau wissen, was Du erlebt hast und
was von Deinem Leben noch zu erfahren ist. Vorläufig habe ich
Hunderte von Fotos gefunden, auf denen Du zu sehen bist. Es gibt
auch Briefe der Großeltern, die sie Dir (als Du noch ein kleiner
Junge warst und noch gar nicht lesen konntest) geschrieben haben.
Vielleicht hat die Mama sie Dir vorgelesen, ich weiß es nicht. Zur
Sicherheit werde ich sie Dir noch einmal vorlesen, weil Du sie jetzt
auch verstehst. Wir werden uns darüber Gedanken machen.

Lieber Karl-Josef, ich habe eine neue Rubrik angelegt (lach nicht,
diese Rubriken sind zwar ein Spleen und etwas verrückt, taugen
aber dennoch etwas). Es ist eine Rubrik Dir zu Ehren, und sie
heißt: »Briefe an meinen Bruder«.

Mit anderen schreiben

Iᴄʜ sɪᴛᴢᴇ in unserem Klassenraum allein in einer Bank.
Fast alle anderen Schüler sitzen zu zweit nebeneinander,
aber neben mir ist ein freier Platz, da sitzt niemand. Ich
weiß nicht, warum das so ist, es passiert einfach so: Zu
Beginn eines Schuljahres nehmen wir Schüler unsere
Plätze ein, und die anderen setzen sich neben ihre besten Freunde. Ich habe einen solchen Freund nicht, so
dass auch niemand neben mir sitzen möchte. Keiner meiner Mitschüler kommt auf einen solchen Gedanken oder
fragt mich, ob er sich neben mich setzen darf oder soll.
Und auch ich bleibe stumm und frage niemanden, weil
ich von niemandem abgewiesen werden will.

Dass ich allein bleibe, geschieht häufiger, nicht nur in der Schule, und manchmal denke ich, es ist »wie verhext« (Mama). Bin ich zum Beispiel mit einigen Mitschülern verabredet, so stehen sie, wenn ich komme, schon in kleinen Gruppen zusammen und unterhalten sich. Ich werde begrüßt, stehe dann aber im Abseits, ich finde nicht hinein in eine der Gruppen, und auch wenn wir später gemeinsam losziehen, laufe oder gehe ich am Rand. Es ist, als gehörte ich nicht richtig dazu.

Um etwas dagegen zu tun, komme ich etwas früher als die anderen und stehe als Erster am verabredeten Ort. Auch das hilft aber nicht, denn wenn die anderen eintreffen, tun sie sich sofort wieder zu den üblichen Gruppen zusammen und sondern mich langsam so aus, dass ich wieder am Rand stehe. Ich glaube nicht, dass sie es »böse meinen«, nein, ich vermute, sie bemerken es nicht einmal. Ich bin für sie Luft, ich existiere nicht richtig, auf mich kommt es nicht an, mit mir zeigt man sich nicht.

Zu Beginn eines neuen Schuljahrs bekommen wir einen neuen Mitschüler. Er ist sitzengeblieben und daher etwas älter als wir. Neben mir gibt es für ihn einen freien Platz, dahin wird er gesetzt. So sitze ich – wie die anderen auch – diesmal neben einem Klassenkameraden in der Schulbank, allerdings mit dem Unterschied, dass ich nicht mit ihm befreundet bin. Ich kenne ihn nicht einmal.

Rasch stelle ich fest, dass er (vielleicht auch wegen seines Alters) ganz anders ist als die Mitschüler. Er spricht

– 348 –

während des Unterrichts, flüstert vor sich hin, wirkt unkonzentriert und hat oft etwas in den Händen (eine Zeitschrift, irgendwelche Papiere, aber auch Radiergummis und Spitzer).

Vorerst unterhält er sich während der Pausen vor allem mit mir. Er geht neben mir her und spricht auf mich ein, und er erzählt mir lauter Geschichten, die ich nicht hören will. So erfahre ich, dass er eine Freundin hat (die wievielte ist es?), begeistert Basketball spielt und sich vor allem für eins interessiert: die neuste Musik (Beat, Rock, Pop, einfach alles). Ich finde es interessant, dass er so viele Gruppen und Stücke kennt, ich habe davon nicht die geringste Ahnung. Er fragt mich, welche Musik ich mag, und ich erzähle von meinem Klavierspiel und den klassischen Stücken. Er macht darüber ein paar Witze, verhöhnt mich aber deswegen (anders als ich erwartet habe) nicht. Vielmehr sagt er, ich solle ihm einige Platten mitbringen und mir überlegen, wie ich ihm die Klassik »näherbringen« könne. Ich solle also nicht gleich mit Beethoven loslegen, sondern mit etwas Einfacherem. Beethoven sei nichts für ihn, und Mozart erst recht nicht.

Ich verstehe, dass ihn die Schule und der gesamte Schulstoff überhaupt nicht interessieren. Am liebsten würde er von morgens bis abends Musik hören, Sport treiben und mit seiner Freundin unterwegs sein. Er spricht schnell und wirkt oft überdreht, und wenn wir eine Klassenarbeit schreiben, schreibt er hemmungslos (und »brutal«, wie er es nennt) bei mir ab. Ich bin kein guter Schüler, aber ich komme von Jahr zu Jahr mit und bringe einige ordentliche Noten zustande. Bei mir abzuschreiben, lohnt sich also, obwohl man dann keine Glanznoten bekommt. »Manni, Du besserst Dich!«, sagt unser Klassenlehrer zu unserem neuen Mitschüler. Und Manni sagt zu mir: »Das verdanke ich Dir! Hast Du einen Wunsch?«

Er will mir etwas kaufen, denn er hat seltsamerweise Geld. Immer hat er gerade genug davon in der Tasche, um sich »etwas zu gönnen«. Ich frage ihn, woher er es hat, und er antwortet: »Was fragst Du? Das Geld liegt auf der Straße, man muss es nur aufheben.« Ich bin nicht der Ansicht, dass es so ist, aber ich streite mich nicht mit ihm, wie auch er nie mit mir streitet. Er lässt mich mit meinen merkwürdigen Macken in Ruhe, er beleidigt und kränkt mich nicht, ich spiele in seinem Leben eine ganz bestimmte Rolle, und das genügt.

Mit der Zeit »arbeiten« wir so gut zusammen, dass wir einander »wie im Schlaf« (Manni) ergänzen. Er schreibt von mir ab, ich sage ihm vor (wenn er mündlich geprüft wird) – und nebenbei läuft unser Austausch über die eigentlich wichtigen Dinge des Lebens. Ich weiß etwas über Fußball, er über Basketball. Ich kenne die Klassik, er Beat, Rock und Pop. Ich lese viele Bücher, er liest Zeitschriften. Und er ist in einem einzigen Schulfach so weit voraus, dass es sich für mich lohnt, bei ihm abzuschreiben: Manni spricht fließend Englisch, niemand ist in diesem Fach besser als er.

In einer besonders langweiligen Schulstunde erzählt er mir von einer neuen Gruppe, die mit ihrem ersten Album gleich »in den Charts« gelandet ist. Die Jungs wohnen in der Nähe, er kennt einige, und er begleitet sie an den Wochenenden bei ihren Auftritten in der Umgebung. Ich höre ihm zu, und ich denke: Manni sollte das aufschreiben, denn es ist interessant. Selbst einer wie ich, der von Beat, Rock und Pop überhaupt nichts versteht, könnte sich dafür interessieren. Ich sage das Manni, aber ich erhalte die schon beinahe erwartete Antwort: »Schreiben? Ich kann nicht schreiben!«

Ich sage ihm, dass er es durchaus könnte, wenn er so schreiben würde, wie er gerade redet. Sein Reden wirkt lebendig und frisch, und er erzählt von etwas, das er gut kennt. Er schüttelt den Kopf und wird mürrisch. Ich solle von ihm nichts verlangen, was er nicht will. Wozu sollte er schreiben? Für wen? Ich antworte, dass er für mich schreiben solle. Ich habe keine Ahnung von dem, was er erzähle, gerade deshalb wolle ich es schriftlich. Damit ich es jederzeit nachlesen könne.

Manni weiß nicht, dass ich in meinem Leben bereits Zigtausende von Seiten geschrieben habe (niemand weiß das, weder ein Lehrer noch irgendein Schüler, sie wissen höchstens, dass ich »ein wenig« schreibe, und sie nennen es »kritzeln«, indem sie sagen: »Er kritzelt …«). Manni hat aber davon gehört, dass einige meiner Geschichten einmal in der Tageszeitung erschienen sind. Vielleicht erinnert er sich daran, jedenfalls hält er plötzlich in seinem ewigen Reden inne und fragt: »Wie wäre es, wenn Du mir das Schreiben beibringst? Ich meine die Grundlagen, nicht mehr. Kannst Du so was?«

Diese Fragen überraschen mich, denn ich habe niemals daran gedacht, anderen Schülern ausgerechnet beim Schreiben zu helfen. Ich habe sehr genaue Vorstellungen davon, wie man es lernt, aber ich würde jeden zur Verzweiflung treiben, wenn ich ihn anhielte, diesen Vorstellungen genau zu folgen. Niemand, vermute ich, hat meine Geduld, niemand setzt sich jeden Morgen um sechs Uhr an einen kleinen Tisch, um die Welt in einfachen Sätzen zu ordnen und von ihr zu erzählen. Oder irre ich mich?

Ich überlege, und dann sage ich zu Manni, dass wir es versuchen könnten. Er will, dass wir gleich beginnen, und er fragt, wie es geht. Ich sage, dass er in der nächsten Pause ein weiteres Mal die Geschichte von der neuen Gruppe erzählen soll. Ich werde sie mir merken und aufschreiben. Am Tag darauf werde ich sie ihm zeigen, dann hat er eine Vorstellung, wie er etwas von dem, was er gut kennt, aufschreiben könnte. »Du schreibst so etwas an *einem* Tag?«, fragt er. Und ich antworte: »Keine Sorge, das belastet mich nicht. Ich brauche höchstens eine Stunde dafür.« »Du schreibst eine Geschichte in einer Stunde?«

Ich möchte nicht mehr dazu sagen und winke ab. Da schaut Manni mich erstaunt an und scheint plötzlich zu begreifen, was mit meinem Kopf los ist. »Du schreibst jeden Tag, stimmt's?«, fragt er. »Du bist ein richtiger Schreiber, habe ich recht?« Ich sage nichts, sondern winke erneut ab. Da sagt er: »Warum redest Du denn nicht darüber? Warum behältst Du so viel für Dich und geheim?«

— 352 —

Es ist das erste Mal, dass ein Klassenkamerad mir diese Frage stellt. Instinktiv haben schon viele gespürt, dass ich das meiste in meinem Leben geheim halte und nichts verrate. Sollte ich von meinem Leben erzählen, müsste ich auch von der Vergangenheit sprechen. Von meinen stummen Jahren. Von meinen toten Brüdern. Davon, wie Papa und Mama mir aus der Not heraus Schreiben und Sprechen beigebracht haben. Ohne all dieses Wissen ist mein ewiges, unermüdliches Schreiben nicht zu verstehen.

Es ist aber nicht möglich, dass ich von dieser Vergangenheit spreche. Ich kann und will es nicht. Und Mama und Papa würden es auch nicht gut finden. Wir drei wollen das Bild »einer normalen Familie« abgeben und nicht weiter auffallen. Niemand soll uns auf das Vergangene ansprechen, das Vergangene soll »nicht wieder hochkommen« (Papa). Deshalb halte ich vieles geheim, und deshalb bin ich so schweigsam.

Am nächsten Tag lese ich Manni die Geschichte vor, die ich nach seiner mündlichen Erzählung geschrieben habe. Ich habe sie sogar für ihn abgetippt, damit sie wie eine gedruckte und für alle lesbare Geschichte wirkt. Ich sehe gleich, dass er beeindruckt ist. Vor allem die Form (die wie gedruckt wirkenden Buchstaben, die Überschrift, die Zeilen und Absätze) gefällt ihm. »Es sieht aus wie eine Zeitung«, sagt er, und dann schaut er mich an: »Was meinst Du: Wollen wir zusammen eine Zeitung machen?« Ich verstehe nicht, was er meint, und frage nach, aber Manni ist mit diesem Plan längst woanders. Er denkt schon an das Wie: Wie machen wir das? Wie finanzieren wir es?

Manni sagt: Wir finanzieren unsere Zeitung durch Anzeigen. Durch welche Anzeigen? Durch Anzeigen von Geschäften in der Nähe der Schule. Wir gehen persönlich hin und sagen: Wir sind Schüler des Gymnasiums XY, wir machen ab jetzt eine Schülerzeitung für die gesamte Schule. Sie können einen guten Eindruck machen und für sich werben, wenn Sie in dieser Zeitung eine Anzeige bringen. Sie kostet im Format A einhundert Mark, im kleineren Format B siebzig Mark und im kleinsten Format C fünfzig Mark. Hier ist unsere Preisliste mit allen Angaben.

Ich höre zu, es klingt gut, aber ich denke, dass Manni spinnt. Manni aber spinnt nicht, sondern redet und redet, immer schneller.

Um eine solche Zeitung zu gründen, brauchen wir ein Team. Unser Team besteht aus (zum Beispiel) zehn Mädchen und Jungs. Alle haben »Spezialthemen«, in denen sie sich gut auskennen. In jeder Ausgabe unserer Zeitung kommt jedes Spezialthema nur einmal vor. Die Abstimmung der Themen erfolgt in der Redaktionskonferenz. Die Leitung des Ganzen liegt in den Händen eines »Chefredakteurs«. Der korrigiert auch die Texte und verhandelt mit der Druckerei. Es ist klar, wer dieser »Chefredakteur« sein wird. »*Du* wirst es sein«, sagt Manni, »nur *Du*! Und wenn irgendjemand etwas anderes sagt oder jemand anderen will, mache ich nicht mehr mit! Ist das klar?!«

Es geht viel zu schnell, aber ich weiß jetzt, dass Manni es ernst meint. Wenn jemand eine Aktion wie die Gründung einer Schülerzeitung in Gang setzen kann, dann nur er. Zum ersten Mal treffen wir beide uns außerhalb der Schulstunden. Wir gehen zusammen in eine Kneipe, in der Mannis Musik läuft. Seine Freundin erscheint auch und sitzt neben ihm. Er krault ihr mit der rechten Hand laufend das Haar, aber es lenkt ihn nicht ab. Längst hat er (angeblich in meinem Auftrag) mit einigen Druckereien verhandelt. Er schlägt vor, dass unsere Zeitung in Würzburg gedruckt wird. Eine Würzburger Druckerei ist nach seinen Worten »preiswert und gut«. Wie hoch soll die Auflage sein? Tausend Stück? Manni ist für tausend Stück!

In den darauf folgenden Wochen gründen wir unser Team. Es setzt sich nicht nur aus Mädchen und Jungen aus unserer Klasse, sondern aus Schülern ganz unterschiedlicher Klassen zusammen. Auch jüngere sind darunter, denn »auch die sind gefragt und können schreiben« (Manni). Sie können es, wenn man es genau nimmt, noch nicht, und viele der älteren können es gar nicht. Das macht aber nichts, denn wir haben ja »unseren Chefredakteur«.

Manni meint, ich solle eine Brille tragen, das mache Eindruck, damit könne ich sogar einige Mädchen beeindrucken. Er zeigt mir ein Foto von Rudolf Augstein, dem Herausgeber des SPIEGEL. »So solltest Du aussehen«, sagt Manni, »dann laufen Dir die Mädchen in Scharen hinterher.«

Ich lasse das mit der Brille bleiben, aber ich verstehe, was er meint. Als ich im Impressum der ersten Ausgabe unserer Zeitung als »Chefredakteur« erscheine, spüre ich ein früher nicht vorhandenes Interesse an meiner Person. Einige Mädchen behaupten, ich könne »enorm gut schreiben«, und andere sagen sogar, ich »mache aus jedem Mist einen lesbaren Text«. »Enorm gut schreiben« kann ich nicht, aber das andere stimmt: Ich kann Texte rasch so verbessern, dass sie lesbar sind. Manni ist mein bester Schüler, denn er schaut nicht nur abwartend zu, wenn ich verbessere, sondern er versteht auch genau, warum und wie ich Sätze kürze, umstelle oder umschreibe. »Ich habe es auch bald raus«, sagt er, und er hat recht. Keiner begreift so schnell, worauf es beim Schreiben ankommt.

Die Schulleitung hat uns einen Redaktionsraum zur Verfügung gestellt. Manni hat die Wände mit Plakaten seiner Musikgruppen beklebt. Wir haben drei Tische mit drei Schreibmaschinen, und der Chefredakteur sitzt vor dem Fenster an einem Ehrenplatz. »Schade, dass Du nicht rauchst«, sagt Manni, denn von einem Chefredakteur erwartet er starkes Rauchen. »Und trinken tust Du auch nicht«, sagt Manni. »Ein Chefredakteur ohne Laster ist eigentlich kein richtiger Chefredakteur«, sagt er, aber dann zwinkert er mir zu, damit ich das alles nicht allzu ernst nehme.

Im Grunde ist Manni nämlich der Chefredakteur. Er hat alles im Blick, treibt das Team an, verhandelt mit den Anzeigenkunden, telefoniert mit der Druckerei und ist jeden Tag ansprechbereit. Manni hat Ideen für Ar-

tikel, ist guter Laune und hat endlich ein Betätigungs-
feld. Er schreibt nicht nur über Musikgruppen, sondern
auch über Basketball und Handball. Nachmittags geht er
auf die Sportplätze und schaut sich das Training an. Er
spricht mit den Trainern, alle nehmen ihn ernst. Manni
redet (nicht mehr) »dumm herum wie früher« (Manni),
sondern ist ein Experte. Sogar die Sportredaktion der
Tageszeitung ist auf ihn aufmerksam geworden. Und so
berichtet Manni bald auch dort von den Spielen, die er
genau verfolgt, und beweist dabei sein »Hintergrundwis-
sen« (Manni).

Einmal sagt er zu mir in vollem Ernst, er verdanke mir,
dass aus ihm »noch etwas werde«. Und wirklich sieht
es so aus, als würde aus ihm ein guter Journalist. Er
schreibt immer mehr, aber er verlangt von mir weiter,
dass ich jeden Text korrigiere. Er will mich dafür bezahlen (»schließlich ist es ja eine Sauarbeit«), aber das leh-
ne ich ab. Denn ich verdanke Manni auch viel. Ohne ihn
hätten wir die Zeitung nie zustande gebracht, und ohne
ihn hätte ich niemals so viel Neues über Bereiche erfahren, die mir vorher ganz fremd waren (Basketball, Handball, neue Musik, Diskotheken, »mit Mädchen zusam-
mensein«). Ich schreibe darüber natürlich nicht, denn ich
kenne mich ja auch weiterhin in diesen Dingen nicht aus.
Aber ich notiere manchmal, was Manni gesagt hat. Außerdem aber notiere ich, dass mein Schreiben eine neue
Note und ein neues Arbeitsfeld erhalten hat:

*Ich schreibe nun auch für andere. Und die anderen sind nicht nur
ein paar Leser oder Personen, sondern sehr viele. Das muss ich*

beachten, wenn ich Artikel schreibe: dass ihr Inhalt nicht nur mich, sondern auch viele andere interessiert. »Das interessiert kein Schwein!«, sagt Manni unzählige Male in jeder Redaktionskonferenz. Und meistens hat er, wenn wir anderen genauer über ein Thema nachdenken, recht.

Am Anfang vieler Artikel steht ein einfacher, Neugier erzeugender Satz. Selbst über Ereignisse in unserer Schule kann man so schreiben, dass viele Leser neugierig werden. Zum Beispiel ärgert uns Schüler, dass die Schule keine Handballmannschaft hat. Viele Schüler spielen gut Handball, aber wir haben (anders als andere Schulen) keine Mannschaft, die an Wettbewerben teilnimmt. Eine Mannschaft zu gründen, wäre Sache von Sportlehrer P. Er kann so etwas, aber er ist einfach zu faul. Also eröffnet Manni einen Artikel mit dem neugierig machenden Satz: »Lehrer P., Handballprofi in spe, steht im Mittelkreis des Handballfeldes und weiß nicht weiter ...« Dieser Satz ist von mir. Als ich ihn Manni vorlese, sagt er: »Klasse! Und jetzt schreibe ich weiter, denn jetzt geht's!«

Die Anzeigenkunden finden unsere Zeitung gut. Herr F., dem die Schreibwarenhandlung an der N.-Straße gehört, sagt: »Eure Zeitung ist richtig professionell. Und es wundert mich, wie offen Ihr über Vorgänge in Eurer Schule berichten dürft. Ärgert das nicht die Lehrer?«

Richtig, wir schreiben »offen« und gern »über Missstände« (Manni). Funktioniert der Colaautomat nicht, beklagen wir das in einer Glosse. Wird ein Schüler getadelt, weil er eine Kappe mit einem politischen Symbol trägt, wird das in einem Artikel scharf kommentiert. Neulich wurde ich vom Direktor zu einem »Mei-

− 358 −

nungsaustausch« eingeladen. Ich habe gesagt, dass ich nicht allein, sondern nur »mit meiner rechten Hand« (Manni) kommen werde. Das wurde akzeptiert, so dass Manni und ich zu zweit hingingen. Der Direktor schlug vor, dass wir ihm jede unserer Nummern noch vor Erscheinen zur Prüfung vorlegen. »Kommt gar nicht in Frage!«, sagte Manni. »Zensur nicht mit uns!«

Anfangs machte es mir großen Spaß, an der Zeitung zu arbeiten. Inzwischen gibt es aber so viel Arbeit, dass ich die Lust etwas verloren habe. Ich habe gesagt, dass ich »den Posten des Chefredakteurs« gerne abgeben möchte. Manni aber war sofort dagegen: »Dann höre ich auch auf.«

Wenn ich mit anderen schreibe, schlüpfe ich versuchsweise in ihren Kopf. Ich schreibe ihre Artikel nicht so um, dass sie meinen eigenen Artikeln ähneln, nein, ich verbessere sie so, dass die Stimme des anderen noch deutlich wahrnehmbar ist. Jeder Schreiber hat eine eigene Stimme. Das Problem ist nur, dass er sie nicht kennt. Manche Schreiber werden ihre Stimme nie kennenlernen und nie hören, wie sie klingt. Da kann auch ich nichts mehr machen, sondern nur noch korrigieren.

Das ewige Korrigieren macht müde. Lieber schriebe ich wieder mehr für mich selbst. Ohne den Blick auf andere Leser.

Lieber Bruder, ich brauche Deinen Rat, dringend. Soll ich aufhören mit dem Chefredakteurdasein? Um wieder mehr an eigenen Texten zu arbeiten? Ich hätte große Lust dazu, denn ich habe jetzt viele neue Stoffe im Kopf, über die ich schreiben könnte. Keine Angst, die Geschichte unserer Zeitungsgründung werde ich nicht aufschreiben. Aber über Manni könnte ich schreiben. Er

ist ein »Typ unserer Zeit«, er ist »modern«, er ist an allem dran,
»was interessiert«. Und er weiß, wo »es brennt«. Soll ich darüber
schreiben? Du meinst »nein«?!

Lieber Bruder, ich verstehe, was Du meinst, ich werde nicht über
Manni schreiben. Es gibt schließlich genug anderes. Zum Beispiel
werde ich über die Parisreise schreiben, die Papa und ich bald an-
treten. In Paris werde ich an all die Orte gehen, an denen Heming-
way gelebt hat. Darüber werde ich schreiben. Und das ist – Du
hast recht – besser als alles, was mir zu Manni einfallen könnte.

Schreiben aus aller Welt

NACH MEINER Rückkehr aus Paris höre ich mit dem
Chefredakteurdasein auf. Ich arbeite wie im Fall der Mo-
sel- und der Berlinreise an einer Reiseerzählung für Papa.
Sie wird wieder anders als die vorigen Reiseerzählungen,
denn ich erzähle diesmal nicht von den Pariser Gegenden (der Fremde) oder von irgendeinem früheren Leben
in einer Stadt (der Vergangenheit), sondern von den Orten und Räumen, an denen sich Hemingway aufgehalten
hat. Anhand seines Buches *Paris – ein Fest fürs Leben* habe
ich sie genau erkundet. Jeden Tag habe ich mich auf Hemingways Spuren bewegt, habe mich in seine Cafés gesetzt und bin auf die Pferderennbahnen gegangen, auf
denen er sich aufhielt, um bei einem Rennen zu wetten
und etwas Geld zu gewinnen.

Papa hat mich nicht immer begleitet, da ihm das alles etwas zu viel Hemingway war. Er hat sich an die berühmten Sehenswürdigkeiten der Stadt wie den Eiffelturm, den Louvre oder die Kirche Sacre Coeur gehalten. Die habe ich alle ausgelassen, denn ich fand die Hemingway-Orte wichtiger.

Als wir zurückkommen, habe ich Hunderte von Zetteln mit Notizen dabei, und dann habe ich mich wieder an eine Reiseerzählung gesetzt. Ich bin erleichtert, dass ich wieder so schreiben kann und keine fremden Texte mehr korrigieren muss. Ein Mädchen aus meiner Parallelklasse ist jetzt Chefredakteurin, und Manni steht ihr noch ein paar Monate zur Seite, plant aber auch schon seinen Abgang.

Der Abgang besteht in seinem vollständigen Wechsel zur Tageszeitung der Stadt. Man hat ihm ein Volontariat angeboten, das will er, sobald es möglich ist, annehmen. Er bleibt noch bis zum Ende des Schuljahrs, dann wird er die Schule verlassen. In den Pausen redet er auf mich ein, es ebenso zu machen. »Ich rede mit den Typen von der Zeitung«, sagt er. »Wenn die Deine Artikel lesen, laden sie Dich auch sofort ein, für sie zu schreiben.« Ich antworte, dass mir das nicht recht ist, weil ich wieder mehr nur für mich selbst schreiben will. Und Manni reagiert: »Man schreibt nicht nur für sich selbst. Das ist Kappes!«

Kaum eine Woche später meldet sich der Redakteur der Tageszeitung, den ich in meinen Kindertagen in der Redaktion kennengelernt habe, bei uns am Telefon. Mama ist am Apparat und gibt ihn an mich weiter. Der Redakteur wünscht sich ein Gespräch, nun gut, da sage ich nicht nein, deshalb gehe ich hin. »Ich komme mit«, sagt Manni, »Du bringst ja keinen Ton heraus, und das macht bei den Typen überhaupt keinen Eindruck.«

Er betrachtet es als einen großen Fehler, dass ich leise spreche und manchmal im Sprechen innehalte und stocke. »Schreiben kannst Du wie kein Zweiter«, sagt er, »aber reden! Das musst Du wirklich noch lernen!« Ich sehe nicht ein, warum ich Reden lernen soll. Ich muss doch nirgends auftreten und sprechen. »Pianisten reden nicht«, sagt mein Klavierlehrer, und er hat recht. Pianisten setzen sich an einen Flügel, spielen und verschwinden wieder in dem Nichts, aus dem sie gekommen sind. Deshalb ist Klavierspielen für mich ideal. Ich brauche nichts dazu zu sagen, die Musik spricht für mich.

Was das Spielen und Üben betrifft, so bin ich inzwischen weit fortgeschritten. Mein Klavierlehrer sagt, ich solle mich an einer Musikhochschule bewerben, und zwar schon vor dem Abitur. Eine so frühe Bewerbung sei einen Versuch wert, denn Ausnahmen gebe es immer. Ich habe jedoch einen ganz anderen Plan. Ich möchte nämlich fort, fort aus Deutschland, weit weg. In meinen Spinnereien und Träumen fahre ich nach Rom, bleibe dort und bewerbe mich am römischen Conservatorio um ein Stipendium. Heimlich habe ich mich erkundigt, ob und wie so etwas geht. Niemand weiß davon, selbst mit Mama und Papa habe ich nicht darüber gesprochen.

Ich ahne, dass es ihnen schwerfallen wird, auf meine Gegenwart zu verzichten. Aber ich denke, das muss jetzt unbedingt sein. Ich kann nicht mein ganzes Leben (wie sie es sich vielleicht vorstellen) in ihrer unmittelbaren Nähe verbringen. Wir drei leben so eng zusammen, dass die gegenseitige Nähe mit der Zeit etwas Bedrückendes hätte. Und dann würden wir alle keine Luft mehr bekommen. Außerdem bin ich jetzt in einem Alter, in dem alles auf dem Spiel steht: was aus mir wird, womit ich mein Geld verdiene, wo ich »meinen Platz in der Welt« (Papa) finde. Den sollte ich aus eigener Kraft finden, und er sollte sich nicht in allzu großer Nähe zu meinen Eltern befinden.

Ich sage das so, obwohl ich weiß, dass es mir vielleicht das Herz brechen wird, Mama und Papa in Köln zurückzulassen. Ich habe auch noch keine klare Vorstellung davon, wie es mir gelingen könnte, allein nach Rom aufzubrechen. Ich spinne und träume, das sagte ich schon, aber ich spüre stark, dass die Spinnereien und Träumereien von Tag zu Tag mehr Gewicht erhalten.

Der Redakteur der Tageszeitung erinnert sich gut an unser lange zurückliegendes Treffen. »Als Kind warst Du ein Talent«, sagt er, »und anscheinend hast Du damit auch weitergemacht!« Ich sitze ihm gegenüber und sage nichts, aber Manni redet und redet. »Lassen Sie ihn schreiben!«, sagt er zu dem Redakteur, »außer über neue Musik schreibt er über alles. Einfach über alles!« Der Redakteur fragt mich, ob ich mir vorstellen könne, über neue Filme zu schreiben. Ich könne mir einen der

Filme selbst aussuchen, die jeweils donnerstags anliefen. In einem solchen Fall werde ich in die erste Vorstellung gehen, mir Notizen machen, rasch in die Redaktion eilen und dort meine Kritik »in die Tasten hämmern«. »Du hast kaum eine Stunde Zeit«, sagt er, »das muss sitzen!«

Manni sagt, ich könne nicht nur über Filme, sondern auch über Bücher und am besten über klassische Musik schreiben. Der Redakteur schaut mich etwas fragend an, aber ich sage wieder nichts. Will ich wirklich für die Zeitung schreiben? Ja, ich will, denn ich verdiene auf diese Weise Geld, um meinen Romaufenthalt finanzieren zu können. Ich möchte aber höchstens Kritiken über Filme, Bücher und Konzerte mit klassischer Musik (und nichts anderes) schreiben. Was ich für mich selbst schreibe, soll weiter nur für mich selbst bestimmt sein. In dieser Hinsicht werde ich so weitermachen wie zuvor und seit ewigen Zeiten: jeden Tag schreiben, ab morgens um sechs, über das, was mir durch den Kopf geht.

An einem Donnerstagmittag sitze ich in einem Kino und schaue einen Film. Er läuft an diesem Tag an, und ich werde eine Kritik dazu schreiben. Aus der Leihbücherei habe ich mir zuvor Filmkritiken ausgeliehen, darunter auch solche einer französischen Fachzeitschrift, in der es die besten Filmkritiken geben soll. Einige davon finde ich auch in deutscher Übersetzung, und als ich sie lese, verstehe ich sofort, worauf es anscheinend in den guten Kritiken ankommt: Der Kritiker sollte von seinen eigenen Eindrücken erzählen, und zwar so, dass er die Filmvorführung in eine einzige Erzählung in Ich-Form packt:

Im Rex läuft jetzt der neue Film von XY. Es riecht etwas muffig, und es ist stiller als sonst, weil in der ersten Vorführung außer mir nur zwei Menschen sitzen. Ahnen sie, was auf sie zukommt? Ich sage: nichts Gutes! Denn schon in der ersten Einstellung des Films erscheint der Mann, der uns nun zwei Stunden langweilen wird. Es ist der Schauspieler John Wayne, und John Wayne sitzt fest im Sattel. Er sitzt etwas zu fest ...

Während der Vorführung mache ich mir Notizen. Obwohl es stockdunkel ist, komme ich damit klar, denn ich habe Übung darin. Der Notizblock liegt auf meinen Knien, ich schreibe mit einem Kuli, dann kann die Schrift nicht verwischen. Während des Films fülle ich Seite auf Seite, schreibe Dialoge mit, notiere Kameraeinstellungen, skizziere die Handlung. Nach dem Ende sitze ich noch einen Moment in den dunkelroten, dicken Polstern und schließe die Augen. Dann sehe ich die ersten Sätze der Kritik vor mir. Es wird klappen, ich gehe jetzt in die Redaktion und werde dort schreiben.

Kaum zehn Minuten später sitze ich im Büro der Redaktion. Dort arbeiten zu dieser Stunde drei Menschen an ihren Schreibmaschinen: Eine Sekretärin und zwei Filmkritiker, die gerade die erste Vorstellung eines anlaufenden Films gesehen haben. Die beiden anderen Kritiker, die viel älter als ich sind, begrüßen mich als »ihren Kollegen«. Sie wünschen mir Glück, und sie sagen, dass sie mir gerne helfen, wenn es »nicht gleich klappt wie erwartet«. Ich bedanke mich, spanne eine Seite in meine Maschine und beginne sofort zu tippen. Ich fange so an, wie ich es noch im Kino geplant habe, und dann rauscht der Text.

Ich brauche kaum zwanzig Minuten, dann bin ich (als Erster) fertig.

Die beiden anderen Kritiker sind erstaunt. Beide rauchen stark, und beide wollen meine Kritik lesen. Sie tun es, als sie mit ihren eigenen Texten fertig sind. »Toll!«, sagt der eine, »wirklich toll geschrieben! Leider geht es so aber nicht! Wir bringen keine Kritiken in der Ich-Form! Und wir schreiben auch nicht über die näheren Umstände einer Aufführung! Wie es dort riecht und wie viele Leute im Saal sind, interessiert niemanden.« Ich antworte darauf nicht, denn ich finde, ich habe eine gut lesbare, klare Erzählung darüber geschrieben, wie ich den Film gesehen habe. Auf keinen Fall möchte ich so schreiben, wie es die beiden anderen Filmkritiker anpreisen: ohne Einbeziehung der eigenen Person, »möglichst objektiv und sachlich«, keine Eindrücke, sondern nur Wertungen. Nach einer kurzen Einleitung soll es im Mittelteil eine Inhaltsangabe geben, und am Ende soll das Resumé folgen. »So machen wir das hier!«, sagt einer der beiden, und es klingt, als verkündete er ein strenges Gesetz.

Wenig später erscheint der Redakteur der Tageszeitung und liest meine Kritik. Und dann sagt er fast dasselbe wie die beiden anderen Kritiker. Mit ein paar Strichen kürzt er meine Kritik zusammmen. Sie beginnt jetzt mit dem Satz: *John Wayne sitzt fest im Sattel, und wer genau hinschaut, erkennt, dass er allzu fest sitzt …*

Angeblich ist dieser erste Satz »der korrekte Einstieg«, und angeblich müssen die Folgesätze auf die Inhaltsanga-

— 366 —

be hinführen, die ich in meinem Text »verweigert« habe. Der Redakteur schreibt deshalb noch einige Sätze zum Inhalt des Films in meinen Text. Er hat ihn zwar nicht gesehen, wohl aber die Werbung für den Film »überflogen«. In kaum einer halben Stunde ist aus meiner Kritik eine völlig andere geworden. »Du wirst es rasch lernen«, sagt der Redakteur, doch diesmal mache ich endlich den Mund auf und sage, dass ich nach dem Vorbild französischer Filmzeitschriften (»den besten in Europa«) geschrieben und auch in Zukunft so weiterschreiben werde. Wenn ihm das nicht gefalle, höre ich auf.

Der Redakteur hat von den französischen Filmzeitschriften gehört, aber noch keine Kritiken in ihrer besonderen Art gelesen. Er sagt, dass er sich »das einmal anschauen« werde, und er vereinbart mit mir einen Termin in der laufenden Woche. »Dann sprechen wir darüber«, sagt er, und es freut mich, dass er auf meine Anregung eingeht.

Ich spreche mit Manni über mein Problem, und Manni sagt: »Nichts da! Du hast Deinen Stil! So schreibst nur Du und kein anderer! Sag dem Typen das und bleibe Dir treu!« Im Kopf rechne ich aus, wie viel Geld ich für die Kritiken in etwa einem Monat verdienen werde. Wenn ich mehrmals in der Woche ins Kino gehe und daneben noch über zwei Bücher und zwei Konzerte schreibe, komme ich auf eine ordentliche Summe. Ich habe bisher noch nie »eigenes Geld« verdient, das ist verlockend. Und ich spinne und träume immer stärker von Rom, wo ich dieses Geld gut brauchen könnte. Deshalb muss ich mir genau überlegen, wie ich mich entscheide. Will der Redakteur, dass ich im Stil der Zeitung schreibe, müsste ich »klein beigeben« (Manni). Und »klein beigeben« möchte ich auf keinen Fall. Andererseits ist da das viele Geld.

Ich treffe mich erneut mit dem Redakteur, und wir sprechen über die französischen Kritiken und über mein Schreiben. Ich nehme meinen ganzen Mut zusammen und sage, dass ich von meinem eigenen Schreiben nicht abweichen könne. Der Redakteur ist von den französischen Kritiken sichtlich beeindruckt. »Wir versuchen es einmal damit«, sagt er, »und wir warten, wie die Leser darauf reagieren. Kommen sie damit nicht zurecht, müssen wir uns leider trennen.«

In den Wochen darauf schreibe ich jede Woche mehrere Kritiken. Ich schreibe vor allem über neue Filme, aber ich gehe auch in mehrere Konzerte. Ich habe mit diesem Schreiben keine Probleme, und es macht sogar richtigen Spaß. Während jeder Vorführung entsteht aus kurzen Geistesblitzen ein Text, der auf das, was ich sehe, sofort reagiert. Dabei macht es viel aus, dass ich rasch reagiere.

Früher hatte ich jede Menge Zeit, mir Menschen, Dinge und Räume anzuschauen, jetzt muss alles sehr schnell gehen. Noch während der Vorführung muss der Text entstehen, und er muss all die Reize einfangen, die ich spüre. Mir kommt es vor, als wäre ich ein Arzt, der den Körper eines Patienten abtastet. Wo sind die gesunden, wo die kranken Stellen? Und dann schreibe ich in Windeseile meine Diagnose.

Das alles ist ein ganz anderes Schreiben als das Schreiben in den Jahren zuvor. Ich lerne, wie »journalistisches Schreiben« entsteht. Es ist ein Schreiben in Schnellform, ganz nah an den Dingen:

Ich schneide meine Kritiken aus der Zeitung aus und klebe sie auf schwarze Kartons. Lese ich sie ein oder zwei Wochen später noch einmal, habe ich den Film bereits komplett vergessen. Ich könnte nicht mehr sagen, was in ihm passiert. Aber ich kann mich genau erinnern, wo und wie ich ihn sah. (Selbst den Kinogeruch habe ich dann wieder in der Nase.)

Kritiken von Konzerten fallen mir leichter als Filmkritiken. Über Musik weiß ich sehr viel, und ich höre auch sehr genau zu. Darüber, wie Filme entstehen, weiß ich zu wenig, und dieses Wissen fehlt mir, wenn ich über bestimmte Details schreibe.

Wird das journalistische Schreiben, wie ich es jetzt auch betreibe, einen Einfluss auf mein anderes, viel langsameres Schreiben haben? Und worin wird dieser Einfluss bestehen? Wird sich das langsamere Schreiben verändern? Das wäre mir gar nicht recht.

Nach einiger Zeit gibt der Redakteur der Tageszeitung das Lob seines Chefredakteurs an mich weiter. Dem gefallen meine Kritiken »ausnehmend gut«. Er findet sie »frisch, auftrumpfend und kurios«, und er behauptet, sie seien etwas für jüngere Leser, die sich dadurch angeblich angesprochen fühlen. Der Redakteur sagt, der Chefredakteur habe sogar behauptet, die Zeitung habe in Gestalt meiner Person »einen dicken Fisch an der Angel«. Er schlägt vor, dass ich nach dem Abitur ein Volontariat mache, und er sagt, dass ich im günstigsten Fall mit einer Anstellung bei der Zeitung rechnen kann.

Ich bin nach diesem Gespräch etwas euphorisch, obwohl ich tief im Innern ahne, dass es zu diesem Volontariat und der Anstellung niemals kommen wird. Ich spiele Klavier, ich wollte mein Leben lang ein guter Pianist werden. Genau auf diesem Weg werde ich weitermachen, und wenn nichts dazwischenkommt, werde ich mein weiteres Leben damit verbringen, Konzerte zu geben.

Dann aber geschieht etwas Anderes, Unerwartetes. Papa schlägt nämlich vor, dass wir beide eine vierte Reise zusammen machen. Die längste, weiteste – und unsere letzte! Unsere letzte?! Ja, Papa meint, ich solle in Zukunft nicht mehr mit ihm, sondern mit meinen Freunden verreisen. (Im Stillen antworte ich: Mit welchen Freunden? Von wem spricht er?) Ich soll selbständiger werden, ich soll mein Leben in die eigene Hand nehmen!

Unsere letzte gemeinsame Reise wird von Antwerpen ausgehen. Wir werden die einzigen Gäste auf einem großen Containerschiff sein und durch das ganze Mittelmeer fahren. Von Antwerpen aus an der französischen und spanischen Küste entlang, durch den Golf von Gibraltar, mit dem Blick auf die afrikanische Küste, auf Griechenland zu – und weiter und weiter – bis nach Istanbul! Dafür werden wir einige Woche benötigen, und das Ganze wird noch vor meinem Abitur stattfinden. Einverstanden?!

— 370 —

Die Mama bleibt wieder zurück und fährt in den Westerwald. Während der Fahrt schreibe ich ihr keine Postkarten mehr, sondern jeden Tag einen langen Brief. Wenn wir Station machen und in einem Hafen anlegen, werden die Briefe verschickt. Papa und ich wohnen während der Fahrt in einer schönen Kabine. Fast den ganzen Tag verbringen wir an unterschiedlichen Orten an Deck. Wir verstehen uns so gut wie immer, es gibt nichts, was unsere Beziehung trübt. Und doch spüre ich, dass Papa sich in Gedanken mit meiner Zukunft beschäftigt. Ich ahne, dass er darüber mit mir sprechen möchte, und ich verstehe bald, dass die lange Reise eigentlich dazu dient, mich auf diese Zukunft vorzubereiten. Auf eine Zeit nicht mehr in der Nähe der Eltern, auf meine eigene, von mir allein gestaltete Zeit!

Während der Reise schreibe ich nicht nur für mich, sondern auch kleine Artikel, die später in unserer Schülerzeitung erscheinen. Ich schreibe über das Fahren auf dem Meer, über Griechenland (Athen und Saloniki), und ich schreibe einen langen Artikel über das Fremdeste, was ich je gesehen habe: Istanbul!

Kurz vor dem Ende der langen Fahrt (über die ich dann meine letzte Reiseerzählung für Papa schreibe), kommt es nach einem Frühstück zu dem Gespräch, das ich die ganze Fahrt über erwartet und vor dem ich mich, ehrlich gesagt, gefürchtet habe. Papa spricht mich auf die Zeit nach dem Abitur an: Habe ich mir schon Gedanken darüber gemacht, wie es mit mir weitergehen soll? Will ich in ein Volontariat bei der Zeitung einsteigen? Will ich länger verreisen, um einmal »Abstand von der Heimat« zu gewinnen? Was will ich?!

Als ich davon zu erzählen anfange, treibt es mir die Tränen in die Augen. Ich sitze vor Papa und sehe die Welt durch einen feuchten Schleier. Es hört gar nicht mehr auf, ich kann nichts dagegen tun. Papa aber tut auch nichts dagegen, sondern sagt nur, dass ich ganz ehrlich sagen solle, was ich mir vorgestellt habe. Er werde mir helfen. Ich trockne die Tränen mit einem Taschentuch, aber sie laufen weiter, als befände sich in meinem Kopf eine Tränenstation, die nun überquillt und ausläuft. Ich kann eine Weile nicht sprechen, Papa steht auf und holt mir etwas zu trinken.

Dann aber ist es endlich so weit, und die Tränenstation ist ausgelaufen, und ich kann leise reden. Ich erzähle Papa, dass ich am liebsten nach Rom reisen möchte. Dort will ich eine einfache Unterkunft suchen und mich um ein Klavierstipendium am Conservatorio bewerben. In Rom könnte ich sehr gute Lehrer aus der Schule von Franz Liszt finden. Sie sind in der gesamten Fachwelt berühmt, sie werden meine Leistungen steigern und mir viel beibringen. In den Ferien werde ich nach Deutschland kommen und die Eltern besuchen. In Rom aber möchte ich allein sein und auch nicht von den Eltern besucht werden.

Ein Volontariat bei der Zeitung möchte ich nicht machen. Ich möchte ein Pianist werden, nichts sonst. Und schreiben möchte ich so wie »seit ewigen Zeiten« (Ich).

Nur für mich. Tag für Tag. Die Chronik. Texte für die Rubriken und vielleicht auch: ein Tagebuch! Worunter ich mir etwas Heimliches vorstelle: tägliche Aufzeichnungen über Heimlichkeiten, Texte, die niemand außer mir lesen wird, Texte, wie sie die französischen Schriftsteller (Gide, Léautaud und viele andere) schreiben. In Frankreich nennt man so etwas »Journal«, diese Form zieht mich sehr an, sie erscheint »wie für mich gemacht« (Ich). All meine Heimlichkeiten bekämen einen Platz und säßen nicht mehr in meinem Kopf fest! Ich würde »mich austoben« und von meinen Gefühlen und Stimmungen erzählen: »hemmungslos«, »ohne Tabus« (Ich).

Von all diesen Details im Blick auf die Tagebuchform erzähle ich Papa nicht, ich habe sie nur als verlockend im Kopf. Das Wichtigere ist: dass ich direkt nach dem Abitur nach Rom aufbrechen und dort mein Klavierstudium fortsetzen möchte!

Papa sagt, er habe auch in diese Richtung gedacht. Und er habe nicht nur gespürt, sondern beinahe sicher gewusst, dass ich mich so entscheiden werde. Ein Studium ausgerechnet in Rom habe er aber nicht vorhersehen können, das komme sehr überraschend. Die Idee gefalle ihm jedoch: Ein Klavierstudium in der »Ewigen Stadt« (Papa)! Was könne es für einen jungen Menschen Schöneres geben?! Schwierig werde es allerdings, Mama von dieser Idee zu überzeugen. Mama hänge mit allen Fasern ihres Lebens an mir, das wisse ich selbst. Doch werde er mit Mama über alles lange und genau sprechen. Er werde Mama überzeugen, dass es das Beste für mich sei, einige

Zeit im Ausland zu verbringen. Das werde mir guttun, und schließlich sei ich nicht aus der Welt.

»Lass mich nur machen, mein Junge!«, sagt Papa und dann steht er auf und geht einige Schritte über das weite Deck unseres Schiffes. Und ich schaue ihm hinterher und denke einen Moment: »Lieber Gott, lass ihn stark bleiben! Und lass nicht zu, dass er jetzt vor lauter Traurigkeit ins Meer springt!«

Papa springt nicht ins Meer, sondern kümmert sich bis in alle Details um meine Abreise. Und Mama schafft es am Ende sogar, ohne viele Tränen von mir Abschied zu nehmen. Ich bitte die beiden, mich nicht zum Bahnhof zu begleiten, und so verabschieden wir uns im Flur unserer Wohnung. »Mach es gut, mein Liebster!«, sagt der Papa, und die Mama sagt: »Wir warten auf Dich!«

Und dann treffe ich mit einem kleinen Koffer auf dem römischen Bahnhof Termini ein. Es ist später Abend, nein, es ist fast schon Nacht. Ich spreche kein Wort Italienisch, und ich habe nur eine einzige Adresse (auf einem kleinen Zettel) dabei. Im Pfarrhaus der katholischen, deutschen Gemeinde in der Nähe der Piazza Navona soll ich mich vorstellen, dort wird man sich um eine Unterkunft für mich kümmern.

Meine erste römische Nacht verbringe ich draußen. Die ganzen Nachtstunden hindurch bin ich zu Fuß unterwegs. Ich werfe einen ersten Blick auf all die großen Schönheiten, und ich notiere dann und wann meine Eindrücke. Zum ersten Mal in meinem Leben bin ich während einer längeren Reise allein. Papa fehlt mir sehr, aber ich darf nicht an Papa denken. Ich bin jetzt Ich, so ist das. Und ich schreibe mitten in der Nacht meine erste Postkarte:

Liebe Mama, lieber Papa, ich habe es wirklich bis nach Rom geschafft, und es geht mir gut. In diesen Nachtstunden bin ich in der Ewigen Stadt unterwegs. Ihr wisst, dass ich so etwas jetzt auch alleine kann. Und Ihr wisst, wem ich das alles zu verdanken habe: Euch beiden – den Menschen, die ich am liebsten habe und immer gehabt habe. Macht Euch keine Sorgen, ich bin gut trainiert und werde es schaffen, mich in Rom durchzuschlagen. Ich denke immerzu an Euch – Euer Bub

5

Weiterschreiben

Coda

ICH SITZE in der Jagdhütte meines Vaters auf dem elterlichen Grundstück im Westerwald. In den letzten zwei Jahren ist dieses Buch entstanden, in mehreren Anläufen von jeweils einigen Wochen. All die vielen Seiten habe ich in dem kleinen, fast unveränderten Raum geschrieben, in dem ich die ersten Buchstaben und Sätze gekritzelt und später an vielen längeren Texten gearbeitet habe. Wie früher habe ich meist morgens gegen 6 Uhr mit dem Schreiben begonnen und dann bis zum Mittag geschrieben. Die Nachmittage und Abende habe ich mit den Planungen verbracht.

Für jedes Kapitel habe ich aus dem großen Archiv, das mein Vater angelegt hat, jene Materialien entnommen, die ich für die Arbeit brauchte. So habe ich die Vergangenheit in die Jagdhütte transportiert, um sie für dieses Buch zu nutzen. Die alten Kinder- und Schulbücher, die ersten Texte für die Chronik und die Rubriken, die Kritzeleien und die vielen Fotografien – das alles umgab mich und ließ mich wie auf einer Insel wieder in die frühsten Tage meiner Anfänge zurückfinden.

Mit der Zeit war ich mit diesen Verlagerungen der Materialien aber nicht mehr zufrieden. Stattdessen begann ich mit dem Ausräumen des gesamten Wohnhauses. Ich fing mit dem großen Speicher an, dann kamen die einzelnen Zimmer dran, bis hinab zum Keller. Alle Gegenstände und Möbel stellte ich ins Freie und brachte sie dann in eine nahe, leerstehende Scheune, die ich gemietet hatte. Für die Dauer meiner Arbeit an diesem Buch wurde sie zu einem großen, übersichtlichen Lager, aus dem ich auf die Gegenstände zurückgreifen konnte, die ich für meine Arbeit benötigte.

Warum aber diese Auslagerung? Zum einen wollte ich die Dinge im Haus, mit denen mich etwas verband und die mich berührten, noch einmal in die Hand nehmen. Ich wollte sie betasten, anschauen, riechen – und zwar jeden Gegenstand einzeln. Indem ich das tat, begriff ich etwas von der Stellung, die er in meinem Seelenhaushalt einnahm. Wann hatte ich ihn zum ersten Mal benutzt? In welchen Zusammenhängen? Wie hatte ich mit ihm gespielt oder gearbeitet? Und wohin hatte sich seine Spur verloren?

Die konzentrierte Betrachtung der Dinge führte zu einem vielfältigen Wiedererkennen. Ich fixierte ihre Rolle in meinem vergangenen Leben und überlegte mir, ob und wie sie in meiner Erzählung auftauchen könnten. Die gesamte Inneneinrichtung des Wohnhauses (mit Ausnahme der vielen Bücher) in eine Scheune zu verlagern, führte also dazu, dass ich die Dinge in der Stille und Abgeschiedenheit des Vergangenen aufsuchen und nach ihren darüber hinausweisenden Bedeutungen befragen konnte. Indem sich das Wohnhaus leerte und die Gegenstände ins Freie und an einen neuen Ort zogen, bewegten sie sich auf die Gegenwart meines Schreibens zu.

Nach einiger Zeit stand das Wohnhaus vollkommen leer und beherbergte mich kaum noch. Ich schlief auf einer Matratze, die in einer Ecke eines Zimmers im unteren Stock auf dem Boden lag. Tagsüber aß und trank ich nur wenig, das Wohnhaus benutzte ich immer seltener. Wenn ich es betrat, schlug mir der Geruch der Vergangenheit entgegen, als hätten sich die kleinen Räume gegen mich zusammengetan, um an ihre alten Zeiten zu erinnern und sie festzuhalten.

Das brachte mich auf die Idee, das gesamte Haus zu sanieren. Zunächst hatte ich nur vor, die Wohnräume streichen und die alten Fenster gegen neue austauschen zu lassen. Als die Handwerker damit begannen, gefiel mir der große Speicher nicht mehr. Ich ließ einen Kamin und viele störende Pfosten abtragen, und ich sorgte dafür, dass in das Dach mehrere Fenster eingebaut wurden. Während der Planungen stellte sich heraus, dass solche Fenster zum alten Dach nicht mehr passten. Also musste auch das Dach erneuert werden.

Nach den Wohnräumen, den Fenstern, dem Dach und dem Speicher war schließlich die Heizung dran. Und am Ende ging es darum, die Bäder und den gesamten Keller zu renovieren. Schließlich befanden sich in allen Stockwerken des Hauses sowie auf dem Dach und im Keller Gruppen von Handwerkern. Bad und Toiletten waren nur noch notdürftig zu benutzen, längst hatten die Handwerker das alleinige Sagen im Haus übernommen. Und so zog ich mich kurz nach dem Aufstehen mit einem Kaffee und einer Flasche Mineralwasser in die Jagdhütte zurück und blieb dort bis zum Abend, ohne mich hinauszubewegen.

Während des Schreibens war ich wieder allein. So allein, wie ich mich immer beim Schreiben empfunden habe. Um mich herum ist die große Stille, und aus der Stille heraus wächst die Schrift. Mit ihrer Hilfe schlängle ich mich aus der Stille heraus und verknüpfe das Stille mit Wörtern und Sätzen.

Jetzt, am Ende dieses langen Textes, weiß ich, warum das Schreiben zu meinem einzigen, wie für mich geschaffenen Metier geworden ist: Es versetzt mich in meine stumme Kindheit zurück, und es macht aus mir *das Kind, das schreibt.* Schreiben ist für mich ein durch und durch kindlicher Akt, der aus dem stummen Dunkel in eine lebendige, helle Gegenwart führt. Höre ich damit auf, erlischt diese Empfindung sofort. So dass ich – möglichst bald und möglichst ohne längere Unterbrechung – wieder mit dem Schreiben beginnen muss.

Ich erlebe das Schreiben also wie eine Sucht, die mich am Leben erhält. Kommt es zu einem Ende, ist die Gefahr da, dass ich wieder in die dunklen Zonen der frühsten Kindheit zurücksinke. Aus. Schluss. Nicht mal mehr ein Lallen.

Ich beende jetzt dieses Buch. Keines in meinem Leben habe ich mit einer größeren Anspannung geschrieben. Während ich es schrieb, habe ich mich aus dem alten Wohnhaus meiner Eltern vertrieben. Ich werde nun versuchen, in das erneuerte und umgestaltete Haus einzuziehen. Ich weiß aber nicht, ob das gelingt.

Während dieser Arbeit bin ich manchmal am frühen Abend auf den Friedhof der kleinen westerwäldischen Stadt gegangen, aus der meine Eltern stammen und auf dem sie begraben liegen. Ich gehe zu einem der Brunnen und fülle eine Gießkanne mit Wasser. Und dann trage ich sie langsam, etwas schräg gehend und mich gegen ihr Gewicht stemmend, quer über das ganze Gelände.

Meine Eltern und mein Bruder Karl-Josef sind in demselben Grab beerdigt. Ich begieße die Blumen und Pflanzen mit etwas Wasser, ich zünde eine Kerze an, ich stehe vor dem Grab. »Na?«, frage ich, »wie geht es Euch?« Und ich höre, dass mein Vater als Erster antwortet: »Du erfährst es, wenn Du bei uns bist.«

Ich lasse nicht nach und frage: »Und wann bin ich bei Euch?« Worauf meine Mutter antwortet: »Du hast noch viel zu schreiben. Aber überanstrenge Dich nicht.«

Ich atme tief durch. Bei jedem meiner Besuche höre ich meine Eltern ganz deutlich. Es ist, als ständen sie zu zweit hinter dem großen Grabstein, verborgen, aber eben doch gegenwärtig.

Anders ist es mit meinem Bruder. Er meldet sich nur manchmal zu Wort, und er hat immer einen aufmunternden Satz für mich übrig. »Bruder, was soll ich denn *noch* alles tun?«, frage ich ihn. Und er antwortet: »In das leerstehende Haus einziehen. Die Fenster weit öffnen. In die weite Landschaft schauen. Und für einen einzigen Abend zur Ruhe kommen.«

»Das ist schwer«, sage ich.

Und mein Bruder sagt: »Ja, es ist schwer. Lebte ich noch, hätte ich Dir geholfen. Zu zweit wären wir zur Ruhe gekommen. Als die besten Freunde, die man sich denken kann.«

»Es ist zum Verzweifeln«, sage ich.

»Nein«, sagt mein Bruder, »das ist es nicht. Geh jetzt heim und tu, was ich Dir gesagt habe. Dann wird alles gut.«

Ich stehe noch einige Minuten am Grab. Schließlich gehe ich heim und tue, wie mein Bruder gesagt hat.